Lügen und Scham

Dirk Kaesler

Lügen und Scham

Deutsche Leben

Impressum

Bibliografische Informationen der Deutschen Nationalbibliothek
Die Deutsche Nationalbibliothek verzeichnet diese Publikation in der Deutschen Nationalbibliografie; detaillierte bibliografische Daten sind im Internet über http://dnb.d-nb.de abrufbar.

ISBN: 978-3-86408-303-7

Satz und Layout: Darius Samek, www.dariussamek.de

Inhalt

Wir kommen weit her
liebes Kind
und müssen weit gehen
keine Angst
alle sind bei Dir
die vor Dir waren
Deine Mutter, Dein Vater
und alle, die vor ihnen waren
weit weit zurück
alle sind bei Dir
keine Angst.

HEINRICH BÖLL

Geschichte ist ein Pfeil,
der durch die Generationen hindurchgeht
und seine rostigen Spuren
in jedem einzelnen Körper hinterläßt.

DURS GRÜNBEIN

Im Andenken an meine Mutter.
Meinen Kindern gewidmet.
In Dankbarkeit für meine Freundin Stefanie.

1 Das Treffen

Wie sieht er aus?

Es ist Donnerstag, der 17. November 1977. Es schneit in München. Heute ist der Tag des Verhörs. Es ist der Tag der Rache. Ich will meine Mutter rächen!

Am Morgen hat der ägyptische Staatspräsident Muhammad Anwar as-Sadat in Kairo erklärt, dass er die Einladung des israelischen Ministerpräsidenten Menachem Begin zu einem Besuch Israels annehmen werde. Der ägyptische Außenminister Ismail Fahmi ist aus Protest gegen die geplante Reise Sadats von seinem Amt zurückgetreten. Ich bin für 19 Uhr im Restaurant Romagna Antica verabredet, im Haus Elisabethstraße 52 in München-Schwabing.

Ich bin aufgeregt. Unter keinen Umständen möchte ich zu spät kommen. Viel zu früh gehe ich los. Von meiner Wohnung in der Blütenstraße biege ich nach rechts in die Barerstraße bis zum Elisabeth-Platz, von dort in die Elisabethstraße nach Westen. Unmittelbar vor dem Nordbad liegt das Restaurant. Mein Mantel ist verschneit, der Ober bringt ihn zur Garderobe. Er zeigt mir den Tisch, den ich gestern für zwei Personen reserviert habe. Ich wollte sichergehen, dass es ein Platz sein wird, von dem ich den Eingang im Blick habe. Der Ober nimmt das Riservato-Schild mit. Es ist 18:30 Uhr. Ich atme tief durch.

Vor einem Monat habe ich meinen 33. Geburtstag gefeiert. Eigentlich gibt es keinen Grund für diese innere Anspannung. Ich habe gute Gründe für Selbstsicherheit. Erst jetzt fühle ich mich stark genug für diese Begegnung.

Ich habe mein Studium erfolgreich beendet. Ich war Stipendiat der Studienstiftung des deutschen Volkes. Im Juni 1972 schloss ich mein Diplom in Soziologie mit der Note »sehr gut« ab. Vor einem Jahr wurde mir der Grad eines Doktors der Staatswissenschaften vom Fachbereich Sozialwissenschaften der Ludwig-Maximilians-Universität München mit dem Gesamturteil »ausgezeichnet« verliehen. Zum 1. Dezember 1976 wurde ich zum wissenschaftlichen Assistenten am Institut für Soziologie der LMU ernannt.

Diese positive berufliche Bilanz ist ein wenig überschattet von der Tatsache, dass ich im Februar dieses Jahres 1977 von der Mutter meines zweijährigen Sohnes vom Landgericht geschieden wurde. Neun Jahre nach der Eheschließung. Sie wollte diese Ehe nicht mehr fortsetzen, sie hatte den Antrag auf Scheidung gestellt. Ich wollte es nicht noch schwerer machen, darum plädierte ich auf schuldig. Das Glück war ohnehin verschwunden. Die grundsätzlich lebenslang angelegte Ehe sollte nur im Ausnahmefall geschieden werden, wenn einer der Ehegatten schuldhaftes Verhalten dem anderen gegenüber gezeigt hat. Wir mussten uns etwas ausdenken, was die Scheidung ermöglichte. Es galt das Schuldprinzip.

Diese gemischte Bilanz – beruflicher Erfolg, privates Scheitern – lässt mich auf meinem Platz in diesem schönen, warm erleuchteten Restaurant ein wenig verunsichert sitzen. Gerne hätte ich mich strahlender, siegreicher präsentiert, bei diesem ersten Treffen. Als Rüstung trage ich meine hellbraune Cordsamt Hose, ein weißes Hemd mit blauer Krawatte, darüber mein beiges Tweed-Sakko. So, wie ich mich für mein Seminar anziehe. Ich habe mich frisch rasiert, bevor ich die Wohnung verließ. Die Geheimratsecken auf der Stirn sind nicht mehr zu übersehen. Die Armbanduhr, die mir meine Mutter zum Abitur schenkte, zeigt 19:30 Uhr. Bereits 30 Minuten später als verabredet!

Ich habe die Eingangstür fest im Auge. Jede Person, die hereinkommt, muss den dichten, dunkelroten Vorhang in der Mitte auseinanderschieben. Immer wenn sich der Vorhang teilt, sehe ich draußen heftiges Schneetreiben. Die meisten Menschen kommen paarweise. Ich warte auf einen einzelnen Mann. Ich weiß nicht, wie er heute aussieht. Ich kenne nur Schwarz-Weiß-Fotos aus der Zeit, als ich fünf Jahre alt war.

Ich warte auf einen mir unbekannten Mann. Ich warte auf meinen Vater. Ich warte auf den Mann, der sich meiner Mutter gegenüber wie ein Schuft verhalten hat. Ich will Gerechtigkeit. Wie Claire Zachanassian aus dem Theaterstück *Der Besuch der alten Dame* von Friedrich Dürrenmatt habe ich 45 Jahre auf meine Rache gewartet. Ich will Gerechtigkeit. Ich kann nicht verzeihen. Ich werde ihn nicht erschießen, auch wenn ich das zu meiner Mutter gesagt haben soll, als sie mir nach meiner Konfirmation die Wahrheit über meinen Vater offenbarte. Aber ich will ihn verhören. Um zu hören, was er zu seiner Verteidigung zu sagen hat.

Dieses Buch ist meine Rache. Ich will zeigen, was für eine Heldin meine Mutter war. Und welches Unglück mein Vater über meine Mutter brachte. Und welches Glück es für mich war, nicht in seinem Einflussbereich aufzuwachsen.

Das Gleichnis des verlorenen Sohns

Schon als Kind habe ich mir immer wieder die Szene aus dem Neuen Testament vorgestellt:

»Der Vater aber sah ihn schon von Weitem kommen, und sein Herz war voller Mitleid für ihn. Er lief dem Sohn entgegen, fiel ihm um den Hals und küsste ihn. Der Sohn rief unter Tränen: ›Vater, ich habe mich gegen den Himmel und gegen Dich versündigt, ich bin nicht mehr wert, Dein Sohn zu sein.‹ Der Vater aber sagte zu seinen Knechten: ›Holt schnell das beste Gewand und zieht es ihm an, steckt ihm einen Ring an die Hand und zieht ihm Schuhe an. Holt das Mastkalb aus dem Stall und schlachtet es, wir wollen essen und fröhlich sein. Denn mein Sohn war tot und lebt wieder, er war verloren und ist wiedergefunden worden.‹ Und sie begannen, ein fröhliches Fest zu feiern.«

Nein, so war es nicht. Mein Vater lief mir nicht entgegen. Im Gegenteil, er wollte mich nicht wiedersehen. Ich musste ihn erpressen, um mich zu treffen. Ich glaube nicht, dass er sich freute, mich wiederzusehen. Er hatte sicherlich nicht das Gefühl, sich versündigt zu haben. Nein, das Wiedersehen nach 28 Jahren wurde kein fröhliches Fest. An jenem Novemberabend traf ein 67-jähriger Mann seinen 33-jährigen Sohn nicht voller Freude.

»Meine Großmutter kam aus Frankreich«

Noch immer sitze ich allein an meinem Tisch. Er ist nicht gekommen. Er ist feige, denke ich bei mir, er wusste nicht, was er seiner Frau und seiner Tochter sagen sollte, warum er bei diesem Wetter nach Schwabing fahren sollte. Er war schon damals feige, als er sich aus dem Leben seiner Geliebten, meiner Mutter, davonstahl. Und sie und mich verließ. Wenn ich nun schon hier bin, kann ich auch essen: »Herr Ober, bringen Sie mir bitte noch einen halben Liter von dem Chianti. Und ein Vitello tonnato. Ich bin anscheinend versetzt worden. Ich esse allein.«

Noch habe ich die Vorspeise nicht beendet, da sehe ich einen hochgewachsenen Mann in einem grauen Mantel durch den geteilten Vorhang nach draußen gehen. Er verlässt das Lokal. Seitdem ich hier sitze, sind immer nur Menschen reingekommen. Dieser Mann ist die erste Person, die rausgeht. Den habe ich gar nicht reinkommen gesehen, denke ich. Ich stehe hastig auf, die Serviette fällt zu Boden. Ich teile den Vorhang und folge dieser Figur auf die Straße. »Hubert Rolf?« rufe ich, fragend, in die Dunkelheit. Der Mann hält inne und dreht sich ruckartig um: »Dirk?«

Dirk ist richtig, Hubert Rolf stimmt nicht. Mein Vater hieß nicht so. Sogar seinen Namen werde ich ihm hier nehmen. Ungeachtet der Tatsache, dass ich über zahlreiche Fotos von ihm verfüge, wird in diesem Buch kein einziges aufgenommen. Möge er ohne richtigen Namen und ohne Gesicht bleiben. Wir stehen auf der Straße, die Schneeflocken treiben um uns herum, er im Mantel mit Hut, ich nur in Jacke und Hose. »Gehen wir bitte wieder hinein?«, frage ich. Nach einem minimalen Zögern folgt er mir. Er gibt seinen Mantel dem Ober, wir setzen uns an meinen Tisch. »Wo warst Du?«, frage ich, »ich bin seit 18:30 Uhr hier. Und seitdem warte ich auf Dich.«

»Ich war schon um 18 Uhr hier. Unten waren alle Tische reserviert, auch dieser hier. Darum ging ich nach oben. Und dachte, wenn er kommt, wird's für ihn genau so sein, auch er muss die paar Stufen nach oben kommen. Und nachdem ich nun fast zwei Stunden gewartet habe, beschloss ich, zu gehen. Ich dachte, Du kommst nicht.«

Wir schauen uns an. Er ist größer als ich. Seine Geheimratsecken gehen sehr viel weiter nach hinten als meine, er hat eine ausgedehnte Halbglatze. Er trägt eine markante Brille, deren Gestell in der oberen Hälfte dunkel getönt ist und in der unteren Hälfte fast durchsichtig wirkt. Sein Kopf ist weder hager noch dick. Seine Augen blicken mich durchdringend an. Er zeigt sehr regelmäßige, weiße Zähne, wenn er spricht. Gekleidet ist er wie ein Herr, im Anzug mit Hemd und Krawatte. Eine Erscheinung. Wir sitzen an meinem Tisch.

DIRK KAESLER: »Möchtest du ein Glas Rotwein? Der Chianti ist gut.«

HUBERT ROLF: »Gerne. Na, dann erzähl doch mal, wie es dir so geht. Und wie es deiner Mutter geht.«

DK: »Ich will eigentlich nichts von mir erzählen. Du hast dich seit über dreißig Jahren nicht um mich gekümmert. Du wolltest nichts von mir wissen. Du hast dich niemals bei mir gemeldet, obwohl du nun von Frankfurt in meine Stadt gezogen bist. Du wolltest dieses Treffen eigentlich nicht. Ich musste dich erpressen, dass du dich darauf eingelassen hast. Das hier ist kein lockeres Geplauder. Ich will wissen, wer du bist. Ich will hören, woher du kommst und was du heute machst. Es ist an dir, von dir zu erzählen.«

Es wird still am Tisch. Dieser Mann kennt es nicht, dass man so mit ihm spricht. Er macht den Eindruck eines Menschen, der es gewöhnt ist, dass er die Regie innehat. Dass er bestimmt, was geschieht. Dass er befiehlt. Ein Herrscher. Er betrachtet mich lange. Schweigend. Musternd. Nachdenklich. Endlich öffnet er den Mund: »Meine Großmutter kam aus Frankreich …«

Heute weiß ich nicht mehr, was diesem ersten Satz folgte. Es ist, als ob meine Festplatte an diesen Stellen gelöscht worden ist. Ich weiß nur, dass dieser Mann in einen endlos erscheinenden Monolog verfiel. Von seiner Kindheit, seiner Schulzeit, seiner Jugend erzählte. Von einer kaufmännischen Lehre, von den Kaufmannsgehilfen, bei denen er gewesen war. Und dass er dann zur Waffen-SS gegangen sei. Und dann kam die Geschichte von meiner Mutter und mir. Und dass er uns dann verließ und eine andere Frau heiratete. Mit der er eine Tochter hat. Die er sehr liebt. Und beide will er schützen, und darum soll die Vergangenheit Vergangenheit bleiben. Und dass er bis zum August dieses Jahres 1977 in Frankfurt am Main bei einer Versicherung gearbeitet hat. Und nun in München lebt. Eines weiß ich genau: Es gab kein einziges Wort der Reue über sein Verhalten meiner Mutter gegenüber! Kein Wort der Entschuldigung. Für ihn waren es allein »die Umstände« gewesen, der Krieg, das Kriegsende, die schwierigen Zeiten, die »für alles« verantwortlich waren. Wer das nicht selbst »durchgemacht« habe, könne das ohnehin nicht verstehen. So einer wie ich eben. Sämtliche Details dieses Monologs sind aus meinem Gedächtnis verschwunden. Ich weiß nur noch, dass ich das Gespräch nach einiger Zeit wie ein Verhör anlegte. Ich fragte, er antwortete. Ich erzählte nichts von mir. Er redete und redete. Berichtend, nicht entschuldigend. Sachlich.

Ich weiß nicht, wie lange wir an diesem Tisch mit der weißen Tischdecke und der flackernden Kerze gesessen haben. Ich weiß nicht, wie viel wir getrunken haben. Ich weiß nicht, ob ich mein Vitello aufgegessen habe. Ich weiß nicht, ob auch er etwas zu Essen bestellte. Irgendwann stand er auf: »Ich muss jetzt gehen.« Ich weiß nicht, wer wofür bezahlt hat. Wir zogen die Mäntel an und standen vor dem Restaurant. Im Schneetreiben. Wir schüttelten uns die Hand.

HR: »Das war gut. Das machen wir mal wieder. Und dann erzählst du von dir.«

DK: »Ich fand's auch gut. Ich will noch mehr Geschichten von dir hören.«

Er stapfte zur Straßenbahnhaltestelle vor dem Nordbad. Ich ging zu Fuß zurück in meine Wohnung in die Blütenstraße. Wir sahen uns nie wieder. Sieben Jahre später, am 30. Juli 1984, verstarb Hubert Rolf, mein Vater, in München. Die Sterbeanzeige wurde an meine damalige Hamburger Adresse geschickt, als Drucksache. Wer hatte meine Postanschrift? Wer hat den Briefumschlag mit Kugelschreiber beschriftet? Umschlag und Anzeige liegen neben mir, während ich diese Zeilen schreibe.

»Das ist ja wie in Dallas«

Es gab eine Fortsetzung nach diesem Novemberabend im Jahr 1977. Ich wollte meine Halbschwester sehen und sprechen, bevor ich München verlassen würde. Auch hier weiß ich nicht mehr, woher ich ihre Adresse hatte. Mein Vater wohnte in einem Haus im Petunienweg in München-Großhadern. Google Street View zeigt eines dieser sterbenslangweiligen Viertel, direkt hinter dem Westfriedhof, auf dem er beerdigt worden ist. Ich vermute, seine verheiratete Tochter wohnte in der Nähe ihrer Eltern. Aber woher hatte ich ihre Adresse? Hat mein Vater sie mir gegeben? Ich weiß es nicht. Ich weiß nur noch, dass ich erst acht Jahre nach dem Treffen mit meinem Vater an einem Spätnachmittag im Jahr 1984 unangekündigt an der Haustür meiner Schwester klingelte. Als sie öffnete, stellte ich mich vor: »Hallo, ich bin der Dirk. Ich bin dein Halbruder. Wir haben denselben Vater.«

Der schwangeren Frau im Türrahmen blieb der Mund offenstehen. Sie schaute mich erschrocken und aufmerksam an. Nach einer Weile sagte sie: »Das ist ja wie bei Dallas.«

Die US-amerikanische TV-Serie, die in der texanischen Stadt Dallas das Schicksal der Familie Ewing verfolgte, wurde erst ab Juni 1981 im deutschen Fernsehen ausgestrahlt. Ich habe sie nicht sonderlich gemocht, diese familiären Verwicklungen und Intrigen, bei denen es immer um Geld, Macht und Öl ging. Ich mochte das ziegenartige Gelächter von J. R. Ewing nicht. Und dass in der Serie mehrere Kinder auftauchten, die aus diversen Seitensprüngen ihrer Väter entstammten, wusste ich auch nicht. Ich war jedenfalls verblüfft über diese spontane Reaktion. Die mir Unbekannte lud mich in das Haus ein. Wir setzten uns in das Wohnzimmer. Wie lange ich blieb, weiß ich nicht mehr, aber ein paar Stunden werden es wohl gewesen sein. Auch von diesem Gespräch erinnere ich mich nicht mehr an Einzelheiten. Ich weiß nur, dass ich überaus erleichtert wegging. Nach dieser Begegnung, in der ich ständig nach äußeren Ähnlichkeiten dieser Frau mit mir suchte – und keine fand –, wurde mir sehr deutlich, dass ich überhaupt nichts verpasst hatte. Im Gegenteil, dass mir vieles erspart geblieben war. Freiheitsgewinn durch Verlust: Ich musste mich nicht als Kind, als Jugendlicher, als Erwachsener mit einem Vater auseinandersetzen, der nach den

Erzählungen seiner Tochter ein ziemlicher Despot gewesen sein muss. Er scheint ein Mann gewesen zu sein, der ein Universitätsstudium für überflüssige Zeitvergeudung hielt, für Mädchen in jedem Fall. Deswegen durfte meine Schwester nicht studieren und musste eine Lehre machen, wie sie mir erzählte. Ich musste mich nicht von einer Vaterfigur emanzipieren. Ob ich mit ihm als Vater Soziologie hätte studieren können? Ich bezweifele es.

Zudem musste der Ödipus in mir nicht mit dem Vater um die Mutter kämpfen, sie »gehörte« mir ganz allein. Meine Aufgabe war es gewesen, mich von ihr zu lösen, nicht von einem Vater. Die Loslösung von meiner Mutter brauchte lange genug. Vielleicht zu lange. Im Jahr 2022 machte ich mich erneut auf die Suche nach meiner Halbschwester, seit Jahresbeginn war ich ohnehin tief in diese Erinnerungen eingetaucht. Schon öfter hatte ich im Netz nach ihr gesucht, war nie fündig geworden, es gab zu viele Frauen mit diesem Namen, darunter auch viele Tote. Eine Anfrage beim Geburtenregister in München führte ins Leere, da ich das genaue Geburtsdatum nicht angeben konnte. Auf der Todesanzeige meines Vaters standen die Vornamen der beiden Kinder meiner Halbschwester. Das Netz offerierte mir einen Sohn, dem ich eine E-Mail schrieb, ob sein Großvater mütterlicherseits vielleicht mein leiblicher Vater sein könnte. Mit Verzögerung kam die Antwort: »Ich denke, Sie sind richtig bei mir. Welche Fragen haben Sie? Wie kann ich weiterhelfen?« Nach einigen E-Mails und einem Telefonat meldete sich meine Halbschwester per E-Mail und SMS. Wir vereinbarten ein erneutes Telefonat für den 8. Juni.

Um was geht's hier?

Das Schreiben an diesem Buch gestaltete sich als eine Reise, die seit mehr als vier Jahrzehnten anhält. Das erste geschriebene Wort war wie das Ablegen des Schiffes von der Kaimauer, wenn die Leinen los sind. Ich wusste nicht, was mich erwartete. Eines meiner ursprünglichen Ziele war die Entdeckung des mir unbekannten Vaters gewesen. Im Prozess des Schreibens wurde immer klarer: Nein, das stimmt nicht ganz. Es geht mir nicht um ihn. Es geht mir um mich selbst. Wie so viele Frauen und Männer meiner Generation suche ich nach der Wahrheit über mich. Gibt es sie? Die Wahrheit? Die wahre Geschichte? In Zeiten, in denen das Familiengedächtnis über die Geschehnisse während der NS-Diktatur nachlässt, scheint es mir wichtig zu sein, mich diesem Verblassen der Erinnerungen entgegenzustellen. So schreibe ich diese Zeilen auch für meine eigenen Kinder und für meine Enkelin. Sie sollen wissen, dass meine Eltern – ihre Großeltern und Urgroßeltern – nicht nur verstrickt waren in die Gräueltaten, die Deutsche verbrachen. Wir stammen ab von Tätern, die durch ihr aktives Handeln Unheil über andere Menschen gebracht haben.

Zugleich ist es mir ein Anliegen, das Schicksal meiner Mutter prototypisch für jene Frauen zu schildern, die heute zumeist als Trümmerfrauen rubriziert werden, deren Hauptaufgabe es angeblich gewesen sei, die Trümmer der zerbombten Gebäude nach dem Ende des Zweiten Weltkriegs aufzuräumen. Dass diese Frauen vor allem damit beschäftigt waren, die Trümmer ihrer Lebensentwürfe aufzuräumen und zu einem neuen Leben zusammenzusetzen, wird durch die Fotos von Frauen überlagert, die mit bloßen Händen und wenigen Werkzeugen die Schutthaufen in den zerstörten Städten Stein für Stein wegtrugen und in kleinen Eimern den Schutt von Hand zu Hand weitergaben, mit schwer beladenen Wagen und Loren mit der eigenen Körperkraft wegkarrten. Soviel ich weiß, machte meine Mutter das nicht. Aber was sie aufzuräumen versuchte, und zu einem neuen Leben ordnen wollte, schildern die nachfolgenden Seiten. Und es soll geschildert werden, was für ein feiger Schuft mein leiblicher Vater gewesen war.

Was also mache ich hier? Ich erzähle Geschichten. Ich bin Erzähler in eigener Sache. Dabei vermenge ich eigene Geschichten mit Geschichten, die mir erzählt oder niedergeschrieben wurden. Geschichten, die ich für einen wichtigen Bestandteil meiner eigenen Geschichte halte. Ich bin auf der Suche nach Gründen. Konstruierte Erfahrung, konstruierte Erinnerung? Auto-Bio-Graphie: Malen des Bildes eines Lebens von mir selbst. Geht das? Kann man Chronist der eigenen Geschichte sein? Chronist einer Familiengeschichte, die man als Beteiligter mitgestaltete?

Spätestens seit mein soziologischer Kollege Pierre Bourdieu auf die Fallstricke der »biographischen Illusion« aufmerksam gemacht hat, wissen wir, dass Erzähler immer in Gefahr sind, eine zu gerade, schlüssige, stringente Erzählung zu produzieren. Bourdieu unterscheidet zwischen einer Perspektive »vom Feldherrnhügel herunter« und einer Sichtweise »aus dem Schützengraben«. Mein Versuch, mein eigenes Familienwurzelwerk zu erforschen, begibt sich absichtlich in den Schützengraben. Indem ich die handelnden Personen zu Wort kommen lasse, durch ihre Aufzeichnungen, durch Interviews und durch hinterlassene Dokumente. Nichts ist objektiv, alles ist höchst subjektiv. Jedoch durch das Nebeneinander der Stimmen aus den Schützengräben der erlebten sozialen Wirklichkeiten ergibt sich vielleicht so etwas wie ein Blick vom Feldherrnhügel aus.

Die hier beginnende Reise in die Gegenwart, indem ich Reisen durch die eigene Vergangenheit und die Vergangenheit jener Menschen unternehme, mit denen ich durch Abstammung und Erziehung verbunden bin, ist nicht ohne Tücken und Gefahren. Es geht um eine Archäologie in eigener Sache, um Selbsterkundung. Die Literatur zum Thema, was heutigen Deutschen zustoßen kann, wenn sie sich ihrer Familiengeschichte stellen, füllt inzwischen Regalmeter.

Ich bin ein Kriegskind. Ja und? Was wäre daran neu und erzählenswert? Der Begriff bezieht sich auf Menschen, die in Deutschland in den Jahren nach 1933 geboren wurden, die den Zweiten Weltkrieg und sein Ende als Kind erlebten. Sie teilen, so heißt es, das Schicksal einer Generation.

Ein echtes Entsetzen steht mir nicht mehr bevor: Ich weiß, dass mein leiblicher Vater Mitglied der NSDAP war und als SS-Untersturmführer beim Lebensborn in verschiedenen Funktionen im Deutschen Reich und im von den Deutschen besetzten Ausland tätig war. Ich weiß, dass meine Mutter beim Lebensborn als »einfache Schreibkraft« gearbeitet hat. Ich weiß, dass ich in einem Heim dieser SS-Organisation im Oktober 1944 geboren wurde.

Die SS, die Schutzstaffel – dieser »Orden unter dem Totenkopf« (Heinz Höhne) – lieferte den Rahmen meiner Kindheit und frühen Jugend. Innerhalb dieses Rahmens, deren Namen für immer mit der Erinnerung an die systematische Ermordung der europäischen Juden, dem wohl größten Menschheitsverbrechen aller Zeiten, verbunden sein wird, bildete das Rasse- und Siedlungshauptamt (RuSHA) jenen Rahmen, in dem der eingetragene Verein Lebensborn, allenfalls eine »historische Marginalie« (Bastian Hein) bildete. Für mich persönlich jedoch lieferte diese Marginalie eine Folie für das Entstehen eines

Gespinsts von Lügen, das mich ein Leben lang zu beherrschen suchte. So entstand wegen der Zugehörigkeit meines Vaters zur SS und der Tätigkeit meiner Mutter beim Lebensborn auch bei mir ein »Riss in meinem Leben, der sich nicht schließen lässt« – wie bei dem deutschen Rocksänger Heinz Rudolf Kunze. Ich lernte mich für etwas zu schämen, wofür ich keine Schuld bei mir erkennen konnte.

Rührt dieser »Riss« nicht nur vom Wissen um das Verwobensein in die SS, sondern noch viel mehr vom Wissen um die Unehelichkeit meiner Geburt? Dient meine Suche nach dem unbekannten Vater dem Versuch, diesen Riss zu heilen? Erwuchs mein ewiges Gefühl des Nichtdazugehörens aus diesem Riss? Bis heute kann ich mich keinem sozialen Milieu wirklich zuordnen, keinen Ort als meine Heimat nennen. Selbst in Beziehungen ereilte mich immer wieder das Gefühl des Fremdseins, das die Frage »Was mache ich hier eigentlich?« immer erneut wachrief.

Ursprünglich wollte ich nicht mit meinem Vater anfangen, denn ich kannte ihn nicht. Meine Geschichten sollten auch nicht mit meiner Mutter beginnen. »Wir werden alle von Müttern geboren«, schrieb der philosophische Soziologe Max Scheler. Aber das wäre dann doch ein wenig zu kurz gegriffen, denn auch meine Mutter wurde von einer Mutter geboren. Als Mädchen hieß sie Elisabeth Palm. Nachdem mein Großvater, Hans Otto Paul Mahrenholz, sie geheiratet hatte, hieß sie Elisabeth Mahrenholz.

Auch bei den Namen herrscht Verwirrung: Mal ist es Mahrenholz, dann wieder Mahrenholtz. Mal ist es Emmy, dann Emmyli, dann Emmi. Dirk Kaesler jedenfalls stimmt, der Landrat des Landkreises Marburg-Biedenkopf hat das so für die Zeit ab dem 17. Juni 1996 verfügt.

Ich mochte meine Großmutter, »die Mie«, nicht sonderlich. Geliebt habe ich meinen Großvater. Mein Opa war jener Mann, der mich an der Hand nahm und mit mir von Pasing, einem westlichen Vorort Münchens, »in die Stadt« fuhr. Mit der Straßenbahn Nummer 19 bis zum Stachus. Und dann gingen wir zusammen zum Zechbauer, um Zigarren zu kaufen – Fehlfarben, die waren preiswerter. Oder in die Alte Pinakothek, wo er mir die traubenessenden Straßenjungen des spanischen Malers Bartolomé Esteban Murillo erklärte. Oder in den Botanischen Garten, wo er die Meisen mit Pinienkernen fütterte. Mein Opa war der Mann, der wildfremde Männer anblaffte: »Haben Sie gedient?«

Mein Opa war 68 Jahre alt, als ich geboren wurde. Und weil es für mich keinen lebenden Vater gab, als ich aufwuchs, rückte dieser alte Mann an jenen Platz, auf dem normalerweise wesentlich jüngere Männer als Väter zu finden sind. Aber was war schon normal in Deutschland in den Jahren nach 1944?

Es war damals eher normal, dass Großeltern eine wichtige Rolle spielten, nicht zuletzt für eine ganze Generation von Kindern, deren Väter im Krieg gefallen waren. Es dauerte lange, bis ich verstand, dass »der Vati« – wie meine Mutter von ihm sprach – nicht nur hingefallen war, sondern überhaupt nicht mehr zu uns, also zu meiner Mutter und mir kommen würde. Väter anderer Kinder waren vermisst oder in Kriegsgefangenschaft. Viele Kinder, mit denen ich spielte, kannten keinen Vater, der sie in den Arm nahm. Aber es gab ihn doch, meinen »Vati«! An der Wand in der Wohnung, die ich mir mit meiner Mutter teilte, hing sein Foto in einem schwarzen Rahmen. Das Bild zeigte den Mann, dessen Namen ich trug. Darauf sieht man das kindlich wirkende Gesicht eines Soldaten. Ein Helm bedeckt seinen Kopf bis zu den Augenbrauen, er blickt entschlossen nach rechts. Unter der Uniform sieht man einen Hemdkragen, eine dunkle Krawatte, die Kragenspiegel zeigen drei silberne dreizackige Sterne, sie weisen ihn als Oberfeldwebel aus, die höchste Stufe der Unteroffiziere. Weil es ein Schwarz-Weiß-Foto ist, kann man nicht sehen, dass der Kragenspiegel rosa gefärbt war, denn er diente in der Panzertruppe, wie mir meine Mutter erzählte. Rosa – was für eine Farbe für Männer, die diese gepanzerten Ungeheuer steuerten! Die Signatur sagt, dass das Foto 1931 gemacht wurde. Fritz Käsler war damals 18 Jahre alt. Später, als der Krieg begann, wurden die Kragenspiegel der Panzersoldaten

Der tote falsche Vater: Unteroffizier Fritz Käsler (1913–1940)

schwarz, darauf war ein silberner Totenkopf befestigt. Das für mich Entscheidende an diesem Foto war, dass sich um den linken unteren Rand des Rahmens ein dickes schwarzes Band legte.

Der Unteroffizier Käsler, geboren im Februar 1913 in Berlin, starb am 14. Mai 1940 bei der »notwendigen Erzwingung« des Übergangs über die Maas bei Dinant in Belgien. Die dazugehörige Erzählung der Mutti lautete, dass ein Partisan auf den Panzer gesprungen sei, die Klappe über dem Fahrer – meinem »Vati« – nach oben kippte, eine Handgranate hineinwarf, absprang. Die Granate explodierte im Inneren des Kampfgefährts, keiner der Insassen überlebte. »Sie wurden in ganz kleine Stücke zerfetzt«, erzählte die Mutti. Keine schöne Geschichte für einen kleinen Jungen. Und seitdem war dieser »Vati« nicht mehr bei uns, weil er doch gefallen war, in Belgien, für Deutschland. Und darum besetzte mein Opa für den heranwachsenden Jungen eben jene Stelle, an der die Vorstellungen von Männlichkeit geformt werden. Es gab zwei Welten, in denen ich aufwuchs, zwei Klimazonen: auf der einen Seite die reine Frauenwelt, bestimmt von Großmutter, Mutter, Tante, zwei Cousinen; und auf der anderen Seite die sehr kleine Männerwelt – den Großvater und seinen Enkelsohn. Der Enkel lieferte seinem Opa das erwünschte Alibi, um der Frauenwelt zu entfliehen. Der Opa vermittelte seinem Enkel das Wissen davon, dass es Herren und Damen gibt. Dass es Männer und Frauen gibt. Und dass es das zu unterscheiden gilt, weswegen es wichtig ist, sehr feine Unterschiede zu erkennen. Es wurde dadurch noch spannender, dass mein Opa mir klarmachte, dass es unter den weiblichen Wesen nicht nur Damen und Frauen, sondern auch noch »Weiber« gebe. Und bei den männlichen Menschen neben Herren und Männern auch noch »Flegel«. Was für mich als Kind so selbstverständlich erschien, versetzt mich heute in Staunen. Die eher ärmlich-kärgliche Lebenswirklichkeit meiner Kindheit in den 1950er Jahren hatte so gar nichts mit der Welt gemeinsam, die sich in den Erzählungen meiner Mutter und meiner Großeltern widerspiegelte. Aber das focht diese Menschen kaum an. Sie hielten an jenen Vorstellungen und Verhaltensweisen fest, die früher geformt worden waren. Und die ständig durch Erzählungen wiederholt wurden, die sich zudem in Bildern und Fotografien an den Wänden verewigt hatten. Die mit Objekten auf den Regalen und den Tischen manifestiert wurden. Ich schreibe diese Zeilen am Schreibtisch meines Großvaters. Neben mir hängt eine Fotografie, auf der man diesen Großvater mit seinem Enkel sieht. Wir beide stehen im Münchner Hofgarten, im Dianatempel. Es gibt zahlreiche Anekdoten, die bis heute in meinem Kopf nachhallen. So wie jene, die meine Großmutter mit erkennbarem Ärger – und auch ein wenig Erheiterung – gerne erzählte: Immer, wenn Bombenalarm durch die Sirenen gegeben wurde, begann mein Großvater, sich zu rasieren. Erst wenn das erledigt war, er sich die Haare ordentlich gekämmt hatte, die Krawatte festgezogen war, der dreiteilige Anzug saß, erst dann konnte das Haus verlassen werden. Der zuständige Luftschutzraum war im Keller des Hauses Max und Moritz, gute fünfhundert Meter von der Wohnung meiner Großeltern entfernt. Keine kurze Strecke, wenn die Bomber schon im Anflug sind und die »Weihnachtsbäume« den Zielraum erleuchteten. Opas Vorbereitungen vor dem Verlassen des Hauses galten bei Tag wie bei Nacht: »Man weiß ja nicht, wie lange man mit wildfremden Menschen eingesperrt sein wird.« Die zentralen Motive meines Großvaters, die auch für mich bis heute wichtig sind, lauteten: Landwirtschaft, Pferde, Militär, München, Kunst, Manieren, Pünktlichkeit, Haltung.

Der Plan

Vor mir liegen sechs Blätter in meiner Handschrift. Diese Notizen sind 45 Jahre alt. Und sie zeigen, dass ich an diesem Buch seit über vier Jahrzehnten arbeite. Aber erst jetzt den Faden ernsthaft wieder aufnehmen und zu Ende spinnen will:

»Heute, Sonntag, den 27. Februar 1977, habe ich beschlossen, eine Reise zu machen.

Ich sage Reise, obwohl sich mir immer ›Buch schreiben‹ aufdrängt. Die Reise soll gehen, zum einen nach Frankfurt, aber wohl generell in meine Vergangenheit und damit in die Vergangenheit vieler anderer Menschen.

Der Gedanke zu dieser Reise reifte schon länger: Seit ich von meinem leiblichen Vater weiß, dachte ich immer wieder mal daran, ihn einmal sehen zu wollen, wobei es zugleich sehr viel mehr der Gedanke an Geschwister war, an meine Geschwister, der mich immer wieder faszinierte.

Aber der Gedanke hat und hatte nie wirklich treibende Kraft bekommen: Zum einen sicherlich eine unbestimmbare Furcht, zum anderen ›technische‹ Gründe: Das Studium sollte abgeschlossen sein, die Promotion auch; eine wahrscheinliche Absicht, den Vater zu demütigen, dürfte dabei sicherlich eine Rolle spielen: ›Siehst Du, ich habe es zu etwas gebracht, auch ohne Deine Hilfe und Anwesenheit.‹ Warum nun also, wo doch diese Motivation einer möglichen Demütigung, so glaube ich, weggefallen ist?

Dafür mache ich verantwortlich eine Geschichte und eine biographische Situation, – wobei beides wahrscheinlich erst bei bestimmten Einsichten von Bedeutung werden kann.

Die Geschichte ist die von Raymond in Hannover, ein Freund, den ich im vergangenen Herbst kennenlernte. Er war noch ein Baby, da war sein Vater [ein schwarzer US-Soldat] schon längst davon. Seine Mutter, ob nun dem Mann hinterher oder nicht, wollte in die Vereinigten Staaten. Sie gab das Kind, wenn ich das richtig erinnere, ihrer Schwester, oder Freundin mit deren Mann. Der Junge wächst auf in einer intakten Familie, – durch irgendwas und relativ sehr spät, ich glaube, erst als Zehnjähriger, erfährt er von der leiblichen Mutter. Und erst viele Jahre später, er ist bereits über 30, erfährt er durch reinen Zufall, dass seine ›Mutter‹ aus Amerika kommen wird und in Hannover ihre Schwester/Freundin besuchen wird. Er bekommt heraus – dies ist alles heimlich – wann sie in Frankfurt ankommen wird und mit welcher Maschine sie nach Hannover fliegt. Er fliegt nach Frankfurt und wartet im Warteraum für den Flieger nach Hannover: Er erkennt sie sofort, setzt sich neben sie, man kommt ins Gespräch, er hilft ihr, unterhält sie, er fliegt ›zufällig‹ auch nach Hannover, sie sitzen nebeneinander. Was sie denn so macht, wen sie in Hannover besuchen will, vielleicht kennt er die Leute? Erst kurz vor Hannover gibt er sich zu erkennen.

Diese Geschichte ist Raymonds und nicht meine. Aber seitdem ich sie letzten Herbst hörte, lässt sie mich nicht mehr los und ich male mir vergleichbare Situationen aus: Ich würde meinen Vater beschatten, ihm folgen und mit ihm reden, ohne dass er über mich Bescheid wüsste. Schon ihn zu beobachten, wäre spannend – nach Ähnlichkeiten suchen, also auch da wieder die Suche nach mir selbst.

Die aktuelle biographische Situation ist die nach der Scheidung. Das Lernen und die Schwierigkeiten mit dem Alleinsein, die Orientierungsschwierigkeiten über den weiteren Weg. Viele, irgendwie alle, bisher gültigen Markierungen gelten nicht mehr oder sind zumindest in Zweifel geraten. Privat, aber auch beruflich gibt es, und für mich in ungewohnter Weise, mehr Unsicherheiten und Ratlosigkeit als je zuvor. Wonach sich richten beim Einschlagen von neuen Orientierungspfählen, nach welchen Kriterien und Gesichtspunkten den weiteren Weg gehen? – Wer bin ich? – Auf der Suche nach Identität. Das alte Problem. Dazu die Einsicht in die dialektische Verknüpfung von personaler und sozialer Identität. Wer bin ich durch und für die anderen? Welche anderen?

Mir über mich selbst klarwerden, als Ausgangspunkt für das weitere Leben, indem ich über mich und die anderen nachdenke und mich zu erinnern suche. Kindheit, Jugend, Studium, Ehe, Beruf: Immer waren und sind es andere Menschen, die diese Entwicklung begleitet, bestimmt und behindert haben. Und natürlich könnte ich mich hinsetzen und im Reden oder Schreiben versuchen, alles aufzurollen. Das wäre wohl auch die Methode, die für mich bislang die typische und adäquate war: rein intellektuell und stark rationalistisch. Verkopft, hirnlich.

Ich sollte es anders machen: Die Erkenntnis der sozialen Identitätskonstruktion, das ›Me‹, zum Kompass der Suche nach dem ›Ich‹ machen. Warum nicht nach Frankfurt fahren? Warum nicht dort anfangen? Vielleicht sogar in Wiesbaden und erst dann nach Frankfurt. Und mit dem Tonband, mit Daten, Fakten, Uhrzeiten, Straßennamen. Und mit dem Fotoapparat. Nicht gleich wieder konstruieren, verkürzen, systematisieren, zu stimmigen Geschichten machen.

Und nun auf einmal die Sorge, er könnte sterben und ich könnte dann allenfalls auf einem Friedhof vor irgendeinem Grab stehen. Dabei, – was soll er mir schon sagen können? Vielleicht hat er kaum mehr Erinnerungen, vielleicht ist er dumm, verkalkt. Aber dann gäbe es wenigstens Gespräche mit seinen anderen Kindern. Und wenn auch die ignorant, borniert, ordinär sein sollten, unfähig zu brauchbaren Informationen?

Trotzdem, das Spannende, irgendwie Abenteuerliche daran ist ja auch noch da. Das Moment des Detektivischen, des Reporters.

Und auch das Spiel mit dem Gedanken des Erfolgs für mich, für meine Selbstkenntnis – aber auch die eventuellen verwertbaren Ergebnisse, ein Buch, ein Film?«

Diese Zeilen schrieb ich vor 45 Jahren. So lange schleppe ich diese Themen schon mit mir rum. Wieso habe ich diese Notizen bis heute aufbewahrt und bei den vielen Umzügen niemals entsorgt? Auf Seite 7 dieser Notizen lese ich, unter der Überschrift *Gedanken, Probleme, Vorhaben*:

»Wiesbaden: Sonnenberg
Frankfurt: H. R., seine Frau, meine Geschwister
München: Mutter, Mie, Tante Erna
Bubenreuth: Tante Ruth
Hamburg: Ehepaar Decker
Northeim: Tante Bunze
Tonband-Gerät (Uher), Protokollbuch, Fotoapparat
Monate: April, August, September, Oktober«

Ich verwirklichte bis heute nur einen kleinen Teil dieser Pläne. Immerhin interviewte ich im April 1980 meine Mutter ausführlich. Viel später lebte ich einige Jahre in Wiesbaden und besuchte mehrere Male »den Sonnenberg«.

Die Erpressung

Am 14. November 1977, ein halbes Jahr nachdem ich mir diese Notizen gemacht hatte, schrieb ich meinem Vater einen Brief:

»Herrn Hubert Rolf
Petunienweg xyz
8 München 70

Lieber Hubert Rolf,
seit Jahren möchte ich Dich gerne kennenlernen.
Über eine briefliche oder telefonische (tagsüber 2180-2950) Nachricht würde ich mich freuen. Wir könnten dann einen Termin besprechen.
Mit freundlichen Grüßen,
Dirk Käsler«

Hat er angerufen? Habe ich ihn angerufen? Ich kann mich nicht mehr erinnern. In meinen Unterlagen finde ich einen rosa Notizzettel des Soziologischen Instituts:

»Dänemark/Schweden: Waffen-SS Obersturmführer
Leiter Bad Polzin (Pommern)
Am Schluss in Steinhöring
Rechtsabteilung im Lebensborn«

Hat mein Vater mir diese Angaben bei unserem Telefonat gemacht? Ich weiß es nicht. Mit Bestimmtheit weiß ich jedenfalls, dass er sich anfänglich nicht auf ein persönliches Treffen einlassen wollte. Er fragte am Telefon: »Was soll das bringen? Wie soll ich das meiner Frau erklären? Die weiß nichts von dir. Und meine Tochter weiß auch nichts.« – Heute weiß ich, dass er mich schon damals angelogen hat: Seine Frau wusste sehr wohl vom Schicksal meiner Mutter und von meiner Existenz. Ich erwiderte: »Dann komme ich halt einfach zu dir nach Großhadern. Ich kenne deine Adresse. Und dann reden wir bei dir zu

Hause. Und deine Frau und deine Tochter erfahren auf diese Art und Weise von mir. Aber das muss nicht sein. Mir geht's nicht um die, mir geht's um dich.«

Es schien gewirkt zu haben: Wir verabredeten uns für den Abend drei Tage später. Ich schlug das Romagna Antica vor. Worum ging es mir bei diesen Plänen? Was wollte ich wissen? Ich wollte das Gesicht meines Erzeugers, meines Vaters sehen. Ich wollte seine Hände beobachten. Ich wollte wissen, wie er spricht, wie er sich bewegt. Ich wollte wissen, ob ich ihm ähnlichsehe. Letzten Endes ging und geht es mir immer wieder um die Frage: Wer bist Du? Bin ich der geworden, der ich bin? Seit meiner Konfirmation, dem Tag, an dem meine Mutter mir erstmals eröffnete, dass ich nicht der Sohn ihres gefallenen Ehemannes, Fritz Käsler, sei, sondern aus der Liebesbeziehung zu einem Hubert Rolf stammte, der meine Mutter und mich verlassen hatte, hatte ich mich in Fantasien, Träumen und Gedanken mit diesem »wirklichen, wahren Vater« auseinandergesetzt. Verlassenwerden, Betrogenwerden – das sollten meine Lebensthemen werden. Und mehrfach in meinem bisherigen Leben hatte ich Anlass genug, mir die Frage zu stellen, warum ich damals – als 13/14-Jähriger – so vermeintlich gelassen auf die Biografielüge meiner Mutter reagiert hatte. Es war keine Gelassenheit, es war eher Hilflosigkeit. Als Jugendlicher sah ich keine realistische Alternative, als mit der Lügnerin zusammenzuleben. Also arrangierte ich mich mit ihr. Aber der Groll über ihren Betrug war geblieben, wenn auch unterdrückt. »If you can't trust your mother whom can you trust at all?«

Es blieb nicht bei dem grimmigen Arrangement des Konfirmanden mit der »Mutti«. Ich blieb auch als Schüler und dann als Erstsemesterstudent bei ihr. Warum nutzte ich nicht wenigstens als 17/18-Jähriger die realistische Chance, von zu Hause auszuziehen? Entweder zu Rupprecht, meinem damaligen besten Schulfreund, der eine große Wohnung in München-Laim von seiner Großmutter geschenkt bekommen und mich eingeladen hatte, bei ihm zu wohnen. (Er spielte Gitarre, durch ihn lernte ich Georges Brassens und französische Filme im Rex in Laim kennen. Wir tranken Rotwein und rauchten Gitanes.) Oder um mit Heide, meiner ersten Freundin, aus der zu engen Gemeinschaft mit meiner Mutter auszubrechen? Nein, ich war bei meiner Mutter geblieben, wenn auch in einer sehr gemischten Hass-Liebe-Mitleid-Beziehung. So ging ich auch nicht mit Rupprecht nach West-Berlin und studierte nicht an der dortigen Freien Universität, sondern erst ab dem Wintersemester 1965/66 in München. An der FU wäre ein anderer Soziologe aus mir geworden. Und auch der Weg zu einer anderen Frau anstatt meiner Mutter wurde für mich nicht der gangbare. Noch nicht. Ich traute mich nicht, mit Heide ein gemeinsames Leben zu beginnen. Im Februar 1964 hatte ich sie kennengelernt. Sie war Sängerin in einer Band, die ich als Schulsprecher für den Faschingsball der Schule organisiert hatte. Sie wurde meine erste Geliebte. In ihren Armen verlor ich meine Unschuld. Im Januar 1965 trennte ich mich von ihr. Ich fühlte mich als 21-jähriger Oberschüler überfordert von der Vorstellung eines Paarlebens mit einer erwachsenen, selbständigen Frau, die zudem ein Kind von mir wollte. Sie hatte es vorgeschlagen und sich sehr gewünscht. Ich enttäuschte sie, ich konnte das nicht. Sie ging daraufhin zu einem sehr viel älteren Mann nach Frankreich, der schon vorher ihr Liebhaber gewesen war. Sie sang wie Françoise Hardy. Auf Französisch! Sie sah aus wie diese schöne Frau aus jenem Nachbarland, dessen Sprache und Musik ich so gerne hörte. Ich liebte sie, so wie man als 21-Jähriger lieben kann. Auch das war nun bereits über zehn Jahre her. Nun, im Oktober 1977, war ich 33 Jahre alt geworden.

Ich schrieb als Wissenschaftlicher Assistent der Universität München an meiner Habilschrift. Ich wollte meinen Weg in die wissenschaftliche Soziologie gehen. Und auch wenn ich nun geschieden war, fühlte ich mich stark genug, endlich meinem Vater gegenüberzutreten. Ihn wollte ich erleben. Also schrieb ich ihm den Brief, einen Monat nach meinem Geburtstag.

Die Serie »Holocaust« gibt den Anstoß

Den entscheidenden Impuls für das Vorhaben, meine Herkunft zu ergründen, lieferte die vierteilige TV-Serie *Holocaust – Die Geschichte der Familie Weiss*. Im Januar 1979 begann im deutschen Fernsehen die Ausstrahlung dieser Serie. Sie erzählt die fiktive Geschichte der jüdischen Berliner Familie Weiss zur Zeit des Nationalsozialismus. Sie beginnt 1935 mit der Hochzeit des Kunstmalers Karl Weiss, der aus einer jüdischen Familie kommt, mit der »Arierin« Inga Helms. Wenig später wurden die Nürnberger Gesetze erlassen, die sogenannte »Mischehen« als »Rassenschande« unter Strafe stellen. Dennoch bleibt die Familie Weiss in Deutschland. Die Serie endet nach Kriegsende mit der Witwe Inga Weiss im Ghetto Theresienstadt. Monatelang tobten die Diskussionen in den politischen Parteien und den Medien für und gegen die angebliche Seifenoper über Judenverfolgung und Judenermordung. Es kam zu Bombenanschlägen, Sendemasten wurden gesprengt, die Ausstrahlung wurde zum größten Medienereignis der späten 1970er Jahre in der Bundesrepublik Deutschland. Man schätzt, dass etwas 20 Millionen, rund die Hälfte der damals erwachsenen West-Deutschen, wenigstens eine Folge der Serie gesehen haben. Was heute in der Fachliteratur als »medien- und erinnerungsgeschichtliche Zäsur« bezeichnet wird, wurde für mich die zweite Zäsur in der Beziehung zu meiner Mutter. Von der ersten Zäsur, als ich 15 Jahre alt und konfirmiert wurde, wird zu berichten sein. Drei Jahre bevor *Holocaust* gesendet wurde, war ich promoviert worden. Ich setzte darauf, dass ich nicht mehr allzu lange in München bleiben und somit nicht mehr in räumlicher Nähe zu meiner Mutter leben würde. Und damit immer seltener die Möglichkeit haben würde, ausführlich mit ihr über jene Ereignisse zu sprechen, von der die Serie *Holocaust* handelte. Und das wollte ich unbedingt. Denn ich wusste inzwischen, dass es in der Geschichte auch meiner Familie Geheimnisse gab, die mit jenen Verbrechen zu tun hatten, die zwischen 1933 und meiner Geburt im Jahr 1944 von Deutschen begangen wurden. Nicht von »den Nazis«, sondern von der absoluten Mehrheit der Deutschen, entweder aktiv als Täter oder passiv als Mitläufer, als Mitwissende. Das gesamte Spektrum der Verhaltensweisen ist inzwischen sattsam bekannt: aktives Mitwirken an Verbrechen, mentale Zustimmung, simpler Opportunismus, Gleichgültigkeit, innerer Widerwillen und – in sehr extremen Ausnahmefällen – äußerer Widerstand. Meine Mutter, ihr Bruder und mein leiblicher Vater waren nicht nur »verstrickt«, wie das so beschönigend genannt wird, sondern wirkten aktiv als Handlanger an diesem Unrechtssystem mit. Wie groß ihre aktive Mitschuld war, wusste ich nicht. Konkret weiß ich es nicht einmal jetzt, während ich diese Zeilen schreibe.

Die hoffnungsfrohe Annahme, dass ich in absehbarer Zeit nicht mehr in München und damit in der Nähe meiner Mutter leben würde, führte von April bis Juni 1980 dazu, dass ich mit ihr eine mehrteilige Folge von Interviews zum Thema »Erzähl mir Dein Leben« aufzeichnete. Wir saßen in ihrem Wohnzimmer, der Kassettenrekorder lief, und irgendwann vergaß sie, dass ich alles aufnahm. So stehen mir für diesen Text insgesamt 161 Seiten der ausgedruckten Transkription zur Verfügung. Dazu die digitalisierte Fassung der Kassetten, für jene Stellen in der Verschriftlichung, bei denen ich mir nicht ganz gewiss bin. Und so höre ich nun, über vierzig Jahre später, die Stimme meiner Mutter, in diesem fast durchgehend weinerlichen, sich selbst bemitleidenden Ton. In langen Gesprächen erzählte sie mir ihr Leben, aus ihrer Perspektive. Ich gab ihr eines ihrer vielen Fotoalben in die Hand, von dem ich wusste, dass es zeitlich sehr weit zurückging. Bereits in ihrem ersten Satz spricht sie über meinen Vater: »Weiber immer alles ... so viele Frauen ... immer war da wieder ne andere.« Und was antwortete der 36-jährige Sohn? »Na ja, gut, aber das war ja wohl nicht von Anfang an nur der Fall, oder?«

Und dann legt sie los, und das ganze Familiendrama entrollt sich. Es beginnt mit dem Glück und Schmerz bis zur Heirat mit dem Unteroffizier Fritz Käsler, aber auch mit dem Jammern über die vielen Frauen, mit denen Hubert Rolf, mein Vater, Liebesbeziehungen, vielleicht auch nur Affären hatte. Und die konnten natürlich nur »Weiber« sein! Ich weiß, es ist verwirrend. Und verwirrt war ich auch, lange Zeit, aber nicht von Anfang an. Denn da war es doch alles ganz einfach: »Die Mutti« hatte »den Vati« im Krieg »verloren«. Den hatte sie sehr geliebt. Und irgendwann hat mein Opa ihn dann doch gemocht, endlich. Dann haben sie geheiratet. Dann ist Fritz Käsler »gefallen«. Und seitdem lebten die Mutti und Dirk, »der kleine Mann«, allein zusammen. Aber sie hatten sich doch »ganz doll« lieb. Und darum war es »gut«, auf jeden Fall, solange sie zusammenbleiben und sich liebhaben würden. Und der Vati ist jener Mann mit dem Helm auf dem Kopf, dessen Foto in einem Rahmen an der Wand hängt. Mit einem schwarzen Band um die linke Ecke herum.

2 Die Eltern und der Bastard

Die Witwe und der verheiratete SS-Offizier: Liebe im Lebensborn

Mein Großvater ersetzte mir die Vaterfigur, die ich nie erlebte und nie hatte. Wer aber war mein Vater? Wer war dieser Mann, dem ich im November 1977 im Romagna Antica begegnete? Und woher kannte er meine Mutter? Als zutiefst traurige und zugleich stolze Kriegerwitwe zieht die 30-jährige Emmi Elisabeth Rosa Marie Käsler, geborene Mahrenholz, im Sommer 1940 von Berlin nach München. In die räumliche Nähe ihrer Eltern und ihrer Schwester. Der »Heldentod« des 27-jährigen Mannes, mit dem sie ganze sechs Wochen verheiratet gewesen war und der »Abgang« eines ungeborenen Kindes, das sie sich von diesem Mann so sehnlich gewünscht hatte, vertreibt sie aus der Reichshauptstadt. Was soll sie noch dort? Sie sucht keine Wohnung in Pasing, wo ihre Eltern wohnten. Sie geht nach Schwabing. Sie bezieht eine Wohnung im Gartenhaus hinter dem Haus Elisabethstraße 28 und arbeitet als einfache Stenotypistin beim Lebensborn e.V. Diese Stelle vermittelte ihr vermutlich ihr Bruder, Hans Mahrenholtz, der als Ahnenforscher beim »Rasse- und Siedlungshauptamt« in Berlin arbeitete. Im Januar 1943 beginnt die Liebesbeziehung meiner Mutter zu meinem Vater, dem 1910 geborenen Untersturmführer der SS, Hubert Rolf, Angestellter beim Lebensborn e.V.

Am 13. Juli 1944 wird die Wohnung der Witwe Käsler ausgebombt. Als sie von der Arbeit in die Elisabethstraße kommt, qualmt das Haus in Trümmern. Ein kleiner Teil ihrer Einrichtung steht auf der Straße, von Nachbarn aus ihrem Haus gerettet. Nach einer kurzen Übergangszeit im SS-Heim Hochland in Steinhöring bei München und einer Übergangswohnung in Pasing in der Nähe ihrer Eltern, wird die Schwangere auf Initiative meines Vaters im August 1944 nach Wiesbaden gebracht. In das SS-Heim »Taunus« des Lebensborn in Wiesbaden-Bahnholz.

Das ehemalige katholische Kinderheim Antoniusheim wurde im September 1939 für die Dauer von 99 Jahren an den von der SS getragenen Verein Lebensborn e.V. verpachtet. Ab nun betrieb der Lebensborn diese Einrichtung mit 55 Betten unter dem Namen Kinderheim Taunus. Die erste nachgewiesene Entbindung fand am 2. Oktober 1943 statt, die letzte am 13. März 1945. Die Forschung geht von insgesamt etwa 500 Entbindungen in diesem Heim aus. Neben deutschen Frauen fanden auch französische, jugoslawische, holländische und norwegische Frauen dort Aufenthalt bis zur Geburt ihrer Kinder, deren Väter Angehörige der SS waren.

Im Juni 1943 wurde das Heim als »Außenkommando« dem Frauen-KZ Ravensbrück angegliedert, seitdem arbeiteten zwölf weibliche Zeuginnen Jehovas als Gefangene in diesem Heim. Im März 1945 wurde das Heim in Wiesbaden geschlossen. Die verbliebenen Mütter und ihre Kinder sowie das restliche Personal wurden nach Steinhöring verbracht. Heute wird in den Gebäuden an der Idsteiner Straße 109–111 in Wiesbaden, das von der Caritas betreute Antoniusheim. Altenzentrum betrieben. Ganze drei Monate lebte meine Mutter in diesem Heim, in dem ich am 19. Oktober 1944 um 11:55 Uhr vorzeitig geboren wurde. In einer Bombennacht, darum im Keller des Gebäudes. »Kurz vor zwölf«, hörte ich sehr lange. Es klang immer wie ein Vorwurf. Die Geburtsurkunde aus dem »neuangelegten Geburtenbuch« des Sonderstandesamts Wiesbaden-Bahnholz notiert die Geburt von Dirk Rudolf Mahrenholtz mit dem Vermerk: »Der Geschäftsführer, jetzt SS-Untersturmführer Hubert Rolf, wohnhaft in Hohehorst bei Bremen, staatsangehörig in Deutschland, hat das Kind als von ihm erzeugt anerkannt.«

Die behördliche Anerkennung der Vaterschaft durch Hubert Rolf erfolgte am 26. Oktober 1944, sieben Tage nach meiner Geburt. Als mein gesetzlicher Vormund wurde der Lebensborn eingetragen. Sechzehn Tage vor meiner Geburt hatte meine Mutter den Antrag gestellt, dass sie selbst Vormund ihres ungeborenen Kindes werden wolle, und dem Lebensborn den Familiennamen Rolf als den ihres »zukünftigen Mannes und Vater des zu erwartenden Kindes« mitgeteilt. Vormund blieb dennoch der Lebensborn e.V.

Wie es auch hätte gehen können

Als unehelich geborenes Kind hätte ich damals in vielen Ländern der Erde Schande über mich und meine Mutter gebracht. Nehmen wir an, ich wäre, statt 1944 in der deutschen Stadt Wiesbaden im Gau Hessen-Nassau, im Jahr 1951 im irischen Tuam, einer Kleinstadt im County Galway der Republik Irland, auf die Welt gekommen. Nachdem ich als Patrick Joseph Haverty in das Geburtsregister eingetragen worden wäre, hätte ich – im günstigen Fall – folgendes Schicksal gehabt: Da meine

Mutter zum Zeitpunkt meiner Geburt nicht verheiratet war, hätten die erbarmungsvollen Schwestern der seit 1824 bestehenden katholischen Congregation of the Sisters of Bon Secours vielleicht für meine schwangere Mutter die Tore ihres Heims geöffnet. Im St. Mary's Mother and Baby Home hätte meine Mutter nach der Geburt noch ein ganzes Jahr mit ihrem Sohn bleiben dürfen. Anschließend hätte man sie gezwungen, das Heim endgültig zu verlassen. Ganze fünf Jahre und sechs Monate hätte sie – Tag für Tag auf dem Weg zur Arbeit – bei den Nonnen darum gebeten, ihren Sohn sehen zu dürfen. Und Mal für Mal hätten die Schwestern von der »Guten Hilfe« sie weggeschickt. Auf diese Weise sollte verhindert werden, dass sich eine engere gefühlsmäßige Verbindung zwischen Mutter und Sohn entwickeln würde. Die Mutter von Patrick Haverty war kein Teenager, sie war zum Zeitpunkt der Geburt ihres Sohnes 27 Jahre alt. Heute beklagt der 66-jährige Haverty sein Schicksal nicht mehr: »I was one of the lucky ones – I got into a good foster home and got to meet my mother again after many, many years.« Noch lebhaft erinnert er sich an jene Szene, als er im Alter von sechseinhalb Jahren – »all dressed up« – aus dem Heim verabschiedet und von ihm vollkommen unbekannten Menschen zu einem Auto gebracht wurde, die ab nun seine Adoptiveltern waren. Sein ganzes Leben lang wurde ihm von anderen klargemacht, was er war:

»They knew that I was out of wedlock and it is the Church that is to blame for that, because that is the way they were raised to think. We were nothing but a kind of scum. You weren't normal because you didn't belong to a wedded family. You were just a bastard in their eyes. People would just make little of you and look down on you. They wouldn't even talk to you.«

Spätestens seit 1975 weiß Patrick Joseph Haverty, dass er sich mehr als glücklich schätzen kann ob seiner Adoption. Nachdem zwei spielende Kinder auf dem Gelände des Kinderheims versehentlich eine zerbrochene Betonplatte über einer früheren Klärgrube verschoben hatten, wurden darunter zahlreiche Kinderskelette gefunden. Es kam zu keiner näheren Untersuchung, das Massengrab wurde durch einen Priester gesegnet und wieder zugeschüttet. Erst nachdem die Hobby-Historikerin Catherine Corless aus Tuam 2013 erste Ergebnisse ihrer Recherchen veröffentlicht hatte, wurde die Erde über dem Grab komplett abgeräumt und gründlich nachgeforscht. Die sterblichen Überreste von insgesamt 769 Leichen wurden registriert. Laut Melderegister starben in dem Heim im Zeitraum 1925 bis 1961 im Schnitt zwei Kinder in der Woche. Erst 2014 wurden polizeiliche Ermittlungen aufgenommen. Die katholische Kirche sah keinen Anlass, sich zu kümmern, da alle damals Beteiligten inzwischen verstorben seien und zudem die Todesursachen nicht mehr ermittelt werden könnten. Überhaupt, so wurde der Hobby-Forscherin Corless bedeutet: »That's a long time ago, forget about it, it doesn't matter anymore.«

Seit diesen Funden fordern Menschen wie Haverty eine Entschuldigung seitens des Ordens und der katholischen Kirche. Aber auch eine Entschuldigung seitens des irischen Unterhauses für eine Regierung, die jahrzehntelang von den Geschehnissen in den Klöstern und katholischen Frauenheimen, wie etwa den Magdalene Laundries, die für »fallen women« betrieben wurden, weggesehen hatte. Haverty – wie seine zahlreichen Leidensgenossen – bittet um diese Entschuldigung nicht für sich selbst, sondern für seine inzwischen verstorbene Mutter. Dann würde er ihr diesen regierungsamtlichen Entschuldigungsbrief an ihrem Grab vorlesen.

Der Lebensborn als mein Vormund

Das Schicksal von Patrick Joseph Haverty ist meiner Mutter und mir erspart geblieben: Weder wurde ich in einer Jauchegrube abgelegt, noch wurde ich von mir wildfremden Menschen adoptiert. Stattdessen übernahm der Lebensborn e.V. die Vormundschaft für mich. Hubert Rolf, dessen damalige Adresse das Lebensborn-Heim Friesland in Hohehorst bei Bremen war, erkannte die Vaterschaft an und verpflichtete sich, dem Kinde zu Händen des Vormundes – dem Lebensborn – einen monatlichen Unterhalt von 50,00 Reichsmark (RM) zu zahlen. Meine Mutter war 33 Jahre alt, als sie mich gebar, schon lange keine unwissende Jugendliche mehr. In der deutschen Gesellschaft zu Kriegszeiten und noch viel mehr nach Kriegsende hätte man wohl immer noch von »unmoralischem Verhalten« gesprochen, das bestraft werden müsste. Zumindest geächtet. Das Ergebnis solch unmoralischen Verhaltens, das Kind, wäre als »Bastard« ebenfalls verachtet worden. Auch in den 1950er Jahren der Bundesrepublik Deutschland. In manchen Milieus auch heute noch.

Genau das wollte meine Mutter für sich – und ihren Sohn – verhindern. Sie wurde nicht bestraft, sie konnte sich (fast) ihr ganzes Leben hocherhobenen Hauptes als »tapfere Kriegerwitwe« bewundern und bemitleiden lassen. Eine Frau, die sich derart rührend für ihren einzigen Sohn aufopfert. Und der Sohn zahlte zurück mit Dankbarkeit, mit Leistung, mit Erfolgen. Und bekam dafür ein unstillbares Verlangen nach Anerkennung auf seinen Lebensweg mitgegeben. Aber er bekam das Gefühl der Scham über seine Herkunft vermacht. Diese durfte niemandem offenbart werden.

Das Lügen hatte begonnen. Genau genommen, waren es zwei Lügenkomplexe: zum einen die Unehelichkeit des Kindes;

zum anderen der SS-Zusammenhang, aus dem dieses Kind entstanden war. Für meine Mutter war die Unehelichkeit vermutlich das schlimmere Übel.

Über wenige Organisationen des NS-Unrechtssystems sind so viele Legenden verbreitet worden, wie über den Lebensborn. Vermutlich am nachhaltigsten wurde das Bild durch einen deutschen Kinofilm aus dem Jahr 1961 geprägt: *Lebensborn. Liebe auf Staatsbefehl*, unter der Regie von Werner Klingler, produziert von Artur Brauner. Ich habe diesen Film mit 17 Jahren gesehen, im Capitol in Pasing. Die FSK weist ihn heute noch mit »ab 18« aus. Ich weiß nicht, wie es mir gelang, in das Kino zu kommen. Ich weiß auch nicht, woher ich ahnte oder gar wusste, dass Lebensborn etwas mit mir zu tun hat. Aber ich wusste es.

Der Kino-Film basierte auf einem journalistischen Tatsachenbericht des kommerziell erfolgreichsten Schriftstellers der Nachkriegszeit, Will Berthold, in der Zeitschrift Revue. Die Geschichte ist schnell erzählt: Auf Schloss Sternberg im Warthegau wird eine Schar junger Mädchen aus dem Bund Deutscher Mädchen einquartiert, um aktiv an der Erneuerung des reinrassigen Germanentums mitzuwirken. Indem sie rassisch wertvolle Kinder gebären, die die Zukunft des deutschen Volkes garantieren sollen. Auserwählte SS-Offiziere kommen in das Heim und werden als Paarungspartner den Mädchen zugeordnet. Die lüsterne Sage vom Lebensborn als einer Sammlung von Zuchtanstalten für die arische Herrenrasse, bei denen Männer in schwarzen SS-Uniformen und Stiefeln blonde germanische Maiden seriell befruchten, hat sich bis heute hartnäckig gehalten. Im Film selbst wird von einer »Lebensborn-Bewegung« gefaselt. Die widerlichste Filmfassung dieser Zusammenhänge dürfte vermutlich der tschechische Film *Pramen zivota* von Milan Cieslar aus dem Jahr 2000 sein, unterlegt von ununterbrochener Wagner-Musik.

Der Geschichte von Lebensborn als »Staatsbordelle« und Herzstück der nationalsozialistischen Rassenpolitik steht die Alternativerzählung entgegen, dass es sich um eine primär karitative Organisation gehandelt habe, durch die der Reichsführer SS, Heinrich Himmler, ledige Mütter und ihre Kinder vor Diffamierungen durch die Gesellschaft schützen wollte. Sogar die alliierten Richter in den Nürnberger Kriegsverbrecherprozessen sprachen den Verein von der Beteiligung an Verbrechen frei und betonten dessen gemeinnützigen Zweck:

»It is quite clear from the evidence that the Lebensborn Society, which existed long prior to the war, was a welfare institution, and primarily a maternity home [... and] that of the numerous organizations operating in Germany who were connected with foreign children brought into Germany, Lebensborn was the one organization which did everything in its power to provide for the children and protect the legal interests of the children placed in its care.«

Belegt durch zahlreiche Studien ist unstrittig, dass es eines der Betriebsziele des Lebensborn war, ledige Schwangere von einer Abtreibung abzuhalten. Und SS-Männer dazu zu ermuntern, Kinder zu zeugen ohne Rücksicht auf eine eventuell bestehende Ehe. Der Lebensborn war keine rein karitative Einrichtung, sondern hatte eine feste Aufgabe in der züchterischen Rassenpolitik des NS-Unrechtssystems.

Neben der züchtungsideologischen Seite des Lebensborn für deutsche Frauen, die von einem SS-Angehörigen geschwängert worden waren, gibt es eine wesentlich dunklere Seite: Es geht um den Raub von als »arisch« definierten Kindern aus den von der Wehrmacht »eroberten« und besetzten Territorien. Der Film *Lebensborn. Liebe auf Staatsbefehl* beginnt mit Szenen, in denen polnischen Müttern ihre Kinder von deutschen Soldaten entrissen werden und auf einem Lastwagen gesammelt werden.

In diesem Buch geht es nicht um wissenschaftliche Erkenntnisse über den Lebensborn. Mir geht es darum, dass diese SS-Organisation den Rahmen für meine Zeugung, meine Geburt und meine ersten Lebensjahre lieferte. Mir geht es um die Tatsache, dass meine beiden Eltern aktiv bei solchem Kinderraub mitgewirkt hatten.

Der Lebensborn als verbrecherischer Rahmen

Ich selbst bin kein geraubtes Kind aus den von den Deutschen besetzten Gebieten Nord- und Westeuropas, in denen es jeweils Heime des Lebensborn gab: Norwegen, die Niederlande, Dänemark, Belgien und Frankreich. Ich wurde auch nicht verschleppt aus den »eingegliederten« Gebieten Polens, den Reichsgauen Danzig-Westpreußen, Wartheland und Oberschlesien, wo der Lebensborn ebenfalls ein Netz von Entbindungs- und Kinderheimen entwickelt hatte. Nein, ich wurde im Januar 1944 während eines Urlaubs meines Vaters, eines SS-Offiziers im Dienst des Lebensborn, in Garmisch-Partenkirchen gezeugt. Erst nachdem die Scheidung von der ersten Ehefrau von Hubert Rolf beantragt worden war und er ihr die Ehe versprochen hatte, hatte sich meine Mutter, die einfache Schreibkraft, beim Lebensborn »dem Mann gegeben«.

Der Lebensborn e.V. war organisatorisch eingebunden in das »Rasse- und Siedlungshauptamt der SS« (RuSHA), mit Hauptsitz in Berlin. Vorsitzender wurde 1936 der Chef des

»Sippenamtes«, einer selbstständigen Hauptabteilung im RuSHA, der SS-Oberführer Bernd Freiherr von Kanne; sein Stellvertreter war der SS-Sturmbannführer Matthias Haidn. Zum Geschäftsführer bestellt wurde der SS-Obersturmbannführer Pflaum, der somit der offizielle Leiter des Lebensborn war. Im August 1936 eröffnete der Lebensborn sein erstes Entbindungsheim: Haus Hochland in Steinhöring bei Ebersberg östlich von München. Es galt bis Kriegsende als »Musterheim« des Lebensborn. Am 1. März 1938 nahm der Lebensborn e.V. seinen Dienstbetrieb in München auf. Die Zentrale residierte anfangs im Haus Poschingerstraße 1 (heute Thomas-Mann-Allee 10) im Stadtteil Bogenhausen. Bei dieser Villa handelte es sich um die ehemalige Wohn- und Arbeitsstätte des deutschen Schriftstellers und Literaturnobelpreisträgers Thomas Mann und seiner Familie: Im Frühjahr 1914 bezogen sie die Villa, im Dezember 1936 wurden sie enteignet im Zuge ihres erzwungenen Exils und ihrer Ausbürgerung. Zwischen November 1937 und Dezember 1938 hatte der Lebensborn in diesem Haus seine Verwaltungszentrale eingerichtet.

Im November 1938 waren die letzten Bewohner des Wohn- und Verwaltungsgebäudes der Münchner Jüdischen Gemeinde in der Herzog-Max-Straße 3–7 vertrieben worden, sodass der Lebensborn e.V. zu Beginn des Jahres 1939 in das Haus in der Herzog-Max-Straße 5 umziehen konnte, um dort seine Verwaltungszentrale zu etablieren. Dort arbeiteten meine beiden Eltern: meine Mutter durchgehend bis zu meiner Geburt, mein Vater immer, wenn er in der Zentrale zu tun hatte.

Wie meine Mutter meinen Vater kennenlernte

In meinen Händen liegt das Gästebuch, das ich meiner Mutter bei den Interviews gegeben hatte.

Der erste Eintrag meines Vaters stammt vom 7. Januar 1943:

»Wir stehen in einer Zeit gewaltiger Ereignisse. Wer sein Dasein hineingestellt in den Pflichtkreis unseres Volkes bewußt erlebt, hat gerade in dieser Zeit das Bedürfnis, in der Gemeinschaft mit gleichgesinnten Menschen neue Kraft zu schöpfen. Ich durfte am heutigen Abend einen Blick in die Tiefe der Seele einer wahrhaft deutschen Frau tun. Ich bin glücklich darüber und sage herzlichen Dank mit den Worten eines Berufenen ›Das ist der Frauen schöne Gottesgabe, daß sie das Kleinste selber uns vergolden. Mit einem Lichtstrahl, einem herzensholden.‹

Ihr H. Rolf!«

Nachdem sie mir diese Zeilen während der Interview-Sitzungen vorlas, kamen alle Erinnerungen an das Kennenlernen ihres Geliebten, meines leiblichen Vaters, in ihr hoch:

EMMI KÄSLER: »Siehst Du, hier. [*Blättern im Gästebuch*] Der erste Gast. Wer war denn das? Bruder Hans, Vater und Mutter. Ich glaube, jetzt beginnt schon die Zeit, wo dein Vater... Na ja, hier war ich dann im Lebensborn. Und dann hab' ich hier diese Kollegin Gisela Rentsch gekannt. Und die hat es mehr oder weniger vermittelt mit deinem Vater. Die hat gesagt: ›Also, so geht es wirklich nicht mehr weiter. Du bist immer alleine.‹ Durch die habe ich den eigentlich kennengelernt.«

DIRK KÄSLER: »Wie habt ihr euch denn kennengelernt?«

EK: »Der war ja auch beim Lebensborn. Als Sachbearbeiter.«

DK: »Ich dachte, der leitete solche Heime.«

EK: »Später erst. Und dann wurde er eingezogen. Vorher war er richtig aktiv bei der Waffen-SS und hat oben in Norwegen im Krieg mitgekämpft. Er hatte dann diesen Meniskusschaden, der sprang doch immer raus. Und daraufhin war er in verschiedenen Dienststellen tätig.«

DK: »Herrgott, nun erzähl doch mal der Reihe nach. Wie habt ihr euch kennengelernt?«

EK: »In der Dienststelle, und zwar 1942. Das war nur 'ne lose Freundschaft oder Bekanntschaft. Da war 'ne ganz liebe Kollegin, die das vermittelt hat. Die hat es wirklich gut mit mir gemeint. Hier die Fotos, das sind alles Kolleginnen. Hier, mit dieser Frau hat er dann nachher auch was angefangen, mit der Annemarie Hastrig. Die ist aber dann in der Zwischenzeit gestorben. Und hier, für die hab' ich mal 'ne Zeitlang beim Lebensborn geschrieben, die Dr. Sprengel. Von der haben wir immer aus Spaß gesagt: ›Staatsanwaltschaft.‹
Hier, das waren alles Kolleginnen. Und dann war hier Schwäbele [andere Kollegin] mal zu Besuch. Und die hat das mehr oder weniger eingefädelt. Sie hat mich in der Elisabethstraße besucht und da hat sie gesagt: ›Komm, wir können doch auch mal nett mit dem Rolf zusammensitzen.‹ Und da begann das eben. Hier, das muss der erste Abend gewesen sein.«

DK: »Und du wusstest von vornherein, dass der verheiratet ist?«

EK: »Ja, aber diese Ehe war keine Ehe. Das hat er mir immer wieder erzählt. Siehst du, hier! 23. November 1943: ›Dieses Buch sagt nicht viel über den Inhalt des vergangenen Jahres. Wo Herzen sprechen – schweigt die Feder. Glückauf zum neuen Lebensjahr. Dein Hubert.‹ Ja, wir hatten anscheinend schon 1942 meinen Geburtstag gefeiert. Und dann 1943 wieder. Siehst du, also seit 1942 waren wir dann schon beisammen.«

Hier, dieser Eintrag war dann 1944:
›Ich war mal wieder auf Besuch bei Dir! Immer wenn ich bei Dir war, da glaubte ich, dass eine Steigerung unseres Empfindens nicht mehr möglich sei. Wenn ich aber gerade heute nach den gut gelösten Schwierigkeiten feststellen kann, dass ich noch glücklicher geworden bin, als ich es je zuvor war, dann ist mir das halt ein glückliches Omen für die kommende Zeit. Ich weiß es, wir zwingen unser Schicksal schon zu unserem Glück. Bleib Du immer meine geliebte kleine tapfere Frau. In Liebe Dein Hubert!‹«

DK: »21.06.1944. Da war ich ja schon stramm unterwegs!«

EK: »Ja.«

DK: »Zu Deutsch: Du warst da schwanger.«

EK: »Ja [*Umblättern*] – und jetzt bist du schon da. Und da schreibt er:
›Es sind noch zwei Tage, dann soll ich mal wieder Abschied nehmen von Dir und Dirk. Vier Jahre sind vergangen, seitdem mir das Schicksal Dich bescherte. Was mich in diesen Jahren erfüllte, habe ich so oft zum Ausdruck gebracht, dass es kaum noch Worte geben kann, die mehr ausdrücken können. Ich will nur noch durch meine Taten zu Dir sprechen – aus ihnen allein sollst Du immer erkennen, was für mich die Gemeinschaft mit Dir und unserem Jungen bedeutet. Du kennst mich inzwischen auch schon so genau, dass Du aus meinen Gefühlsäußerungen selbst ablesen konntest, was mir das Leben bedeutet. Wenn wir in diesen vier Jahren die Verwirklichung all unserer Pläne nicht so ermöglichen konnten, dann bedenke in Deinen kritischen Stunden, dass in diesen vier Jahren unsere Welt mit all ihren Zukunftsmöglichkeiten untergegangen ist. Wir stehen wieder am Beginn unserer Aufgaben und doch – mich erfüllt nicht Zagheit oder Resignation. Die Kraft zum täg-

lichen Leben und die Gewissheit der Erfüllung unserer Pläne ist mir ungebrochen erhalten geblieben. Wodurch – nach diesen gemeinsamen Wochen mit Dir und dem Jungen ist die Erklärung ganz einfach. Durch Dich und Deine Liebe zu mir und den Jungen ist mir die Kraft und der Glaube erhalten geblieben. Kann ich Dir ein größeres Lob aussprechen? Nein. In meiner Feststellung liegt all das eingeschlossen, was in so vielen kleinen und mühseligen Dingen des Alltags sich ergibt. Sei überzeugt, ich weiß um all diese aufopfernde Mühe, die Du tagaus, tagein aufbringst, um uns Dreien das zu erhalten, was aus dem Chaos der Zeit geblieben ist. Ich kann Dir, liebe Frau, am Abschluss dieser glücklichen Tage und Wochen nur ein Pfand für diese Gewissheit einer doch noch glücklichen Zukunft hinterlassen – unseren Jungen! Ist er nicht in all seinen Lebensäußerungen die schönste Bestätigung unserer Liebe – und so auch unsere Zukunft!‹«

DK: »Wann hat er das geschrieben?«

EK: »2. Februar 1947
›Wenn ich auch von Euch Abschied nehme, ich bleibe doch bei Euch – so wie ich Euch mitnehme. Behalte Du Deinen Mut und verzage nicht – Dirk und ich brauchen Dich – Deine beiden Männer können ohne Dich, ›kleines schwaches Frauchen‹, nicht leben. Dass wir Dich liebhaben, das wollen wir Dir immer aufs Neue zeigen. Dein Hubert!‹«

DK: »Aber jetzt bin ich schon seit über zwei Jahren auf der Welt.«

EK: »31.12.1947«

DK: »Ja – nun warte doch mal. Wir wollen es ja nicht im Schnellgang hinter uns bringen. Du hast immer gesagt, dass für dich ganz wichtig gewesen war, dieses Abwartenwollen. Dass dir einerseits die Trauer um den Fritz immer was Wichtiges war, nicht wahr? Weil du den ja wirklich sehr geliebt hast.«

EK: »Ja, absolut. Deshalb konnte ich auch mich nicht entschließen, mich mit diesem Mann ins Bett zu legen. Der stand immer vor mir und es war immer: ›Wieso nicht? Das kannst du mir doch nicht antun.‹ Freilich, der Fritz hat ja auch immer zu mir gesagt: ›Wenn ich nicht wiederkomme, bleib nie allein, suche dir bitte jemanden, heirate wieder. Du bist dafür geschaffen. Du sollst Kinder haben.‹

Und dann war eben halt immer noch dieses: Der war ja verheiratet. Und ich hab' immer bei mir gedacht, das kann ich nicht machen. Und wie ich dann aber gemerkt habe, dass da schon wieder ein Kind von seiner Ehefrau unterwegs ist, hat er mir das erklärt. Und ich habe gesagt, da kommt doch nun schon wieder ein Kind. Er hat aber gesagt, das hat mit Liebe nichts zu tun. Ich konnte das einfach nicht verstehen. Und die Frau war eben so, die war immer empfänglich. Aber ich meine, man kann sich doch am Riemen reißen, wenn auch ein Mann anders ist wie 'ne Frau. Das war für mich unverständlich

Und dann hab' ich bei mir gedacht, gut, jetzt läuft die Scheidung. Die Scheidung lief, wie du unterwegs warst. Ja, nur dann hab' ich mich dem Mann gegeben.

Denn das sollte ja über die Bühne gehen, das hatte ja der Anwalt gesagt, das kann gar keine Schwierigkeiten geben. Und ich habe bei mir gedacht, ich bin jetzt schon dreiunddreißig und ich krieg dann womöglich keine Kinder mehr.«

»Er war einfach jemand«

DK: »Dass du dich mit meinem Vater eingelassen hast, hatte ja wohl sicher damit zu tun, dass du ganz sicher warst, dass das nicht irgendeine unverbindliche Beziehung ist. Sondern von vornherein mit dem Gedanken begleitet, wenn ich mich mit dem einlasse ...«

EK: »Nur Heirat!«

DK: »Und der wollte das auch?«

EK: »Ja, freilich.«

DK: »Und hat gesagt: ›Wenn die Scheidung durch ist, dann können wir heiraten?‹«

EK: »Ja, sofort. Deshalb haben wir ja auch so lange gezögert mit dem Namen für dich.

Hier. Da ist es passiert, wie wir mal in Garmisch waren. Da lief die Scheidung schon. Und nach ein paar Wochen kam meine Periode nicht mehr. Da muss das da gewesen sein, in Garmisch. Das nahmen wir an. Hier [*sie zeigt es im Album*]: 20.02.1944.«

DK: »Und da kanntet ihr euch schon wie lange?«

EK: »Zwei Jahre.«

DK: »Zwei Jahre. Und wie lange hast du ihn hingehalten, bis du mit ihm geschlafen hast?«

EK: »Ich weiß nicht genau. In dem Moment, wo die Scheidung eingereicht wurde. Aber ob das nun dann gleich beim ersten Zusammensein zum Kind kam, das weiß ich nicht.

In dem Moment, wo er die Scheidung eingereicht hat, da hab' ich natürlich alles fallen lassen. Ich weiß noch genau, ich wohnte in der Elisabethstraße im Hinterhaus. Und da war immer so ein Durchgang. Und da wollte er immer mit mir schon da so intime Handlungen vornehmen. Der hat es, das muss ich wirklich sagen, er hat es unwahrscheinlich schwer gehabt, denn ich wollte einfach nicht. Und in meine Wohnung wollte ich ihn nicht nehmen.«

DK: »Mochtest du ihn denn von Anfang an?«

EK: »Ja. Aber von Anfang an wusste ich, der Mann ist verheiratet. Und dadurch war ich sehr zugeknöpft.«

DK: »Und das fand ja alles so im relativ öffentlichen Amtszusammenhang statt, oder?«

EK: »Nein. Wir waren kolossal zurückhaltend. Da hat anfänglich niemand was gemerkt. Nachher war das ja öffentlich. Ich wollte jedenfalls nicht in ein Krankenhaus vom Frauenwerk. Und dann hatte ich ja auch noch meine Wohnung verloren, die war ausgebombt worden.«

DK: »Wann war das?«

EK: »Im Juli 1944. Da war ich ja schon hochschwanger.«

DK: »Und wo hast du dann gewohnt? Oder bist du dann gleich nach Wiesbaden?«

EK: »Ich habe erst noch ein paar Wochen in Pasing gewohnt. In der Fritz-Reuter-Straße hatte ich doch ein Zimmer vom Frauenwerk. Und dann bin ich eben hin zu diesem, [Max] Sollmann, unser Oberster. Und dann bin ich eins, zwei, drei, sofort nach Wiesbaden gekommen.«

DK: »Wann?«

EK: [*blättert und sucht das Foto*] »Hier: 05.08.44
Und dann habe ich da im Sekretariat gearbeitet.«

DK: »Wie war dir denn da zumute? Ich meine, die Scheidung war zwar am Laufen ...«

EK: »Er kam ja dann, er besuchte mich dort. Da wurde man ja nur mit Frau Emmyli angeredet, und damit war das erledigt. Ich war seine Frau. Er hat mich ja verteidigt, noch und nöcher.«

DK: »Warum dauerte das denn so lange, diese Scheidung? Wenn ich das richtig verstehe, läuft die ja jetzt schon ein Jahr.«

EK: »Mmh. Jedenfalls lief die da. Und er meinte sogar: ›Du wirst sehen, die kriegen wir noch eher. Die kriegen wir noch so durch, dass du schon und das Kind Rolf heißt. Dass du ehelich bist.‹ So war seine Auffassung.«

DK: »Hat die Frau sich denn besonders gewehrt gegen die Scheidung?«

EK: »Ja.«

DK: »Trotzdem warst Du glücklich?«

EK: »Doch.«

DK: »Hast Dich auch richtig gefreut auf das Kind?«

EK: »Ja, unwahrscheinlich. Sonst hätte er mich ja nicht in so 'ner Pose als Schwangere fotografiert. Also, ich war ja glücklich, dass ich endlich ein Kind kriegen konnte. Bei dem ersten Arzt, wo ich war, der hat zu mir gesagt: ›Das ist sicherlich nur 'ne

Meine Mutter Emmi Käsler im Lebensbornheim »Taunus« 1944

Störung. Jetzt wartest du noch vier Wochen, und dann, wenn Sie wiederkommen, dann geben ich Ihnen etwas, dass das wieder in Ordnung kommt.‹«

DK: »Und Opa, dein Vater, was sagte der?«

EK: »Ja, der war voller Zorn, weil der verheiratet war.«

DK: »Aber ansonsten wäre der ihm schon recht gewesen?«

EK: »Ich glaube, ja.«

DK: »Konnten die beiden Männer miteinander reden?«

EK: »Ja, ja.«

DK: »Verstanden die sich?«

EK: »Ja, schon. Er sah ja so gut aus. Wenn er reinkam, da wusste jeder, wer da kommt.«

DK: »Was heißt das?«

EK: »Na ja, ein Herr halt. Eine gewisse Persönlichkeit. Er sah ja gut aus, war immer sehr gut angezogen und die große Figur. Er war einfach jemand.«

DK: »Du gingst gerne mit dem aus?«

EK: »Ja. Ich konnte mir immer nie vorstellen: Warum gerade ich? Er erschien mir so viel mehr als ich mir selbst.«

DK: »Auch weil er gescheiter war?«

EK: »Ja. Und weil er was vorstellte.«

DK: »Was war er denn da? Ich mein', so vom Dienstrang her. War das viel?«

EK: »Er war, glaube ich, Abteilungsleiter und kam ja dann nachher in die Heime.«

DK: »Und was machte er da in der Dienststelle, weißt du das?«

EK: »Da war ja nur immer dieses Thema, die Mütter und die Kinder. Die ganze Auseinanderfieselei wegen der Versorgung.«

DK: »War es denn ein bisschen so, ein Vorgesetzter hat eine Beziehung mit der Sekretärin?«

EK: »Ja, er war Abteilungsleiter.«

DK: »Und du warst?«

EK: »Ich war nicht in seiner Abteilung.«

DK: »Ja, ja. Aber was warst du denn?«

EK: »Schreibkraft. [*lacht*] Ganz einfache Schreibkraft.«

DK: »Also, von daher schon ein Gefälle?«

EK: »Hm.«

DK: »Und die anderen fanden das wahrscheinlich auch eher toll.«

EK: »Oh, ich habe ja nicht darüber gesprochen. Denn ich meine, das war ja ein verheirateter Mann, in den Augen der anderen.«

DK: »Aber mittlerweile läuft das ja schon 'ne ganze Weile. Also, es muss eigentlich langsam bekannt geworden sein.«

EK: »Und dann, nachher, wie das dann bekannt wurde, wurde das ja offiziell von ihm auch eingereicht. Damit ich dann gut versorgt wurde. Er hat also rührend gesorgt, er hat ja für dich die ganze Babyausstattung besorgt. Ich habe nicht einen Krümel kaufen brauchen, alles hat er beschafft. Das Bettchen hat er anfertigen lassen, den Korb – alles. Der war ja glücklich. Es war das erste Kind, also so hat er mir immer gesagt, das erste Kind, auf das er sich also unwahrscheinlich freut. Und die erste Frau, die er wahrhaft liebt.«

Der Abteilungsleiter, die Schreibkraft, der Sohn

Es ist Januar 2022. Ich blättere in jenem Fotoalbum, das ich vor 42 Jahren meiner Mutter in die Hand gegeben hatte, um ihren Erzählfluss ein wenig zu strukturieren. Auf der ersten Seite lese ich: »1943. Zusammengestellt für meinen Hubert.« Ich folge den akribisch geordneten ersten Stationen der Beziehung meiner Eltern: Donnerstag, 7. Januar 1943: »1. Einladung bei mir.«

Der erste gemeinsame Abend meiner Eltern im Jahr 1943: Südtiroler Rotwein und Khedive-Zigaretten

Das aufgeklebte Weinetikett zeigt, dass ein Roter Lanburger von 1940 aus dem Etschland/Italien getrunken wurde. Mein Vater rauchte Khedive-Zigaretten.

Seitenweise werden gemeinsame Filmbesuche dokumentiert (*Hab mich lieb!* mit Marika Rökk im Atlantik-Palast am Isartor), Theaterbesuche (*Nichts für ungut!* in Gondrells Bonbonniere), Opernbesuche (*Don Pasquale* in der Bayerischen Staatsoper: »im dunklen Anzug und schwarzen langem Tüllkleid«), ein Lieder- und Arienabend im Festsaal des Deutschen Museums auf der Ludwigsbrücke bei dem »Volks- und Soldatenlieder« zum Vortrag kamen, ein Theaterbesuch (*Jugend* von Max Halbe in den Kammerspielen im Schauspielhaus

– »Bühnen der Hauptstadt der Bewegung«), Radtouren zum Ammersee, zum Starnberger See und zum Tegernsee. Und das alles mitten im Krieg!

In diesen Erinnerungen an gemeinsam verlebte Stunden taucht unvermutet ein ausgeschnittenes Foto auf: *Heim Pommern*. Ganz offensichtlich war Hubert Rolf im Jahr 1943 in Bad Polzin, dessen Stadtverwaltung dem »Führer« und Reichskanzler Hitler das ehemalige Kurhaus Luisenbad zum Geschenk gemacht hatte. Dieser gab das noble Präsent weiter an den Reichsführer SS, Heinrich Himmler, zur Verwendung für den Lebensborn. Der SS-Verein machte daraus das Heim Pommern mit 60 Betten für Mütter und 75 Betten für Kinder. Was mag die Rolle meines Vaters dort gewesen sein?

Und was bedeuten die beiden unmittelbar darunter eingeklebten Etiketten? Ich lese »Lux. Toilet Sepe« und »Dronning Chokolade. Freia Chocolade Fabrik. Oslo«. War mein Vater im Juli 1943 in Norwegen? Was machte er da? »Rassereine arisch erscheinende« norwegische Kinder begutachten? Und diese Kinder ins Reich »begleiten«?

Im August 1943 jedenfalls machten die beiden Verliebten einen »Sonntagsurlaub« in Bodenhagen bei Kolberg an der Ostsee, das heute Bagicz heißt und in Polen liegt. Die Fotos zeigen ein glückliches Paar, ein Mann und eine Frau in Badekleidung auf Handtüchern im Sand. Hinter ihnen das Meer. Im Oktober hatte mein Vater Urlaub bekommen, wie die »Reichskarte für Urlauber« ausweist, der zufolge er im ganzen Reichsgebiet berechtigt war, folgende Lebensmittel für sieben Tage in Empfang zu nehmen: 2.250 Gramm Brot, 250 Gramm Fleisch, 140 Gramm Butter, 70 Gramm Margarine, 175 Gramm Marmelade, 200 Gramm Zucker, 150 Gramm Nährmittel, 60 Gramm Kaffee-Ersatz, 60 Gramm Käse, 1 Ei. Anscheinend verbrachten die beiden Liebenden diese Urlaubstage in München, wie die eingeklebten Eintrittskarten für den Film *Man rede mir nicht von Liebe* im Luitpold-Theater und für das Theaterstück *Die Verschwörung des Fiesco zu Genua* in der Inszenierung von Otto Falckenberg in den Kammerspielen belegen.

Zum 33. Geburtstag meiner Mutter fährt Hubert Rolf erneut nach München:

»Kein Urlaubsschein, Bombenterror über Berlin – und ein Mann aus Pommern will nach München zum Geburtstag seiner Liebsten. Was tut er? Er fährt trotzdem!

So bin ich denn heute allen Schwierigkeiten zum Trotz doch bei meiner geliebten kleinen Frau glücklich gelandet und wir verleben kurze Stunden reinen Glücks.

Möge Dir, mein Herzlein, auch das kommende Lebensjahr Gesundheit und Kraft geben – dann zwingen wir das Schicksal zu unserem Glück!

Immer Dein Hubert.

München, am 23.11.1943.«

Neben diesem Text klebt ein Foto eines entschlossen nach links blickenden Mannes. Man sieht nur den Kopf. Schnitt meine Mutter die Hinweise auf die SS-Uniform weg? Erneut folgen eingeklebte Eintrittskarten von diversen Kino- und Theaterveranstaltungen, die die beiden in der Kriegsweihnacht und bis Neujahr 1944 in München besuchten. Ein »Kriegsurlaubsschein« und die »Wehrmacht-Doppelkarte« für zwei Personen in der 3. Klasse des Personenzugs von München nach Garmisch-Partenkirchen vom 11. Februar 1944 belegen die Angaben meiner Mutter. Dort wurde ich vermutlich gezeugt und empfangen. Ich nehme an, das Paar war glücklich.

Auf der folgenden Seite sieht man eine bemerkenswerte Zusammenstellung: In den Tagen vom 21. bis 24. April weilte mein Vater erneut in München, möglicherweise erneut zu einem »Standesamtslehrgang«, wie schon im Februar 1944. Der Lebensborn betrieb sein eigenes System von Standesämtern, abseits der kommunalen Standesämter. Jedenfalls sahen meine Eltern am 24. April im Atlantik-Palast den Film *Der Verteidiger hat das Wort* mit Heinrich George. Daneben klebt ein Zeitungsausschnitt:

»Aus dem Führerhauptquartier, 25. April. Das Oberkommando der Wehrmacht gibt bekannt:

Britische Bomber führten in der vergangenen Nacht unter Verletzung schweizerischen Hoheitsgebietes einen schweren Terrorangriff auf München. Es entstanden Schäden in den Wohnvierteln und Verluste unter der Bevölkerung. Unersetzliche Kulturbauten fielen dem feindlichen Terror zum Opfer. Auch die Städte Karlsruhe und Mannheim waren das Ziel britischer Terrorangriffe. Bei schwierigen Abwehrbedingungen wurden 45 britische Bomber durch unsere Luftverteidigungskräfte abgeschossen.«

Am 2. Juni 1944 hatte meine Mutter einen Termin bei der Nationalsozialistischen Volkswohlfahrt, von der sie vermutlich die eingeklebte »Berechtigungskarte für werdende und stillende Mütter, Wöchnerinnen« ausgehändigt bekam. Die Schwangerschaft muss attestiert worden sein.

Ganz unten auf dieser Seite lese ich: »13.7.44 Terrorangriff – Wohnung ausgebrannt.«

Geburt im Lebensborn-Heim »Taunus«

Eine einzige Seite des Fotoalbums versammelt sämtliche Erinnerungsstücke an die Zeit im Wiesbadener Heim »Taunus«, in dem meine schwangere Mutter ab dem 5. August 1944 lebte. Ein Schwarz-Weiß-Foto vom Haus selbst, eines mit Blick von dort oben in das Tal hinab, ein weiteres von meiner lächelnden Mutter mit dickem Bauch und Hochfrisur. Und dann eines, bei dem sie einen Säugling liebevoll ansieht. Das Kind ist in ein weißes Tuch eingepackt.

Eingeklebte Papierausschnitte vom Strumpfhaus Poulet in der Wiesbadener Kirchgasse, vom Café Blum in der Wilhelmstraße, eine Eintrittskarte vom Thalia Filmtheater und eine Fahrkarte der Nerobergbahn zeigen, dass »Frau Emmyli« nicht nur im Heim oben auf dem Berg weilte, sondern auch in die Stadt ging.

Eingelegt auf dieser Seite liegt ein goldenes Band, an dem eine blaue Seidenschleife und ein kleiner Papierzettel hängt. »Dirk« ist zu lesen, unterstrichen. In der Handschrift meiner Mutter steht geschrieben: »Telegramm: ›Ich danke Dir.‹« Darunter klebt ein winziger Ausschnitt eines Fotos meines Vaters, über dem Vermerk »24.10. bis 26.10.44 Urlaub«.

Eine kleine weiße Klappkarte verkündet handschriftlich: »Unser Dirk Rudolf ist angekommen. 19.10.1944. Wiesbaden-Bahnholz, SS-Heim Taunus, Idsteinerstr. 111.« Vor dem Geburtsdatum sieht man die Rune Elhaz, die sogenannte »Lebensrune«, das Wahrzeichen des Lebensborn. Auch die beiden Buchstaben SS sind als Runenzeichen geschrieben, die sogenannte »Siegrune«. Auf der Rückseite ist in der Handschrift meiner Mutter vermerkt: »11:55 Uhr, 54 cm, 2.556 Gramm.«

Es kann kein Zweifel bestehen. Mit meiner Geburt waren die Ziele des Lebensborn e.V. erfüllt worden:

» **§2.**

Der Verein dient ausschließlich gemeinnützigen und wohltätigen Zwecken mit dem Ziel:

1.) rassisch und erbbiologisch wertvolle, kinderreiche Familien zu unterstützen,
2.) rassisch und erbbiologisch wertvolle, werdende Mütter zu betreuen, bei denen nach sorgfältiger Prüfung der eigenen Familie und der Familie des Erzeugers durch den Verein anzunehmen ist, daß gleich wertvolle Kinder zur Welt kommen,
3.) für diese Kinder zu sorgen,
4.) für die Mütter der Kinder zu sorgen,
5.) gemäß §47 RJWG die Vereinsvormundschaft jeweils nach eigenem Ermessen zu übernehmen.

Die Voraussetzung der Betreuung von Müttern ist, daß sie in rassischer und erbbiologischer Hinsicht alle Bedingungen erfüllen, welche in der Schutzstaffel allgemein gelten.

Auf diese Leistungen besteht kein Rechtsanspruch.

§3.

Die weltanschaulichen Richtlinien erhält der Verein durch den Reichsführer-SS, Rasse- und Siedlungshauptamt.

§4.

Zur Erfüllung dieser Aufgaben kann der Verein alle ihm notwendig erscheinenden Maßnahmen ergreifen.

Er kann andere Vereine, die ähnliche Zwecke verfolgen, in sich aufnehmen oder zur Mitarbeit heranziehen.

§5.
Der Verein wird vom Vorstand geleitet. Vorstandsvorsitzender ist jeweils der Reichsführer-SS.«

Da meine beiden Eltern die Anforderungen in rassisch und erbbiologischer Hinsicht erfüllten, gilt das wohl auch für das gemeinsame Kind. Der Definition der Nazis nach bin ich ein »rassisch wertvoller« Mensch.

Wie problematisch diese Einordnung selbst für den Lebensborn war, deutet das Schreiben des Reichsführers-SS und Chefs der Deutschen Polizei, Heinrich Himmler, vom 26. Januar 1942 an:

»Bei der Durchsicht der Fragebogen der Lebensbornmütter bin ich zu der Überzeugung gekommen, daß die Klassifizierung mit I, II und III nicht ausreichend ist. Es hat sich praktischerweise folgende Klassifizierung herausgestellt:

I = für die Mutter und den Vater charakterlich, weltanschaulich, rassisch, erbgesundheitlich und gesundheitlich in Ordnung;

II = charakterlich und weltanschaulich in Ordnung, jedoch rassisch, erbgesundheitlich oder gesundheitlich gewisse Mängel;

III = gewisse Mängel und Unreife charakterlicher oder weltanschaulicher Art oder rassische, erbgesundheitliche und gesundheitliche stärkere Fehler;

IV = unerwünschte Mutter oder unerwünschter Vater, charakterlich oder weltanschaulich fehlerhaft oder rassisch abzulehnen oder erbgesundheitlich und gesundheitlich ernsthaft zu beanstanden und deswegen als Erzeuger von Kindern unerwünscht.«

Nach diesem Katalog dürfte ich vermutlich in Klasse I aufgenommen worden sein. Nicht nur das Produkt der Liebesbeziehung meiner Eltern, auch die Umstände dieser Beziehung erfüllten alle Vorgaben des NS-Systems.

Liest man den Tagesbefehl Heinrich Himmlers vom 28. Oktober 1939 wird deutlich, warum sich meine Eltern – beide im Rahmen des Lebensborn der SS tätig – sicher waren, nicht nur ihrer Liebe gefolgt zu sein. Ungeachtet der Tatsache der noch bestehenden Ehe meines Vaters zur Zeit meiner Zeugung und Geburt – das Paar hatte seine nationale Pflicht in Kriegszeiten erfüllt:

»Jeder Krieg ist ein Aderlaß des besten Blutes. Mancher Sieg der Waffen war für ein Volk zugleich eine vernichtende Niederlage seiner Lebenskraft und seines Blutes. Hierbei ist der leider notwendige Tod der besten Männer, so betrauernswert er ist, noch nicht das Schlimmste. Viel schlimmer ist das Fehlen der während des Krieges von den Lebenden und der nach dem Krieg von den Toten nicht gezeugten Kinder. [...]

Über die Grenzen vielleicht sonst notwendiger bürgerlicher Gesetze und Gewohnheiten hinaus wird es auch außerhalb der Ehe für deutsche Frauen und Mädel guten Blutes eine hohe Aufgabe sein können, nicht aus Leichtsinn, sondern in tiefstem sittlichen Ernst Mütter der Kinder ins Feld ziehender Soldaten zu werden, von denen das Schicksal allein weiß, ob sie heimkehren oder für Deutschland fallen.

Auch für die Männer und Frauen, deren Platz durch den Befehl des Staates in der Heimat ist, gilt gerade in dieser Zeit die heilige Verpflichtung, wiederum Väter und Mütter von Kindern zu werden. [...]

Im vergangenen Krieg hat mancher Soldat aus Verantwortungsbewusstsein, um seine Frau, wenn sie wieder ein Kind mehr hatte, nicht nach seinem Tode in Sorgen und Not zurücklassen zu müssen, sich entschlossen, während des Krieges keine weiteren Kinder zu erzeugen. Diese Bedenken und Besorgnisse braucht Ihr SS-Männer nicht zu haben; sie sind durch folgende Regelung beseitigt:

1. Für alle ehelichen und unehelichen Kinder guten Blutes, deren Väter im Kriege gefallen sind, übernehmen besondere, von mir persönlich Beauftragte im Namen des Reichsführers-SS die Vormundschaft. Wir stellen uns zu diesen Müttern und werden menschlich die Erziehung und materiell die Sorge für das Großwerden dieser Kinder bis zu ihrer Volljährigkeit übernehmen, so daß keine Mutter und Witwe aus Not Kümmernisse haben muß.
2. Für alle während des Krieges erzeugten Kinder ehelicher und unehelicher Art wird die Schutzstaffel während des Krieges für die werdenden Mütter und für die Kinder, wenn Not oder Bedrängnis vorhanden ist, sorgen. Nach dem Kriege wird die Schutzstaffel, wenn die Väter zurückkehren, auf begründeten Antrag des einzelnen wirtschaftlich zusätzliche Hilfe in großzügiger Form gewähren.

SS-Männer und Ihr Mütter dieser von Deutschland erhofften Kinder, zeigt, daß Ihr im Glauben an den Führer und im Willen zum ewigen Leben unseres Blutes und Volkes ebenso tapfer, wie Ihr für Deutschland zu kämpfen und zu sterben versteht, das Leben für Deutschland weiterzugeben willens seid!«

Auch wenn alle »Kümmernisse« von »Frau Emmyli« ferngehalten werden sollten, erwiesen sich die Umstände meiner Geburt dann doch als reichlich voller Kümmernisse. Von der Zeit danach ganz zu schweigen.

In den späteren Gesprächen klang das dann so:

DK: »Jetzt erzähl mal ein bisschen weiter. Du musst dich ja noch daran erinnern können, an deine Zeit in dem Heim in Wiesbaden. Insbesondere interessiert mich natürlich die Geburt selbst. Wie war das – wie war die Zeit in dem Heim?«

EK: »Also, in dem Heim waren sehr sehr nette Damen. Das waren keine Frauen, sondern waren wirklich alle aus guten Häusern. Und mit der ich mich besonders gut vertragen oder verstanden habe, das war eine Holländerin. Und die war aus Amsterdam, eine ganz liebe Frau. Und die [*lacht*] hatte nachher unwahrscheinlich viel Milch.

Das war ja so. Nachdem wir uns so gut verstanden haben, hat sie dich dann nachher auch gestillt. Ich hatte ja nicht so viel. Ich habe mich ja so geplagt. Ich habe dann immer so 'ne Pumpe angesetzt. Und einmal hatte ich das Fläschchen ganz voll. Und dann ist durch irgend 'ne ungeschickte Bewegung die Flasche umgefallen. Und war die ganze Milch, meine Milch war dann am Boden. Und da habe ich so viel geweint. Das seh' ich jetzt noch direkt vor mir. Ich war doch so glücklich über das Kind. So schlimm war die Geburt gar nicht. Du kamst ja viel zu früh, weil Bomben fielen.«

DK: »Was heißt viel zu früh?«

EK: »Vier Wochen zu früh kamst du. Da war ein ganz schwerer Fliegerangriff. Und ich war so erschrocken, und da bin ich zu der Schwester Emma gegangen und hab' gesagt: ›Ich weiß gar nicht, Schwester Emma, ich bin immer ganz nass.‹ ›Um Gottes willen‹, sagte sie, ›also, schnell, packen sie ihre Sachen, sofort in den Kreißsaal.‹ In der Nacht hat's angefangen, und um fünf Minuten vor zwölf kamst du dann.«

DK: »Wann hat es angefangen?«

EK: »Nachts um elf.« [*lacht*]

DK: »Das sind ja fast zwölf Stunden.«

EK: »Ja.«

DK: »Nein, über zwölf Stunden.«

EK: »Ja.«

DK: »Oh Gott!«

EK: »Dann kam ich dann in die Badewanne.«

DK: »Was heißt, du kamst in die Badewanne – mit mir noch drin?«

EK: »Ja.«

DK: »Warum das denn?«

EK: »Das weiß ich auch nicht, das war so 'ne Methode vielleicht.«

DK: »Ich bin doch nicht ins Wasser geboren worden, oder?«

EK: »Nein nein. Nein nein. Nein, die meinten, glaub' ich sicherlich, dass ich mich wohl fühlte oder so. Am Anfang war's ja gar nicht so schlimm. Die war ja rührend, die Schwester Emma.«

DK: »Und da war richtig Bombenalarm?«

EK: »Ja – und welcher! Da fielen sie ja, fielen ja schwer runter. Und ich im Kreißsaal. Und der Doktor, der hat sich dann nachher meiner erbarmt, weil ich solche Schmerzen gehabt habe und so, also, ich war ja fix und fertig. Ich habe also das nicht miterlebt, wie du dann am Tageslicht warst. Sondern da war ich eben in Narkose. Und durch diese Drückerei hatte ich so grässliche Hämorrhoiden gekriegt, so ganze richtige dicke Geschwülste – ja schrecklich. Das haben sie dann nachher bei mir verarztet und alles. Ach, süß war's. Und das weiß ich, ja, ganz entzückend, neben mir wurde dann so ein Bettchen gefahren.«

DK: »Aber wenn du sagst, vier Wochen zu früh …«

EK: »Hm, ein Achtmonatskind bist du.«

DK: »Ich mein', konnte ich denn da überhaupt …«

EK: »Na ja, da wollte ich gerade sagen. Du warst die ersten paar Tage in so einem Brutkasten.«

DK: »Und wie sah ich aus?«

EK: »Das Näschen, das war ganz blutig rot. Du kratztest dich immer. Du hattest später so kleine Handschuhe übergehabt. Du hast dich ja zu viel gekratzt.«

DK: »Wo?«

EK: »Am ganzen Körper. Na ja, hier und so, durch das Runterfassen warst du immer voller Striemen und da haben sie dir solche aus Leinen, so kleine Fäustlinge drübergezogen mit so 'nem Bändel drum.«

DK: »Wie lange blieb ich denn da in dem Kasten?«

EK: »Ach, nur drei Tage.«

DK: »Was hatte ich denn für 'ne Haarfarbe?«

EK: »Ganz hellblond, weiß fast.«

DK: »Und eher ein ganz zierliches Kind, oder?«

EK: »Ja, ganz. Und nachher wurden die Haare immer dunkler, so dunkel wie dein Vater. Dein Vater war ja so dunkel wie du. Also so habe ich ihn in Erinnerung. Ja schrecklich.«

DK: »Na, wieso, das ist doch keine schreckliche Geschichte, hör mal.«

EK: »Nein, weil du die Haare nachher verloren hattest.«

DK: »Du meinst jetzt, oder was?«

EK: »Nein, als Kind. Hier steht's: 11:55 Uhr, 54 Zentimeter lang und 2.556 Gramm. Also, da kannst du dir ja vorstellen [*lacht*], das sind [*rechnet*] ... Wieviel sind denn das, wieviel Pfund?«

DK: »Ja – 4 Pfund und 56 Gramm.«

EK: »Die Anzeige haben aber nur die gekriegt, die um unsere Gemeinschaft wussten.«

DK: »Hast du das gezeichnet?«

EK: »Ja. Ich wollte das nicht an Fremde schicken.«

DK: »Gut. Nun bin ich auf der Welt. Und was war ich für ein Baby?«

EK: »Du warst sehr brav. Und wie du dann neben mir lagst [*lacht*], da bekam ich als erstes so 'ne gute Tasse Kaffee. Das war ja damals 'ne Seltenheit. Ach, und ich war so matt, ich war vollkommen matt. Und stell dir vor, auf einmal fällt die Tasse um und auf das Bettchen. Auf die Zudecke von dir. Nicht auf dich drauf. Aber der Kaffee war im Eimer, also, im Bettchen.«

DK: »Oh je. Hattest du denn was getrunken?«

EK: »Na ja, vielleicht zwei, drei Schluck.

Ja – ach und so lieb. Wenn du dann gegähnt hast, das war ja süß. So das kleine Mündchen, das war alles so klein. Es gab ja immer nichts Richtiges zum Kaufen. Und da hatte ich von der Großmutter Palm, von deiner Urgroßmutter, hatte ich so 'nen grünen Umhänger.«

DK: »Ein Cape, oder was?«

EK: »Cape – und das hat sie mir geschickt.«

DK: »Aus was denn, aus Wolle oder?«

EK: »Ja, das hat sie mir geschickt. Und dann habe ich aus diesem Cape für dich so ein Mützchen gestrickt. So weiß eingerändert. Und dann so ein kleines Jäckchen dazu. Und das [*lacht*] hast du danach sehr lange getragen.«

DK: »Ich schlief demnach bei dir?«

EK: »Ja.«

DK: »In der ersten Zeit?«

EK: »Ja, es ging ja gar nicht anders. Wir waren ja im Keller. Geboren bist du oben. Und dann nachher ging's gleich in den Keller. Ich habe die ersten acht Tage mit dir Tag und Nacht im Keller gelebt. Tja!«

DK: »Und da waren ganz viele andere Frauen wahrscheinlich.«

EK: »Ja, natürlich. Wir waren alle im Keller.«

DK: »Und ich blieb immer bei dir?«

EK: »Immer. Es war gar keine andere Möglichkeit. Wo solltest du denn hin? Tag und Nacht. Und dann kam ja dein Vater gleich.

Erst kam das Telegramm. Es war ein Glückwunsch: ›Ich danke dir‹, so endet es: ›Ich danke dir.‹«

DK: »Wie hatte er es denn erfahren? Und wo war er?«

EK: »Wahrscheinlich von dem Dr. Dücker. Wo war er eigentlich? [*überlegt*] War er in Polzin in dem Heim? Kann ich dir jetzt nicht mehr so genau sagen. Jedenfalls kam er dann gleich.«

DK: »Wann?«

EK: »Ach, du warst vielleicht zwei Tage auf der Welt.«

DK: »Hm.«

EK: »Es war so schön.«

DK: »Und es war auch allen bekannt, dass das mein Vater ist.«

EK: »Ja, und die Außenstehenden meinten alle, wir sind wie ein richtiges Ehepaar.«

DK: »Hm.«

EK: »Nur der Dr. Dücker, der Leiter, und wahrscheinlich auch die Oberin, die wussten Bescheid. Und da kriegte ich einen herrlichen, einen wunderbaren Rosenstrauß, ganz herrliche Rosen, und eben dieses Telegramm, was endete ›Ich danke dir‹. Denn du warst ja das Kind und die Frau, die er in seinem ganzen Leben liebte. Er hat behauptet, er hätte noch niemals in seinem Leben eine Frau geliebt, nur mich und dich dann natürlich. Du warst das, du warst einfach sein Wunsch, ein Kind zu besitzen, was er liebt.«

DK: »Wer kam denn auf Dirk?«

EK: »Er. Und unsere Tochter hätte geheißen Marei. Das kam wahrscheinlich dadurch, dass er in Norwegen war. Weißt du, Dirk kommt ja von da oben, aus Holland, aus Norwegen.«

DK: »Und du fandest den auch schön?«

EK: »Ja. Was Besonderes.«

SS-Rituale für den reinrassigen Nachwuchs

Allein aus der Literatur weiß ich um jene Zeremonien, die in den Heimen des Lebensborn praktiziert wurden, wenn ein Neugeborenes im Rahmen der »Namensgebungszeremonie« der Gemeinschaft der SS einverleibt werden sollte. Auch wenn meine Mutter nie davon gesprochen hat, nehme ich mit Gewissheit an, dass Folgendes auch mit mir veranstaltet wurde. Volker Koop, in seinem Buch *Dem Führer ein Kind schenken. Die SS-Organisation Lebensborn e. V.*, zitiert die Geschehnisse detailliert – garniert mit Fotos aus eben jenem Heim Taunus in Wiesbaden, in dem ich geboren wurde:

»Die Feier wird im Tagesraum, der mit der Führerbüste, darüber das Bildnis der Mutter des Führers, den Fahnen der Bewegung, Lorbeerblumen und Blumen geschmückt ist, abgehalten. Die Mütter nehmen im Vordergrund mit ihren Kindern Platz, dahinter die Paten und anschließend weitere Angehörige und die Heimbewohner. Nach einem musikalischen Vorspiel (Largo v. Händel oder ›Unvollendete‹ von Schubert) spricht ein SS-Führer einen für die Feier geeigneten Sinnspruch. Daraufhin hält der Heimleiter eine Ansprache, die Sinn und Zweck der Namensgebung herausstellt. Es wird vor allem hierbei an das Brauchtum unserer Ahnen angeknüpft und betont, dass die christliche Kirche dieses Brauchtum in der Taufe übernommen hat, in der das neugeborene Kind von der Erbsünde gereinigt wird. Die Lehre von der Erbsünde sowie die Auffassung der Kirche, dass die Mutterschaft die Frau verunreinige, wird als undeutsch und für deutsche Frauenehre verletzend hingestellt. Auch auf den Unterschied zwischen der Bedeutung der germanischen Vornamen und der christlichen Heiligenvornamen wird entsprechend hingewiesen.

Nach der Ansprache treten die Mütter einzeln mit ihren Kindern vor. Unter den leisen Klängen der Haydnschen Variationen über das Deutschlandlied erfolgt die eigentliche Namensgebung: Der Heimleiter fragt die Mutter: ›Deutsche Mutter, verpflichtest Du Dich, Dein Kind im Geiste der nationalsozialistischen Weltanschauung zu erziehen?‹ Die Mutter gibt mit Handschlag ihr Ja-Wort.

Daraufhin wendet sich der Heimleiter an den neben der Mutter stehenden SS-Paten: ›Bist Du, SS-Kamerad, bereit, dieser Mutter und ihrem Kind, wenn sie in Not und Gefahr geraten, persönlichen Schutz zu verleihen?‹ (Handschlag: ›Ja‹.) ›Bist Du bereit, die Erziehung dieses Kindes im Sinne des Sippengedankens unserer Schutzstaffel stets zu überwachen?‹ (Handschlag: ›Ja‹.)

Der Heimleiter hält den SS-Dolch über das Kind, berührt es damit und spricht: ›Ich nehme Dich hiermit in den Schutz unserer Sippengemeinschaft und gebe Dir den Namen ... Trage diesen Namen in Ehren.‹ Der Mutter wird alsdann die Urkunde überreicht.

Die Feier schließt mit dem Treuelied der Schutzstaffel, das von den Anwesenden stehend gesungen wird. Nach der Feier trinken die Mütter mit den Gästen gemeinschaftlich Kaffee.«

Es ist eigenartig, dass meine Mutter, die fast jede Eintrittskarte für Kinos und Theater aufgehoben hat, ausgerechnet diese Urkunde nicht aufgehoben haben soll.

In meinem Besitz befindet sich jedoch ein Objekt, das ich gekauft, bzw. getauscht habe, das mit dieser ganzen Geschichte – und nicht nur mit meiner Namensgebung – verbunden ist. Es war in München, als ich einen »Ehrendolch« der SS erwarb. In einem der zahlreichen Antiquitätenläden in der Westenriederstraße beim Viktualienmarkt sah ich ihn im Schaufenster. Ich wollte ihn nicht kaufen, sondern gegen eine antike Vorderladerpistole aus dem Nachlass meines Großvaters tauschen. Nach längeren Verhandlungen ging der Händler darauf ein: Ich tauschte etwas von meinem Großvater gegen etwas, das mein Vater getragen haben konnte. Das erschien mir passender, als Geld hinzulegen. Was mag mein Vater wohl mit seinem eigenen »Ehrendolch« gemacht haben? Hat er ihn weggeschmissen, um nicht als SS-Angehöriger erkannt zu werden? Hat er ihn aufgehoben und versteckt? Wo ist der heute? Hat meine Halbschwester ihn aufbewahrt?

Ich nehme den Dolch in die Hand. Schwarzlackierte Scheide mit silbernen Beschlägen. Der Griff des Dolches ist verziert mit dem silbernen Reichsadler, der einen Kranz in seinen Fängen hält. In der Kranzmitte schwebt das Hakenkreuz. Als ich den Dolch im Schaufenster sah, war das Hakenkreuz mit einem winzig kleinen Aufkleber abgedeckt: Nach §86a StGB ist schon das Ausstellen strafbar. Nach dem Herausziehen des Dolches aus der Scheide lese ich auf der Klinge, in altdeutscher Schrift: »Meine Ehre heißt Treue.«

Dieser Wahlspruch der SS geht auf einen Satz Hitlers aus dem Jahr 1931 zurück: »SS-Mann, deine Ehre heißt Treue!« Es gab diesen Spruch auch auf Niederländisch, Norwegisch und Dänisch. Er schmückte nicht nur den Dolch, sondern auch das Koppelschloss der SS-Mannschaften. Später diente er als Motto des Ehemaligenvereins der SS, der »Hilfsgemeinschaft auf Gegenseitigkeit der Angehörigen der ehemaligen Waffen-SS« (HIAG). Heute ist seine öffentliche Verwendung, auch in sprachlichen Variationen, ebenfalls nach §86a StGB strafbar.

Auf der Rückseite meines Dolches ist eingraviert »M7/36«. Was das wohl bedeutet? Und mit so einem Ding wurde ich als Säugling berührt und dadurch in den Schutz der Sippengemeinschaft gestellt.

Im schottischen Sprachgebrauch bezeichnet *Dirk* einen langen Dolch, der als Accessoire des formellen Highland Dress mit Kilt fungiert. Auch zu den US-amerikanischen Paradeuniformen der Flottenoffiziere gehört bis heute ein Dirk. Wussten meine Eltern darum? Meine Mutter erzählte immer davon, dass sich der Name von Dietrich ableite, dem »Herrscher des Volkes«. Aber vielleicht dachten sie doch an den »Ehrendolch«, der auf der linken Seite der SS-Uniform meines Vaters baumelte. Vielleicht ging es ihnen nicht allein um einen nordischen Namen, möglicherweise beeinflusst durch die Erlebnisse meines Vaters in Norwegen. Ich kann sie nicht mehr fragen.

Wie sollte es nun mit der Kriegerwitwe Käsler und ihrem Sohn Dirk weitergehen? In Wiesbaden konnten sie nicht länger bleiben. Der Vater hatte kein Zuhause anzubieten. Der SS-Untersturmführer im Dienst des Lebensborn war verheiratet und hatte zwei Söhne und eine Tochter. Wohin also sollte die Mutter mit ihrem Sohn gehen?

Wieder nach München! Dort wohnten die Eltern und ihre Schwester mit zwei ebenfalls unehelichen Töchtern. Mein Vater musste immer wieder in die »Hauptstadt der Bewegung« in die Zentrale seiner Dienststelle oder nach Steinhöring zum Heim Hochland. Er war also immer wieder in der Nähe seiner Geliebten, meiner Mutter. Und in der räumlichen Nähe seines dritten Sohnes.

Zuflucht in der Dachmansarde: Ein Münchner Leben beginnt

EK: »Ich kam ja dann erst kurz vor Weihnachten nach München. Dein Vater hatte uns von Wiesbaden abgeholt. Und wie wir dann im Zug saßen, kam Bombenalarm. Da mussten wir in ... welcher Ort kann das gewesen sein? ... aus dem Zug raus, mit allen Sachen. Und irgendwann fielen die Bomben. Und dann kamen wir in einen anderen Bahnhof. Ach, bis wir dann endlich hier waren ..., furchtbar!«

DK: »Du hast doch früher was von einem Standartenwagen erzählt.«

EK: »Ja. Das war aber später. Wie ich evakuiert wurde. Wie die Amis München bombardierten.«

DK: »Ach so, da war ich ja schon auf der Welt.«

EK: »Ja, da wohnten wir schon in Pasing.«

DK: »Also, jetzt bin ich erstmal auf der Welt. Das finde ich ja schön, dass mein Vater mich abgeholt, also uns beide abgeholt hat. Und wir fuhren mit dem Zug nach München.«

EK: »Und dann kam unterwegs Bombenalarm. Und dann sind wir in einen anderen Zug gekommen. Ich glaube sogar, dass wir mit 'nem Lastwagen noch ein Stück gefahren sind. Und dann wieder mit dem Zug. Jedenfalls kamen wir auf irgend 'ne Art und Weise in München an. Und da muss ich sagen, die Frau Sacks war Feuer und Flamme für uns alle drei.«

DK: »Wie kam das überhaupt, dahin zu gehen? Ich meine, hat mein Vater die Wohnung gefunden?«

EK: »Nein. Die Großeltern.«

DK: »War dir das recht in der Nähe der Eltern?«

EK: »Ja, was denn sonst? Ich habe da eigentlich nie drüber nachgedacht. Ich meinte ja immer, das kann alles gar nicht lange dauern. Wir ziehen ja dann fort.«

DK: »Das hatte er auch gesagt?«

EK: »Ja.«

DK: »Angst und Bang war dir nicht in der Zeit?«

EK: »War mir nicht, nein. Und dann war ja der Krieg zu Ende. Und da musste sich dein Vater dann mehr oder weniger verstecken. Weil er ja ein SS-Mann war.«

DK: »Nun, warte erst mal. Nun ziehen wir beide bei der Frau Sacks ein. Und er?«

EK: »Er kam nur immer hin und wieder uns besuchen.«

Der Zweite Weltkrieg endete am 8. Mai 1945 durch die bedingungslose Kapitulation der deutschen Wehrmacht. Sechs Jahre Krieg. Mehr als 60 Millionen Tote. Der von Deutschland angezettelte Krieg hatte unermessliches Leid, Tod und Zerstörung über weite Teile Europas gebracht. Das Leid der Kriegerwitwe Emmy Käsler, die im November 1945 ihren 35. Geburtstag beging, war kein Einzelschicksal. Ihr Ehemann war in Belgien »gefallen«, dessen heranwachsendes Kind fiel der Trauer seiner Witwe zum Opfer. Und nun hatte sie endlich ein lebendiges Kind, das bei Kriegsende acht Monate alt war. Mutter, Kind und sein Vater lebten. Ohne körperliche Verletzungen. Durch die Suche meines Großvaters fanden sie eine kleine Wohnung in der Nähe der Großeltern des Jungen. In der Villenkolonie I in München-Pasing.

Bei dieser Villenkolonie handelt sich um eine Ansammlung schmucker Einfamilienhäuser, entstanden aus unternehmerischer Initiative des Architekten August Exter. Exter hatte ein großes Stück Ackerland gekauft und auf eigene Kosten ab

1892 erschließen lassen. Drei Jahre später waren alle der insgesamt 120 Grundstücke verkauft. Gegenüber jener Villa, die dieser erfolgreiche Bauunternehmer für sich und seine Familie gebaut hatte, stand – und steht – jenes Haus, in das meine Mutter mit ihrem Sohn, in Begleitung des Vaters, am 15. Dezember 1944 einzog.

Das Haus, mit der damaligen Adresse Luisenstraße 36 – später Floßmannstraße 36, heute Marsopstraße 6 –, war von der Witwe Ruth Sacks gemietet worden. Diese wohnte bis zur amtlichen Zwangseinweisung meiner Mutter allein mit ihren beiden Töchtern in dem großen Haus. Wenig später wurde ihr auch noch der Staatsanwalt Walzel mit Frau und zwei Söhnen in das Parterre des Hauses eingewiesen. Anscheinend hatte der königlich-bayerische Rittmeister a.D. Mahrenholz nachgeholfen bei der Zuteilung der Mansardenwohnung in diesem schönen Haus, direkt am Nymphenburger Schlosskanal.

Ich blättere erneut in jenem Fotoalbum, das meine Mutter zusammengestellt hat: »Für meinen Hubert.« Auf den Fotos sehe ich meine Mutter und meine Großmutter auf dem schneebedeckten Fußweg vor dem Haus, meine Mutter hat die Hände am Griff des Kinderwagens, meine Großmutter lächelt in die Kamera. Wer mag fotografiert haben? Mein Vater? Mein Großvater?

Meinen Opa sieht man auf einem der nächsten Fotos. Er, meine Großmutter und meine Mutter ziehen einen offensichtlich schwerbeladenen Leiterwagen – »das seit 8 Wochen unterwegs befindliche Gepäck kam am 31.12.44 an«, steht unter dem Foto. Der Versicherungsschein der Europäischen Güter- und Reisegepäck-Aktiengesellschaft mit Gebührenmarken für dreitausend Reichsmark bestätigt es: Am 24. November hat »H. Rolf« seinen Namen als den des Versicherten eingetragen. Mein

Vater war nur gelegentlicher Besucher, und kein Bewohner im Haus der Frau Sacks. Die nächsten Seiten des Albums notieren diese Besuche akribisch genau: am 6./7. Februar 1945, am 27./29. März, am 6. April (»auf 1 Stunde daheim«), vom 7. bis zum 11. April. Wo mag er in dieser Zeit gewesen sein? Wiesbaden, Ansbach, Steinhöring, das waren seine Stationen, noch gab es den Lebensborn und seine Heime.

DK: »Und wo war er in der Zeit?«

EK: »Der wird wohl im Einsatz gewesen sein. Immer wieder in den Heimen. Der kam immer von den Heimen.«

DK: »Was ich nicht ganz verstehe: Er war doch relativ lange Zeit in Steinhöring. Was ja nun wirklich ganz in der Nähe von München ist. Warum hat er uns da nicht mit hingenommen?«

EK: »Das haben wir dann ja nachher auch gemacht. Wie München so bombardiert wurde. Da hat er uns mit 'nem Laster geholt. Ja, warum sollten wir denn nun weg? Wir hatten ja unsere Wohnung gehabt.«

DK: »Das war doch 'ne neue Wohnung. Die hattest du ja vorher nicht.«

EK: »Nein, aber wir waren ja nicht verheiratet.«

DK: »Er wollte das wahrscheinlich auch nicht.«

EK: »Solange Krieg war, sicherlich nicht.«

DK: »Und die Großeltern, wie reagierten die?«

EK: »Die kamen dann schon immer und haben nach uns geschaut.«

DK: »Wovon hast du denn in der Zeit gelebt?

EK: »Tja. Sicherlich von seinem Geld und von dem bisschen, was ich von Fritz hatte. Das habe ich ja immer gehabt. Ein bisschen Geld hatte ich ja immer. Ich kann das heute überhaupt nicht begreifen, wie ich das damals so alles über die Bühne gebracht habe. Mit dem bisschen Geld.«

DK: »Nun war also eine Art vorläufiger Situation geschaffen: Wir beide wohnen im Dachstübchen bei Frau Sacks. Die Eltern wohnen in der Nähe.«

EK: »Zwanzig Mark Miete musste ich zahlen.«

DK: [*lacht*] »Deine Eltern wohnen in der Nähe und schauen ab und zu nach dir. Er kommt ab und zu zu Besuch. Wie ging's dir denn da in der Situation?«

EK: »Da ging's mir eigentlich gut. Ich war ja voller Glück, dass ich mein Kind hatte.«

DK: »Aber Mutti, das war doch nicht die Situation, die du wolltest.«

EK: »Und ich war fest davon überzeugt, das kann nicht mehr lange dauern, dann sind wir verheiratet.«

DK: »Ich finde es ja merkwürdig, dass diese Scheidung nicht schneller vorwärts ging.«

EK: »Ach, es waren ja immer Termine. Ich musste auch vors Gericht.«

DK: »In München?«

EK: »Ja, in München.«

DK: »Wo wohnte denn seine Frau?«

EK: »In Trier.

Ich stand auch vor dem Gericht. Ich war ja als ... wie sagt man denn da, was war ich? Das war schrecklich!«

DK: »Ehebrecherin?«

EK: »Ja. Da sehe ich mich noch ganz genau. Da habe ich dann so ein Foto mitgenommen von dir. Bei dem Termin, und habe gesagt: ›Also, Sie können doch nicht ...‹

Ich kann mich noch genau erinnern, dass ich gesagt habe: ›Dies ist unser Kind. Sie können doch unmöglich uns nicht die Erlaubnis geben, dass wir jetzt beisammenbleiben.‹ Irgend so was. Es war nichts zu machen. Die waren sehr freundlich zu mir, die

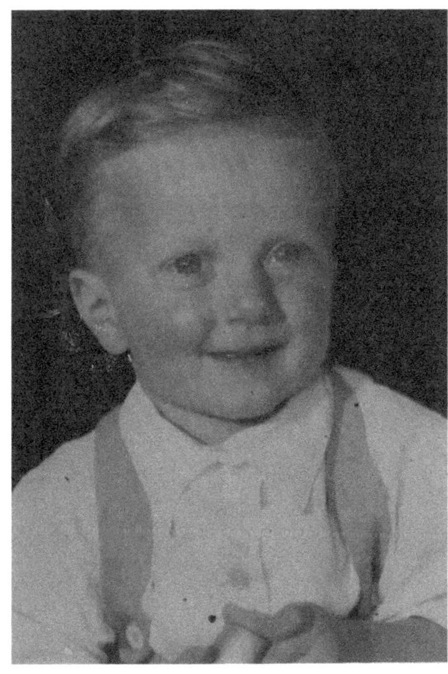

Mein erster Name: Dirk Rudolf Mahrenholtz, 1945

Richter. Die haben wohl auch eingesehen, dass ich schließlich letzten Endes für diese ganze Sache nichts kann. Sondern das ist ja seine Sache gewesen.«

DK: »Hast du denn da mal zwischendurch 'ne Wut auf ihn gekriegt?«

EK: »Nein. Hier, dieses Bild habe ich mitgenommen hier. Das war ja auch süß. Ich hab' da nicht lange vor dem Richter gestanden. Ich konnte dann gehen.

DK: »Worum ging's denn da? Rauszukriegen, wer schuld ist, oder was?«

EK: »Worum es da ging? [*seufzt*] Kann ich dir wirklich nicht mehr sagen.«

DK: »Was ich nicht verstehe: das war ja noch die Zeit des Dritten Reichs. Er war SS-Offizier. Hat mittlerweile ein offensichtlich vielen Leuten bekanntes Verhältnis mit dir. Da kommt sogar schon ein Kind. Er strengt die Scheidung mittlerweile schon zwei Jahre an.«

EK: »Das hat sich ja unwahrscheinlich lange hingezogen. Ich weiß gar nicht, wann dann nachher eigentlich das Urteil kam: ›die Ehe wird nicht geschieden.‹ Denn die neue Gemeinschaft, also die Gemeinschaft mit uns, wäre keine Gewähr für die Versorgung dieser Frau mit den Kindern. So war ungefähr das Urteil.«

DK: »Und dann?«

EK: »Dann war Schluss. Die Ehe wurde nicht geschieden, aus diesem Grunde.«

DK: »Hatte er denn irgendwann mal gesagt: ›Ich will aber für die Frau auch sorgen.‹ – also, für die erste Frau?«

EK: »Sicherlich wird er das gesagt haben.«

DK: »Und wann stellte sich das raus, dass die Ehe nicht geschieden wird?«

EK: »Das weiß ich nicht mehr. Jedenfalls fühlte ich mich auch nicht mehr wohl in dieser Situation als nicht verheiratete Frau so mit einem Mann zusammenzuleben. Ich habe dann auch die Nerven verloren. Und dann kam noch dazu, dass ich merkte, dass er auch noch mit anderen Frauen Verbindung hatte. Ich kann mich noch genau erinnern an eine Nacht, wo ich dann also diese Sache etwas humorvoll auffasste. Da hat er unwahrscheinlich darüber gelacht, denn ich sagte: ›Lieber Gott, ich danke dir, dass ich jetzt gemerkt habe, dass ich nicht die alleinige Frau bin. Sondern dass auch noch soundso viele neben mir laufen.‹«

DK: »Das verstehe ich nicht.«

EK: »Dass noch soundso viele da sind, die auch von ihm geliebt werden.«

DK: »Und warum hat dich das gefreut?«

EK: »Das habe ich natürlich zynisch gemeint.«

DK: »Es muss dir doch in der Zeit echt schlecht gegangen sein, Mutti.«

EK: »Vielleicht, Dirk. Ich weiß es wirklich nicht mehr so genau, was da alles war. Hier seh' ich gerade diese Postkarte. Da war er in Borkum: ›12. 4. 48. ›Mein lieber Dirk, der Vati ist so weit weg und hier ist ein ganz großes Wasser. Da muß man drei Stunden mit einem großen Schiff fahren. Jetzt noch vier Tage – Du weißt doch 1, 2, 3, 4 – dann ist der Vati wieder in München und dann habe ich ganz viel Freude. Hoffentlich ist der Dirk auch immer lieb gewesen, damit die Mutti viel Freude hatte. Am Freitag komme ich wieder. Bis dahin an Dich und Mutti viele Küßchen Dein Vati.‹ «

DK: »Da bin ich immerhin schon fast vier.«

Erste Postkarte meines Vaters an mich: Grüße aus Borkum, 1948

EK: »Ja. Das ist doch süß, nicht?«

DK: »Würdest du denn sagen, dass, wenn er da war, dass er dann lieb zu mir war?«

EK: »Ja, sehr.«

DK: »Und wie sah das aus?«

EK: »Immer wieder hat er mit dir gespielt. Also ganz lieb war er. Spazierengehen und dann, wie der dicke Schnee war, da ist er mit dir mit dem Schlitten durch die Gegend gezogen.«

DK: »Als du vorhin sagtest: ›und dann habe ich irgendwie die Nerven verloren‹, was meinst du damit?«

EK: »Dass ich eben merkte, vielleicht will er nun doch nicht mehr heiraten, nachdem die Scheidung nicht ausgesprochen wurde. Und, mein Gott, er sah ja so gut aus. Du weißt das ja selber. Sicherlich schauen dich auch viele Frauen an und finden dich begehrenswert. Ich habe das nicht durchstehen können. Ich wollte auch nie jemanden teilen mit anderen. Ich wollte halt jemand für mich allein haben. Für dich, für uns.«

DK: »Und wenn du ihm das gesagt hast, was hat er da gesagt?«

EK: »Dann hat er gemeint, das stimmt doch alles nicht. Er gehört zu uns. Und er hat manchmal gesagt: ›Ich kann ja auch nichts dafür, wenn die Frauen alle mir nachlaufen.‹«

Was machte ein ehemaliger SS-Offizier im Frühjahr 1945? Wohin sollte er gehen, nun, da das »Dritte Reich« an sein verdientes Ende gekommen war? Durch die Eintätowierung seiner Blutgruppe auf der Innenseite des linken Oberarms war er unschwer als SS-Mann zu erkennen gewesen.

DK: »In der Zeit wohnte er jetzt mehr oder weniger in Steinhöring? Oder irgendwo anders?«

EK: »Ja, in Steinhöring war er dann nachher mit dem Walter Decker zusammen, als Arbeiter.«

DK: »Verstehe ich das richtig: Im Oktober 1944 komme ich auf die Welt, irgendwann im Frühjahr 1945 ist Kriegsende?«

EK: »Ja, und da musste sich dein Vater verstecken, erstmal.«

DK: »Da in Steinhöring ist er dann untergetaucht? Und dann kam er immer. Aber die kannten ihn doch alle! Das verstehe ich ja schon überhaupt nicht – ausgerechnet in Steinhöring!«

EK: »Wer sollte ihn denn kennen, die Bauern? Der war ja nun ganz anders angezogen.«

DK: »Was machte er denn da vorher in Steinhöring in dem Heim? War er da der Leiter, oder was?«

EK: »Nee, Leiter war er nie. Das hat ja immer ein Arzt geleitet.«

DK: »Dieses Untertauchen – der wurde ja sicher gesucht, oder?«

EK: »Ja. Trotzdem er ja gar nichts getan hatte.«

DK: »Und was machtest du in der Zeit? Du wohntest in Pasing und er war in Steinhöring. Und nun ist der Krieg zu Ende.«

EK: »Ja, wie hab' ich eigentlich uns beide durchgebracht? Ich glaube, da hatte er uns schon finanziell versorgt.«

DK: »Da gibt's doch diese Geschichte, dass du mit mir auf dem Radl nach Steinhöring gefahren bist. Erzähl mal!«

EK: »Das ist ja viel später gewesen. Das heißt, von Steinhöring wieder zurück nach München.«

DK: »Na ja, erst musst du ja mal hingefahren sein.«

EK: »Ja, da hatte er ja extra von der SS so 'nen großen Laster bestellt. Wo das Ganze, alles was ich mehr oder weniger gerettet hatte, auf den Lastwagen einschließlich Kinderwagen und Bett und alles geladen wurde. Da sollten wir eben auch evakuiert werden.«

DK: »Wann war das? Noch mitten im Krieg?«

EK: »1945.«

DK: »Also, da war aber noch Krieg?«

EK: »Hm, so halb.«

DK: »Was heißt, so halb?«

EK: »Ich weiß nicht, da muss doch noch richtig Krieg gewesen sein. Und da war ihm das eben zu gefährlich. Dass uns was passieren könnte. Und dann war er mit uns gefahren, dein Vater. Mitten in der Nacht. Und da kam unterwegs Alarm. Und dann haben wir den ganzen Wagen einfach auf der Straße stehenlassen. Und waren im Bunker drin. Nachdem das zu Ende war, sind wir wieder auf diesen Laster gestiegen. Und wir sind nicht direkt nach Steinhöring gefahren, sondern dort in der Nähe zu irgendwelchen Bauern. Und da hat er dann geklopft. Mitten in der Nacht kamen wir da an. Und da haben wir dann geschlafen, im Flur und die ganzen Sachen um uns rum. Dann ist er, glaub' ich, nochmal zurückgefahren und hatte seine Schwester Therese geholt. Und dann war die wenigstens noch da, denn ich war ja fix und fertig. Ich hatte Durchfall. Und dir gings auch so schlecht. Du konntest alles nicht vertragen. Ich hatte dann Pulvermilch dabei. Es war ganz schlimm. Und dann ist die Therese losgegangen und hat immer bei Bauern was geholt. Aber die waren so unfreundlich, weil das ja ein SS-Führer war. Jedenfalls habe ich es danach nicht mehr ausgehalten. Und dann habe ich, was ich noch so ein bisschen was Nettes zum Anziehen hatte, das habe ich dann irgendwelchen Bauern geschenkt mit der Bitte, mir ein Körbchen dafür zu geben. Und dann bin ich einfach mit ganz wenig Sachen hintendrauf aufs Rad, Windeln und dich vornedrin. Und dann bin ich mutterseelenalleine von Steinhöring nach München mit dir gefahren. Und dann kam ich an in München. Und da hatte die Sacksin in den von mir gemieteten Zimmern schon 'ne andere Frau drin, eine Gräfin Sowieso. Tja, die war nun ganz perplex, dass ich wieder da war. Und dann hat die aber sofort das Feld geräumt. Und ich bin mit dir rein. Und nun hatte ich meine ganzen Sachen in Steinhöring. Und da war dann die Marie-Luise Sacks, und meine Schwester, Tante Ruth, dabei. Dann habe ich dich meinen Eltern übergeben, da mussten die für dich sorgen. Und ich bin mit den beiden Frauen wieder nach Steinhöring. Und dann haben wir drei das, was nun dort war, nach Hause gefahren. Aber haben dort erst übernachtet.«

DK: »Aber seine Idee war's doch gewesen, dich dahinzubringen. Und du rückst wieder aus?«

EK: »Ja, weil, der war ja gar nicht da. Wir wurden ja alle krank. Und die Bauern waren ja auch nicht sehr freundlich zu uns. Und dann habe ich lange nichts mehr von ihm gehört. War ja auch klar, durch die ganzen Kriegssachen. Und dann kam er wieder. Und hatte uns Milch gebracht und, und Eier und Brot und Butter. Und er hat immer gemeint, ich soll nie verzagen, es wird alles noch gut.«

DK: »Wie habe ich das denn alles aufgenommen? Ich war ja gerade mal ein Jahr alt.«

EK: »Du hast von dem ganzen Tumult nichts gemerkt, Gott sei Dank.«

DK: »Und wenn er kam, habe ich mich da besonders gefreut?«

EK: »Ach, hier ist ja der Brief, den ich suchte. [*blättert*] Siehst du: 22. Juli 1945: ›Geliebtes Herzlein, ich habe heute eine Gelegenheit, Dir einige Zeilen zu schicken. Ein Bekannter vom Hof fährt nach München und will diesen Brief mitnehmen. Gleichzeitig hat mir Frau Hawecker für die Strümpfe einige Sachen zurechtgemacht, die er Dir mitbringt. Laß Dir alles gut bekommen. Herr Greiner, so heißt der Mann, soll außerdem mein Fahrrad aus dem Keller mitbringen, da das hiesige Fahrrad keine Luft mehr hält. Ich habe es schon wieder zweimal flicken müssen.

Ich kann mir dann für das Rad hier gleich eine Zulassung besorgen. Sonst ist noch alles beim Alten. Meine Hände und Arme tun mir immer noch sehr weh. Außerdem habe ich seit gestern einen Bluterguss im großen Zeh am linken Fuß. Ein Pferd ist mir draufgetreten. So kommt eins zum anderen. Seit gestern sind wir in der Ernte. Die nächste Woche gehts heiß her. Am Dienstag fahre ich nach Wasserburg. Ich bin gespannt. Die Lage hat sich etwas gebessert. Ich bleibe aber bei meiner grundsätzlichen Einstellung. Wenn also alles gut verläuft, dann hoffe ich, kommenden Sonnabend bei Dir zu sein. Bis dahin sind meine Gedanken und Wünsche wie immer in Liebe bei Dir und dem Jungen. Herzlichst Dein Hubert! Grüße an alle Lieben‹

Ja, 22. Juli 1945. In Reith war er da beim Bauern, nicht in Steinhöring. Das muss ein Bauernhof ganz in der Nähe gewesen sein. Diesen Brief habe ich gesucht, nun ist er ja da. Ist alles da.«

DK: »Diese ganzen Geschichten, wenn ich mir das so überlege, die Bomben und Krieg und hin und her und immer auch wieder wechselnde Leute. Ich meine, das muss doch so ein Kind wahnsinnig durcheinanderbringen.«

EK: »Ach Gott, das kommt drauf an, wie du dich dem Kind gegenüberstellst. Wir haben ja immer alles versucht, von dir abzuwenden, nicht? Hier [Foto] siehst du ja, wie glücklich er ist, dein Vater mit dir. Und hier, wie du ihn anstrahlst. So ein Kind, da warst du noch nicht mal ein Jahr alt; das hat ja gar keine Erinnerungen. Das weiß ja das alles gar nicht. Das weiß nur, dass jemand da ist.«

DK: »Nun warst du also wieder in München. Und er arbeitete auf dem Bauernhof in Reith. Und dann, irgendwann war doch dann diese Geschichte, dass er zu den Amis gegangen ist. Erzähl doch mal!«

Das ist eine der erstaunlicheren Wendungen dieser ganzen Geschichte: Dem abgetauchten SS-Offizier wurde das Leben als einfacher Landarbeiter offensichtlich zu anstrengend. Dazu kam noch die »Belastung« durch die beiden Mütter seiner vier Kinder. Die eine Frau lebte in Trier, die andere in München-Pasing. Wohin sollte er gehen? In die Arme neuer Frauen, die ihm nicht so viel Stress machten? Das tat er offensichtlich. Und irgendwann muss ihm die Idee gekommen sein, dort Unterschlupf zu suchen, wo die Sieger sind. Zur US-Armee. Dahin, wo die gefüllten Vorratskammern waren.

EK: »Ja, da war er dann in München. Da war er immer bei uns.«
DK: »Was heißt das? Der wohnte richtig in Pasing?«
EK: »Ja, der wohnte bei uns. Mit uns zusammen bei der Frau Sacks.«
DK: »Wann war das?«
EK: »Hier, das Telegramm: ›Eintreffe kommende Woche. Das gemeinsame Leben beginnt. 20. September 1947.‹«
DK: »Da bin ich schon fast drei Jahre alt. Und dann wohnten wir drei zusammen da oben bei der Sacksin?«
EK: »Ja.«
DK: »Er ging jeden Tag zu den Amis? Was machte er da?«
EK: »Was hat er da eigentlich gemacht? Da war so eine große Lebensmittelversorgung. Das war doch in der Schwere-Reiter-Straße. Da waren diese ganzen Amis untergebracht. Und da hat er diese Lebensmittelgeschichte unter sich gehabt. Und dadurch waren wir ja nachher gut versorgt. Aber natürlich hat er das alles rausgeschmuggelt. Da habe ich ihm unten in den Mantel solche …«
DK: »Taschen genäht?«
EK: »Ja.«
DK: [*lacht*] »Na ja, ist ja klar.«

EK: »Gott sei Dank ist er nie erwischt worden.«

DK: »Aber wie kam das denn? Ich meine, als SS-Mann war er ja gesucht worden, oder?«

EK: »Nee, gesucht haben sie ihn nie. Denn er war ja nur eingezogen gewesen. Er war ja kein aktiver SS-Mann. Das war ja ein großer Unterschied, ob du aktiv bei der SS bist, oder ob du nur eingezogen warst. Er war ja von Beruf, er hatte ja seinen Beruf als Bezirksleiter bei 'ner Versicherung.«

DK: »Man konnte auch zur SS eingezogen werden?«

EK: »Ja, natürlich. Man konnte sich freiwillig melden. Du hast dich ja auch freiwillig gemeldet zur Bundeswehr. Und so konnte man sich auch freiwillig melden zur Waffen-SS. Waffen-SS war er, war ja der Wehrmacht gleichgestellt, war ja die gleiche Stufe.«

DK: »Also, dass ihm da nichts drohte bei den Amis ...«

EK: »Gar nichts, der hatte überhaupt nichts. Der hatte ja weder jemanden umgebracht noch sonst was. Und weil er körperlich nicht mehr im Einsatz sein konnte, drum wurde er im Heimateinsatz gebraucht.«

DK: »Und wie lange war er dann bei den Amis?«

EK: »Das war, glaub' ich, mindestens ein halbes Jahr.«

DK: »Und in der Zeit hat der richtig bei uns – und wir drei zusammengelebt?«

EK: »Ja.«

DK: »Das muss eigentlich ›ne schöne Zeit gewesen sein.«

EK: »Ja, das war auch schön. Bis dann die Sacksin plötzlich auf einmal solche Anfälle kriegte. Und dann an den Anwalt schrieb. Da lief ja immer noch die Scheidung. Jedenfalls hat die Sacksin dann Rabatz gemacht. Und dann ging das auch noch los mit der Marie-Luise Sacks und ihm. Dann hat die Sacksin ihn eben mehr oder weniger rausgeekelt. ›Wann verlässt Herr Rolf nachts das Haus?‹ – diesen Zettel habe ich, glaub' ich, auch irgendwo eingeheftet.«

DK: »Und das wurde ihm ein bisschen viel, oder wie?«

EK: »Tja, mir, uns allen. Na, dir nicht. Du hast davon nichts gespürt.«

DK: »Liebtest du ihn denn da noch?«

EK: »Ja. Ich wäre mit dem Mann wirklich durch dick und dünn gegangen. Ich habe mir jetzt auch noch überlegt, ich meine, er ist ja wieder verheiratet, wieder mit 'ner anderen. Aber ich glaube wirklich, dass das eigentlich der richtige Mann für mich gewesen wäre. Ich kann mich ja auch täuschen. Ich habe ihn ja nun ewig nicht gesehen. Das sind auch schon Jahrzehnte her. Seit 1950.«

DK: »Das war dir nicht eine zunehmend größere Belastung, diese Unklarheit der Situation?«

EK: »Das hat mich fix und fertig gemacht. Weshalb ich dann auch so krank geworden bin.«

DK: »Na gut, aber so weit sind wir ja noch nicht. Ich meine, die Frau Sacks fängt nun also an, Druck auszuüben. Und er, wie hat er reagiert?«

EK: »Weil er gesehen hatte, dass ich darunter leide, hat er dann gemeint, ich solle nicht verzagen. Er sucht sich jetzt eine neue Tätigkeit. Wieso ist er dann eigentlich nach Borkum gekommen? Durch irgendwelche Annoncen. In irgend so 'nem Hotel wollte er dann einsteigen. Ich glaube, da hat er da oben in Hotels gearbeitet. Wie er dann wiederkam, da meinte er ja auch ... Aber das war nachher nicht mehr ehrlich, glaube ich.«

DK: »Was meinte er da?«

EK: »Dass es jetzt nicht mehr lange dauern würde, da würde er uns holen.«

DK: »Da rauf, nach Borkum?«

EK: »Er hat ja immer gemeint, dass eines schönen Tages, wenn seine Frau sieht, dass wir einfach zusammenbleiben, dass sie dann von sich aus sagen würde: ›Das hat keinen Wert, ich lasse mich jetzt scheiden.‹«

DK: »War er denn noch in Kontakt mit der Frau?«

EK: »Nein. Jedenfalls kann ich mich nicht daran erinnern. Er sagte jedenfalls immer: ›Ich bleibe bei euch. Und du wirst sehen, eines schönen Tages, wenn sie eben sieht, ich komme wirklich nicht wieder zurück und ich gehe meinen Weg, dann reicht sie die Scheidung ein.‹«

DK: »Mich interessiert viel mehr, wie es dir da ging in der ganzen Situation. Und natürlich auch, wie es mir da ging.«

EK: »Also, ich glaube, du hast das gar nicht so alles mitgekriegt. Du warst ja immer glücklich, wenn eines schönen Tages der Vati wieder da war. Und wenn er wieder ging, das war so 'ne Selbstverständlichkeit, dass du da gar nicht darüber groß nachgedacht hast. Das kann ich mir gar nicht vorstellen, denn das wäre mir ja in Erinnerung.«

DK: »Ich habe nicht irgendwann mal gefragt, wo bleibt der Vati?, oder, wann kommt der Vati wieder?«

EK: »Wenn er gegangen ist, hast du nie geweint. Oder warst unglücklich, gar nicht. Und es war auch nie 'ne Fremdheit zwischen euch. Kann ich mich also nicht erinnern, dass du gefremdelt hättest. Nein, wir waren einfach eins, wir waren alle eins.«

DK: »Was war ich denn überhaupt für ein Kind in der Zeit? Was habe ich besonders gern gemacht?«

EK: »Vorlesen wolltest du immer. Ich sollte immer vorlesen.«

DK: »Was?«

EK: »Bücher.«

DK: »Na, was für Bücher?«

EK: »Na ja, Kinderbücher, soweit ich welche hatte. Erzählen, Geschichtchen erzählen, ja, und spazieren gehen. Und da hast du dich immer so gerne an mich angekuschelt. Das hast du immer gerne gemacht. Du warst überhaupt ein zärtliches Kind. Das kann man ehrlich sagen.«

DK: »Und mit ihm?«

EK: »Mit ihm? Ich sage ja, da war keine Distanz. Der gehörte einfach dazu.«

DK: »Nun gut, jetzt kommt irgendwann der Punkt, wo klar ist, das wird nichts aus deiner Erwartung.«

EK: »Ja, ich werde dann krank. Hier, das war die letzte Karte. Der letzte Geburtstag von dir. Die letzte Karte, wo er dann schreibt, zwei Tage vor deinem Geburtstag.«

DK: »Was steht da drauf? Zeig mal her bitte!«

EK: [*liest vor*] »17. Oktober 1949«

DK: »Und was schreibt er da?«

EK: – »Ich bin gut hier angekommen.« –

DK: »Von wo schreibt er da?«

EK: »Von Regensburg. Wieso denn Regensburg? Keine Ahnung. [*liest vor*] ›Meine Lieben! Ich bin gut hier angekommen. Leider will es mit einem Vertrag hier gar nicht recht klappen. Ich hoffe aber morgen. Einen Bescheid von Dortmund habe ich noch nicht. Zu einem Brief an Euch beide reicht es heute bei mir noch nicht, ich bin noch zu sehr beeindruckt von meinem Aufenthalt. Dem lieben kleinen Dirk, der mir viel Freude gemacht hat, wünsche ich zum Geburtstag alles Gute und viel Freude. Mutti wird es schon gut machen. Euch beiden viele liebe Küßchen. Euer Vati!‹

Ja, und das war das Ende. Dann haben wir nie mehr was von ihm gehört. Es war einfach Schluss.«

DK: »Der verschwand einfach?«

EK: »Ja.«

DK: »Was machte er in Regensburg?«

EK: »Ja, das möchte ich auch mal wissen.«

DK: »Na gut, der Mann verschwindet. Kommt nicht wieder. Das war im Prinzip erst mal nichts Ungewöhnliches, weil er ja oft weg war und dann immer wiederkam.«

EK: »Genau. Ich habe damit auch nicht gerechnet. Nichts mehr, dann kam nichts mehr, mein lieber Dirk.«

DK: »Was hast du dann gemacht?«

EK: »Tja, das frage ich mich heute auch. Da bin ich ja dann auch bald krank geworden.

DK: »Das wird ja wohl nicht von heute auf morgen gegangen sein, oder?«

EK: »Da war ich, glaub' ich, beim Lotto.«

DK: »Da hast du gearbeitet. Wo war ich in der Zeit?«

Abschiedspostkarte für immer: Der Vater verlässt mich mit diesem Gruß aus Regensburg 1949, zwei Tage vor meinem fünften Geburtstag

EK: »Immer wenn ich gearbeitet habe, warst du bei den Großeltern.«

DK: »Du hast mich in der Früh hingebracht und dann wieder abgeholt.«

EK: »Ich habe nur drei Tage in der Woche gearbeitet.
Da verdiente ich ja sehr gut. Das war am Karolinenplatz. Da ging alles im Akkord. Wir mussten soundso viele Lottoscheine bearbeiten, das war Pflicht, und was darüber hinaus war, wurde dann besser bezahlt.«

Was mag wirklich gewesen sein? War Hubert Rolf, ehemaliger Bezirksleiter bei einer Versicherungsgesellschaft, wirklich eingezogen und gegen seinen Willen der Waffen-SS zugeordnet worden? Oder hat er sich freiwillig gemeldet, möglicherweise, um sich dem Dienst in der Wehrmacht zu entziehen? Ahnte er, dass es zum Krieg kommen könnte und es darum klüger und vor allem sicherer wäre, als Verwaltungsfachmann im Heimatdienst beim Lebensborn beschäftigt zu sein? Aber wieso wäre er als Nicht-Jurist in der Rechtsabteilung tätig gewesen?

Beim Treffen im November 1977 glaube ich mich dunkel daran zu erinnern, dass er erzählte, dass er etwas mit »Handelsgehilfen« zu tun gehabt hatte, bevor er zum Lebensborn ging. Insgesamt war er wohl ein opportunistischer Pfiffikus: erst Versicherungsvertreter; dann beim Lebensborn in schmucker SS-Uniform in der Zentrale und in diversen Heimen im In- und Ausland; dann ein abgetauchter Landarbeiter in Reith bei Ebersberg auf einem Bauernhof, ganz in der Nähe einer seiner ehemaligen Wirkungsstätten; und dann zuständig für die Lebensmittelverwaltung der US-Armee in München. Organisatorisches Geschick scheint ihm gegeben gewesen zu sein. Und Überlebenswille. Und Erfolg bei Frauen.

Das Fotoalbum illustriert viele der Erzählungen meiner Mutter. Ich betrachte eine eingeklebte »Arbeiterwochenkarte«, 3. Klasse, für die Bahnfahrt von München-Pasing nach München Hbf. Daneben reihen sich nacheinander eine »Zusatzkarte für Schwerarbeiter«, eine »Zusatzkarte für Teilschwerarbeiter«, eine »Zulage für Normalarbeiter Monat März 1948«. Die Arbeit im Civilian Camp Indiana scheint im Laufe der Zeit immer leichter geworden zu sein. Neben dem eingeklebten Etikett »A Kraft Product« lese ich in der Handschrift meiner Mutter: »Oh, der Käse!!!«

Daneben eingeklebt die Einladung zur Weihnachtsfeier im Sub Depot Headquarters Munich. Die Kinder »der hier beschaeftigten Arbeiter und Angestellten« wurden zu zwei Weihnachtsfeiern eingeladen in die Räume des Hotel America, die mit Weihnachtsliedern beginnen sollten, »welche durch den Muenchener Glee-Club vorgetragen werden«. Dem folgte eine Kinderbescherung durch den Nikolaus, den man auf der Einladungskarte sieht: der ehemalige SS-Offizier mit Frau Emmyli und dem gemeinsamen Sohn bei der Weihnachtsfeier der Befreier von der Nazi-Herrschaft! Darauf muss man erst einmal kommen!

Die eingeklebten Fotos illustrieren die Angaben meiner Mutter: Man sieht eine glücklich und stolz lächelnde Frau und einen neugierig in die Kamera blickenden Säugling. Entweder auf dem Arm der Mutter, im Kinderwagen, aus einem großen Weidenkorb blickend, der Innenraum mit Stoff ausgekleidet ist, oder in einem Laufstall. Man sieht einen strahlenden Mann, der einen kleinen Jungen auf dem Arm hält und stolz ansieht. Vermerkt sind manche der Daten – »17.8. bis 24.8.45«, »11.9. bis 14.9.45. Tage des Glücks«. Ein langer handschriftlicher Brief meines Vaters vom 13. Januar 1946, ein kleiner Zeitungsausschnitt: »Ein Paar Lederschuhe erhält jedes Kind im Alter von 1–3 Jahren auf Abschnitt 89/7 ›Stadt München‹.« Die Fotos von den Tagen 1. September bis 8. September 1946 zeigen das abgemagerte Gesicht eines Mannes in erkennbar zu großer Jacke. Der Junge auf den Fotos wird immer größer, er lächelt.

Die »Wiegekarten« belegen das körperliche Wachstum des Kindes. Jene vom »Gesundheitsamt der Hauptstadt der Bewegung« beginnt am 8. Juni 1945 mit 6.600 Gramm und endet mit 11.447 Gramm am 17. April 1947. Die Karte von Alete beginnt am 30. Dezember 1944 mit 3.750 Gramm und endet am 19. Mai 1948 mit 26 Pfund und 900 Gramm, mit einem Ausrufezeichen meiner Mutter. Das Erscheinen der ersten Zähne ist notiert, das erste Laufen und die evangelische Taufe am 26. Dezember 1946. Bemerkenswerterweise gibt es kein Foto von dieser Taufe, meiner zweiten nach der Aufnahme in den Sippenverband der SS, zwei Jahre zuvor.

Ein Telegramm vom 20. September 1947 aus Rheine in Westfalen verkündet: »Eintreffe kommende Woche mit Gepäck«, darunter steht in der Handschrift meiner Mutter, »das gemeinsame Leben beginnt am 20.9.47.« Unter zwei Eintrittskarten für das Prinzregenten-Theater München für eine Vorstellung der Oper *Tiefland* von Eugen d'Albert steht: »dunkler Anzug, Taftkleid (wie in alten Zeiten).«

Wie sagte meine Mutter im Interview: »Es ist alles da.« Sogar den Brief aus Reith an das »Geliebte Herzlein« vom 22. Juli 1945 finde ich.

Viele Objekte sind erhalten geblieben. Was völlig fehlt, sind meine eigenen Erinnerungen an diese Zeit. Auffällig ist, wie sehr meine Mutter in ihren Erzählungen betont, dass ich von all diesem Durcheinander nichts mitgekriegt haben soll. Es mag sein, dass ich die Bombennächte in Wiesbaden und die Fluchtgeschichten nicht wirklich mitbekommen habe. Viele aktuelle Berichte über die Traumata der Kriegskinder in der Ukraine zeigen, dass allein der Fliegeralarm und der Lärm der explodierenden Bombardements anhaltende Wirkungen auf die Seelen von Kindern haben. Und dass der »Vati« mal da war und dann wieder nicht, dürfte ein Kind bis zu seinem fünften Lebensjahr dann doch sehr deutlich mitgekriegt haben. Und dass dieser Mann, der ihm gelegentlich vorlas und ihn auf dem Schlitten durch den Schnee zog, eines Tages gar nie mehr auftauchte, kann nicht spurlos an dem Jungen vorbeigegangen sein.

Dass ich keinerlei Erinnerung an diese Zeit habe, scheint eher ein Hinweis auf gelungene Verdrängungsarbeit zu sein. Vielleicht war die Erinnerung zu schmerzhaft, als dass ich sie bewahren konnte. Dass ich über alle diese Ereignisse nicht groß nachgedacht haben soll, glaubte vielleicht nicht einmal meine Mutter. Zwar mögen Gefühle, die mit den ersten Erinnerungen an jene frühen Jahre verbunden wären, untergegangen sein. Aber das Denken, das Nachdenken über diese Zusammenhänge wurde anscheinend immer intensiver. Viele Jahre dachte ich darüber nach. Lange bevor ich mich mit meinem Vater im November 1977 traf. 72 Jahre nachdem er meine Mutter und mich für immer verlassen hatte.

3 Wunderliche Familienfeste

Der Vater verschwindet, der Geburtsname auch

Nach ihrer Rückkehr vom Lebensborn-Heim in Wiesbaden bezog meine Mutter mit ihrem zwei Monate alten Sohn, am 15. Dezember 1944 die Mansardenwohnung im damaligen Haus Luisenstraße 36 in München-Pasing. Dies geschah in Form einer Zwangseinweisung, der sich die Witwe Sacks, die mit ihren beiden Töchtern allein in diesem großen Haus lebte, zu fügen hatte.

Im Oktober 1949 verschwindet dann mein Vater aus dem Leben seiner Geliebten und seines Sohnes. Zu meinem fünften Geburtstag, am 17. Oktober 1949, schrieb Hubert Rolf jene Postkarte aus Regensburg: »Euch beiden viele liebe Küßchen. Euer Vati!«

Das war die Verabschiedung.

Die behördliche Namensänderung von Dirk Rudolf Mahrenholtz zu Dirk Rudolf Käsler vollzog sich am 23. November 1946, zwei Jahre nach meiner Geburt. Aber, es gab weiterhin »Herrn und Frau Käsler«. Jedoch, es waren nicht Mann und Frau, es waren »die Mutti« und »der kleine Mann« – und weil die Mutti Käsler hieß, musste auch das noch geregelt werden. Es war meiner Mutter wohl klar geworden, dass aus einem Dirk Rolf nichts werden würde. Die Schwester und die Adoptivmutter von Fritz Käsler unterstützten den Antrag auf Namensänderung. Damit sei sowohl die Gefahr gebannt, »dass der Name Käsler ausstirbt«, als auch gewährleistet, dass der »Makel der unehelichen Geburt« von dem Kind genommen sei. Die Scham sollte ausgelöscht werden. Niemand sollte etwas über die unheilvolle Vergangenheit erfahren können.

Erst am 9. Dezember 1963 wird die alleinige »Elterliche Gewalt« an meine Mutter übertragen. Bis zu meinem 19. Geburtstag nahm das Jugendamt München-Pasing die Rechtsnachfolge des Lebensborn als meinem Vormund wahr.

Der zweijährige Sohn jener Frau, die noch auf dessen Geburtsurkunde »gottgläubig« angegeben hatte, wurde im Dezember 1946 in der evangelisch-lutherischen Himmelfahrtskirche Pasing getauft. Erneut stand die 36-jährige Kriegerwitwe vor den Trümmern ihres Lebensentwurfs. Zum zweiten Mal hatte sie einen Mann endgültig verloren, den sie liebte. Fritz Käsler ruhte in flandrischer Erde, Hubert Rolf tauchte in Regensburg unter. Aber sie hatte das so sehr herbeigewünschte Kind, ihren Dirk.

Ich betrachte das Foto, das aus dem Jahr 1948 stammt und von einer damaligen Nachbarin, deren Namen mir entfallen ist, gemacht wurde. Freundlich schaue ich in die Kamera, der Scheitel links sieht ordentlich aus. Fest drücke ich meinen Plüschbären – »Melli« – an mein Gesicht. Wäre eine Freigabe zur Adoption für meine Mutter auch nur gedanklich eine Möglichkeit gewesen? Ganz gewiss nicht. Wenn sie nun schon zum zweiten Mal den geliebten Mann nicht hatte halten können, so hatte sie doch ab nun ihr Kind. Dieses Kind wurde zum Zweck und Inhalt des Lebens dieser Frau. Ihr Besitz, an den sie sich klammerte.

Die größte Sorge meiner Mutter zu diesem Zeitpunkt dürfte gewesen sein, dass aus ihrem Sohn nichts werden würde, dass er

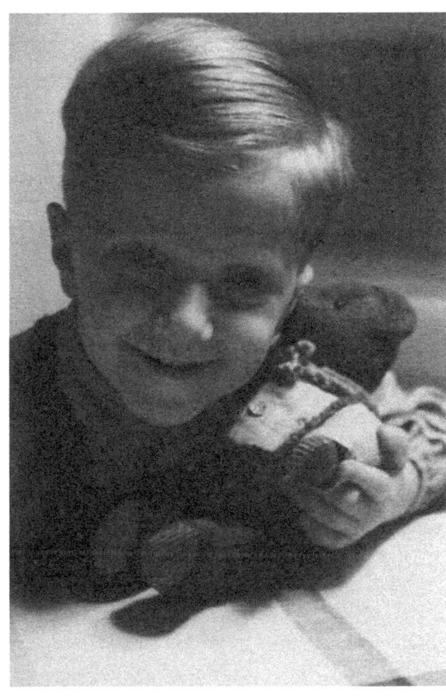

Der Muttersohn und sein Trostbär »Melli«, 1948

am Ende auf die schiefe Bahn geraten, eine verkrachte Existenz werden könnte. Die soziale Umwelt flüsterte ihr vielfältige Sorgen ein. Die Mixtur aus abwesendem Vater, materieller Kargheit, nicht unerheblichen gesundheitlichen Problemen, Schulschwierigkeiten und sozialer Isolierung beunruhigte sie. Wenigstens schien er nicht schwul zu werden, das beruhigte sie. Es gab in der Familie den Onkel Richard Palm, der »vom anderen Ufer« war, wie das in der Familie bezeichnet wurde. Es dauerte lange, bis ich verstand, dass Onkel Richard nicht auf der anderen Seite der Isar lebte. Dirk jedenfalls schien sich für Mädchen zu interessieren. Auf der einen Seite beruhigte das die Mutter. Auf der anderen Seite löste das neue Sorgen aus. Würde ihr Sohn sie am

Ende wegen einer anderen Frau verlassen? Immer wieder sagte sie, dass eines Tages »eine andere« kommen würde, die dann »den Rahm abschöpfen« würde. Und was sollte dann aus ihr werden? So ohne ihren kleinen Mann?

Noch war es lange nicht so weit. Nicht mal andere Kinder waren eine Gefahr für die trauliche Zweisamkeit von Mutter und Sohn. Der Junge hatte keine engen Freunde, außer seinem Uwe, der aber nicht mit in die Oberschule gekommen war, sondern eine Ausbildung zum Speditionskaufmann angefangen hatte. »Was macht der Dirk denn so am liebsten, wenn Sie in der Arbeit sind?«, wurde meine Mutter immer wieder gefragt, »Ach, der liest viel, sehr viel. Der ist zufrieden, wenn er nur lesen kann.«

Es gibt viele Fotos von dem lesenden Buben. Lesen war seine Fluchtmöglichkeit in andere Welten, jenseits des Alltags.

Bücher waren zu teuer, um sie kaufen zu können. Aber es gab die Pasinger Stadtbücherei. Vor mir liegt das *II. Leseheft* mit der Nummer 5650 der Städtischen Jugendbücherei München. Es beginnt mit Einträgen ab März 1957 und endet mit einem Eintrag vom August 1963. Es dokumentiert den Buchkonsum eines 13-Jährigen bis zu dem eines 19-Jährigen. Die erste Seite des Heftchens beginnt mit Brückner, *Der Häuptling und seine Freunde* (»Urteil des Lesers: gut«), die letzte Seite endet mit *Almanach der Gruppe 47*, da gibt es keinen Eintrag in der Rubrik »Urteil des Lesers«. Das letzte dieser Urteile bezieht sich auf T. Wilders *Die Brücke von San Luis Rey* und notiert »sehr gut«.

Feste von Leben und Tod

Vier Feiern wurden für mich in den Jahren 1956 bis 1959 außerordentlich wichtig: der 80. Geburtstag meines Großvaters, die Goldene Hochzeit der Großeltern, meine Konfirmation und die Beerdigung meines Großvaters.

Im Jahr 1956 feierte mein geliebter Großvater seinen 80. Geburtstag. Die Lokalzeitung meldete:

»Wir gratulieren.
Seinen 80. Geburtstag feiert am 31. März Herr Hans Mahrenholz, Pasing Oselstraße 28. Der Jubilar hat sich besonders um den Gartenbauverein Pasing nach dem Kriege besondere Verdienste erworben und ist der Bürgerschaft durch seine interessanten Vorträge bei den Gartenfreunden gut bekannt. Den Glückwünschen der Vorstandschaft und der Mitglieder des Gartenbauvereins schließt sich die Heimatzeitung an.«

Wenige Schwarz-Weiß-Fotos zeigen meine Großeltern auf dem Balkon ihrer Mietwohnung: das Paar allein; meine Großeltern mit ihren drei Kindern; meine Großeltern mit ihrer Tochter Ruth und deren Ehemann Günther; die beiden Enkeltöchter; meinen Onkel Hans; mich, den Enkelsohn. Wo war meine Mutter? Machte sie diese Fotos?

Im Mai 1958 wurde die Goldene Hochzeit meiner Großeltern gefeiert. Fünfzig Jahre waren Hans und Elisabeth Mahrenholz miteinander verheiratet. Ein Fotoalbum beginnt mit den Doppelporträts zweier Vorgängerpaare aus der Familie, die hundert Jahre zuvor ebenfalls Goldene Hochzeit feiern konnten. Bei dem einen Paar weiß ich nicht, wer abgebildet ist.

Die Fotografie einer Urkunde neben dem zweiten Paar macht es möglich, die Abgebildeten zu identifizieren: »Zur Feier der goldenen Hochzeit des Commerzienrath Hermann Palm und Frau Mathilde, geborene Hasse, den Gästen zur freundlichen Erinnerung.« Hermann und Mathilde sehen der Kamera sehr ernst entgegen. Der Mann, im dunklen Gehrock mit Vatermörderkragen und schwarzer Fliege sitzt auf einem Stuhl neben einem kleinen Tisch. Die Frau, ebenfalls ganz in Schwarz gekleidet, steht aufrecht rechts hinter dem Mann. Freude über den Festtag ist nicht zu erkennen.

Ein wenig freundlicher werden die Mienen meiner eigenen Großeltern auf dem Balkon ihrer Mietwohnung. Im Hintergrund sieht man mächtig blühende Obstbäume im Garten unter dem Balkon. Das Paar sitzt nebeneinander, meine Großmutter hinter ihrem Mann. Beide sind in Schwarz gekleidet, beide haben ihre Orden angelegt. Die Großmutter trägt das Preußische Verdienstkreuz für Kriegshilfe. Der Großvater eine ganze Ordensspange, ich erkenne das Eiserne Kreuz und den Bayerischen Militärverdienstorden mit Schwertern. Auch hier brachte die Lokalzeitung eine Notiz unter der Rubrik *Wir gratulieren.*

Die Fotos vom Kirchgang der Familie vermitteln eine lockere Atmosphäre. Die Sonne scheint, die Gewandung ist sehr viel heller als die dunklen Gewänder der Großeltern auf dem Balkon. Es wird in die Kamera gelächelt. Der Enkel Dirk trägt zum weißen Hemd eine helle Fliege, auf seiner dunklen Jacke ist eine silberne Lilie aufgenäht – sicher wollte auch ich einen Orden tragen. Dazu kurze dunkle Hosen und helle Kniestrümpfe. Er steht sehr aufrecht. Ganz besonders stolz schaut er, als er – zusammen mit seinen Großeltern und den beiden Cousinen – in einer Kutsche

Mein Großvater wird 80 Jahre alt: Hans Mahrenholz mit seiner Ehefrau Elisabeth, München 1956

Meine Urgroßeltern, der Bankier Hermann Palm und seine Ehefrau Mathilde feiern Goldene Hochzeit 1885

Meine Großeltern Mahrenholz feiern Goldene Hochzeit im Jahr 1958. Der Großvater trägt an der Ordensspange das Eiserne Kreuz aus dem Ersten Weltkrieg und den Bayerischen Militärverdienstorden mit Schwertern. Die Großmutter trägt das Preußische Verdienstkreuz für Militärhilfe

vor dem Chinesischen Turm im Englischen Garten steht. Der Kutscher trägt einen schwarzen Zylinder.

Die Konfirmation und die Enthüllung

Im März 1959 wurde ich in der Pasinger Himmelfahrtskirche konfirmiert. In eben jener Kirche, in der dreizehn Jahre zuvor die ehemals »gottgläubige« Kriegerwitwe ihren unehelichen Sohn hatte taufen lassen.

»Nach empfangener Unterweisung im Worte Gottes« konfirmierte mich Kirchenrat Dr. Kurt Schwindel in dieser lichtdurchfluteten Kirche. Mein Konfirmationsspruch, geschrieben in einer kindlichen Schrift – nicht meiner –, lautet: »Siehe ich bin bei euch alle Tage bis an der Welt Ende. Math. 28.20«

Ich gehe auf die Homepage dieser Kirche, scrolle mich durch diverse Videos und bleibe bei der Aufzeichnung eines Gottesdienstes hängen. Es ist, als würde ich in diese Kirche gebeamt. Der rote Plattenboden im Altarraum. In den beiden Nischen neben dem Altar stehen die überlebensgroßen Statuen des Apostels Petrus, der mit dem Schwert, und des Apostels Paulus, der mit dem Buch. Die schmucklose Kanzel. Die kleine Orgel links vor dem Altarraum. Die beachtlich große Orgel auf der Empore über dem Kircheneingang. Das sehr große Gemälde über dem Altar, das nicht die zu erwartende Himmelfahrt Christi zeigt, sondern dessen Auferstehung. Unter dem monumentalen Bild sieht man das Kreuz mit dem silbernen Corpus auf dem Altar. Es ist eine schöne Kirche.

In dem Fotoalbum zu meiner Konfirmation sehe ich einen dreizehn Jahre alten Jungen mit korrektem Scheitel. Er trägt einen schwarzen Anzug, darunter ein weißes Hemd und eine silberne Krawatte. Auf dem Tisch vor ihm steht ein Blumentopf mit einer roten Azalee. Er schaut nicht in die Kamera, sondern über die Blumen hinweg.

Beim Frühstück sitzen neben mir meine Mutter, ihre ehemalige Hauslehrerin Elisabeth Brock-Bunzendahl, die aus Northeim angereist war, und Erna Stabenow, eine Freundin meiner Mutter aus der gemeinsamen Lebensborn-Zeit. Es gibt keine Fotos vom Gottesdienst – es gab ja noch keine Handys – aber es folgen Bilder einer kleinen Menschengruppe vor dem Eingang der Kirche. Ich sehe meinen Großvater mit Stock und weißen Handschuhen, der mir zur Ehre seinen schwarzen Zylinder trägt, meine Großmutter ebenfalls in feierlichem schwarzen Pelzmantel, meine Mutter in einem längsgestreiften langen Mantel, die »Tanten« Bunze und Erna. Der Junge hält sein Gesangbuch und die Konfirmationsurkunde in der linken Hand. Er sieht sehr stolz drein.

Plötzlich in die Wahrheit geworfen: Der Konfirmand Dirk Käsler 1959

Mit Mutter und Großeltern vor der Himmelfahrtskirche München-Pasing. Der Großvater trägt Zylinder, Stock und Handschuhe

»Die Festtafel«: Es ist die Schrift des Jungen, in der die Tischordnung für das Mittagessen in der Wohnung von Mutti und Dirk beschriftet ist. Der Konfirmand und sein Großvater sitzen an den Stirnseiten des rechteckigen Tisches einander gegenüber. An der einen Seite des Tisches sitzen die Mutti, Tante Bunze, die Mie, auf der rechten Seite Tante Erna und ihr Mann Dr. Stabenow.

Beim Betrachten dieser Fotos beschleicht mich der Verdacht, dass auch bei meiner Konfirmation der Lebensborn als dunkler Schatten über diesem Fest lag. War dieser Gerhard Stabenow jener Mann, den ich bei Google finde? »Der SS-Staffel-Mann Stabenow Gerhard, SS Nr. 248 035, 4/54. SS-Standarte, wird aus der SS ausgeschlossen.« Hat dieser Mann etwas mit der Firma Tesch & Stabenow, den Händlern des Giftgases Zyklon B, zu tun? Ich weiß es nicht. Ich weiß nur, dass er beim

Deutschen Patentamt arbeitete und ein stattlicher Mann war. Und dass die Frau, die er im Jahr 1955 heiratete, eine Kollegin meiner Mutter beim Lebensborn gewesen war. Und ihre enge Freundin geblieben war.

Als weiterer Gast am Festtisch war die Patentante Nora aus Mailand geplant. Sie kam nicht, dafür ihr Telegramm: »Leider im letzten Moment am Kommen verhindert sende herzliche Glueckwuensche und Gruesse Tante Nora und Familie.« Die Freundschaft zwischen den beiden Frauen hatte sich weitgehend verflüchtigt. Sie lebten in zu verschiedenen Welten: Nora Pilling in Mailand, Mutter vieler Kinder und Ehefrau eines sehr vermögenden Fabrikanten. In München die arme Kriegerwitwe Käsler mit ihrem unehelichen Sohn eines SS-Offiziers, der die beiden im Stich gelassen hatte.

Auf dem Gabentisch liegt ein Fotoapparat (Voigtländer) mit Blitzgerät, mehrere Bücher (*Knaurs Opernführer* und *Die Welt, in der wir leben*). Meine Mutter hat sämtliche Gratulationspost aufgehoben, es ist ein beachtlicher Stapel. Von den meisten Menschen weiß ich heute nicht mehr, wer das war. Mein Oberschullehrer für das Fach Deutsch, Dr. Heinrich, und die Nachbarin Agnes Saad, die Mutter der Schauspielerin Margit Saad, fallen mir auf.

Sogar der Inhaber des Kolonialwarenladens Neeb hatte gratuliert. »Der Neeb« war kein normales Lebensmittelgeschäft, er war eher ein kleiner Dallmayr in der Pasinger Villenkolonie I. Während des Zweiten Weltkrieges hatte Friedrich Neeb 100.000 Weinflaschen gehamstert, die er in einem Warenlager unter einer Eisenbahnunterführung versteckte. »Im Wein liegt die Zukunft und getrunken wird immer«, war Neebs Überzeugung. Und tatsächlich ermöglichte ihm dieser Grundstock, seine Geschäfte gleich nach dem Krieg wieder aufzunehmen.

Unter der Verladerampe seines Ladens fanden sich jeweils fünf Säcke von Pfeffer, Nelken und Piment, und so begann im Kolonialwarenladen des Herrn Neeb der Handel mit Gewürzen. Per Hand wurden die Zutaten in Tütchen abgefüllt, die mit einem gelben Kamel bedruckt waren. Das Geschäft mit der exotischen Ware lief von Anfang an bestens, Gewürze waren rar. Darüber hinaus verpflichtete der Unternehmer Neeb viele Bauern rund um München, für ihn Kräuter anzubauen. Friedrich Neeb war nicht länger nur Kolonialwarenhändler, er gewann schnell an Ansehen als findiger Unternehmer und Gewürzexperte. Schon 1949 wurde der Kolonialwarenladen zu klein, und Neeb baute zusammen mit seinem neuen Geschäftspartner Lothar Wolff eine Gewürzmühle an der Landsberger Straße in Pasing. Neben dem Ausbau des Geschäfts mit den Nebona-Gewürzen behielt Neeb seinen Lebensmittelladen in der Orthstraße bei. Es war dort, wo ich Ende der 1950er Jahre erstmals einen Selbstbedienungsladen erlebte. Das war eine große Erleichterung für den einkaufenden Jungen. Nun musste er nicht mehr irgendwelchen hochnäsigen Verkäuferinnen sagen, was er kaufen wollte. Ab nun konnte er alles selbst in seinen Korb legen und musste nur noch darauf achten, dass korrekt abgerechnet wurde.

Bei diesen Erinnerungen denke ich an die Bemerkungen meiner Mutter über das Verhalten der Ruth Sacks, unserer ersten Vermieterin:

»Was meinst du, wenn die zum Neeb reinkam. Der Neeb war ja so ein Schwuler. Das war ja ein ganz fieser Bursche. Den hatten sie ja von der Gestapo auch mal geholt und abgeführt und so weiter. Da kam die rein, so ungefähr ›Jetzt steht stramm‹, laut und deutlich: ›Hand hoch. Heil Hitler‹, und dann kaufte sie ein. Und wenn sie raus ging auch. Und wehe wenn sie auf der Straße jemandem begegnete, der ihr den Gruß nicht erwiderte. Ja, was meinst du, was da los war! Die war bekannt. Die war in der Hinsicht direkt ›ne Furie. Aber das fanden wir ja alle gut.«

Dieses Verhalten einer überzeugten Faschistin einem Schwulen gegenüber fand meine Mutter sicherlich auch gut. Und nun gratulierte dieser Schwule, dieser »fiese Bursche«, ihrem konfirmierten Sohn! Was mag sie dazu gesagt haben? Ich kann mich nicht erinnern, aber immerhin klebte sie auch diese Gratulation in das Album.

In das Gästebuch schrieb mein Großvater:

»Wer Gott vertraut
Frisch um sich schaut,
Der wird auf dieser Erden
Schon nicht zu Schanden werden!
Großvater M.«

Im Tagebuch, das ich zu meiner Konfirmation geschenkt bekommen hatte, lese ich unter dem Datum des 23. März 1959 den ersten Eintrag des 14-jährigen Oberschülers:

»Nun bin ich also konfirmiert. Es war gestern wunderschön: das Schönste war die Kirche, der Einzug, die Orgel. Das Essen danach, die vielen lieben Leute war zwar auch noch sehr nett, aber es erreichte die feierliche Handlung noch lange nicht. Ich werde mich immer gerne dieses Tages erinnern. Überall stehen noch Blumen herum, die Glückwünsche sind gebündelt, alles ist wieder in Ordnung gebracht; es ist jetzt still, oder ich empfinde es nur so durch den gestrigen Lärm. Immer wieder muß ich an die Weihehandlung denken. Mancher wird sagen, was ist das schon: das Gerede vom

Pfarrer, das Weintrinken und die Oblate essen? Kürzlich las ich den schönen Spruch von Marie von Ebner-Eschenbach: ›Die verstehen nur sehr wenig, die nur das verstehen, was sich erklären läßt.‹ Hoffentlich gehen alle die vielen Wünsche in Erfüllung, die auf den Glückwunschkarten stehen. Ob sie wohl alle ehrlich gewünscht worden sind? Oder schreibt man nur einen althergebrachten Text auf das Blatt? Ich glaube, das kleine Buch von Opa wird mir helfen. Es sind schönste Lebensweisheiten! Altes deutsches Erbe! [*Altdeutscher Witz und Verstand. Reime und Sprüche aus dem sechszehnten und siebenzehnten Jahrhunderte. Für Liebhaber eines triftigen Sinnes in ungekünstelten Worten.* Fünfte Auflage. Bielefeld und Leipzig: Verlag von Velhagen und Klasing 1880.] Ich bin also jetzt Vollchrist! Habe ich das Versprechen mit reiner Überzeugung abgegeben? Oder habe ich mechanisch die Worte nachgeplappert? Bernhard von Clairvaux sagte einmal: ›Zum Glauben kommt man nur durch Überzeugung: nicht durch Gewalt.‹ Habe ich diese Überzeugung? Gott helfe mir bitte dazu!«

Keine Erwähnung findet sich in diesem Tagebuch von der Enthüllung des Geheimnisses um meinen Vater. Auf einem der Fotos vom Mittagessen im Wohnzimmer nach der Konfirmation sieht man das Schwarz-Weiß-Porträt von Fritz Käsler mit dem schwarzen Trauerband an der Wand hängen.

Der Vati lebt

Ich weiß nicht mehr genau, wie es war, als meine Mutter im Rahmen der Konfirmation die Geschichte vom »toten Vati« Fritz Käsler aufkündigte. Und mir davon berichtete, dass mein wirklicher Vater am Leben sei. Und in Frankfurt mit seiner neuen Familie leben würde. Und schon gar nicht erinnern kann ich heute, dass ich – laut meiner Mutter – spontan gesagt haben soll: »Mutti, den könnten wir ja erschießen, den Vati.« Und dass meine Mutter diesen Satz schön fand, weil sie meinte, ich hätte verstanden, wie es ihr damals gegangen sei.

War es ein Schock für mich gewesen? Auch das weiß ich nicht mehr zu sagen. Ich glaube, eher nicht. Irgendwie hatte ich wohl geahnt, dass etwas nicht stimmte. Und ich glaube, mich daran zu erinnern, dass ich auch schon vor dieser Entlarvung der Lüge meiner Mutter Zweifel an der Geschichte vom im Panzer zerfetzten »Vati« hegte. Und mir stattdessen alle möglichen lebendigen Väter fantasiert hatte. Die waren immer Generäle auf Pferden, Admirale auf monumentalen Schlachtschiffen oder heldenhafte Kampfflieger in schnittigen »Stukas«.

In meiner Hand liegt der *Sonderband Fliegergeschichten, Nummer 5: Die Stukas kommen. Die »Feuerwehr der Luft« und ihr Einsatz an allen Fronten* aus der Feder von Bertold K. Jochim, erschienen ein Jahr vor meiner Konfirmation. Die Inhaltsangabe verkündet:

»Wenn es an den Fronten des 2. Weltkrieges eine Waffe gab, deren Bezeichnung selbst in den Sprachgebrauch der einstigen Gegner übergegangen war, dann waren dies die ›Stukas‹. Auf allen Kriegsschauplätzen Europas tauchte diese ›fliegende Feuerwehr‹ am Himmel über den Kampfstätten auf, schwere und schwerste Bomben mit sich tragend, um sich an den Brennpunkten des Kampfes unter dem infernalischen Heulen ihrer Motorsirenen in die Tiefe zu stürzen. Und jedes Mal, wenn sich die Sturzkampfflugzeuge vom Typ Ju 87 überdimensionalen Geiern gleich mit den drohend vorgereckten Fängen des Fahrgestells ihrem Ziel entgegenwarfen, löste ihr Erscheinen panisches Entsetzen aus.«

So beginnt dieses Heftchen, das ich für den Preis von einer Mark gekauft haben muss. Das gelbe Umschlagbild zeigt zwei dieser grünlichen Flugzeuge im Sturzflug in die Tiefe rasen. Der Pilot blickt nach vorne in Richtung des roten Propellers, der MG-Schütze hinter ihm blickt nach hinten. Unter der linken Tragfläche sieht man eine graue Bombe hängen.

Wieso ließ meine Mutter es zu, dass ihr 14-jähriger Sohn diesen Schund las? Hatte es mit ihrer eigenen Begeisterung für die Fliegerei zu tun? Wusste sie, dass der Autor Jochim sowohl eine Biografie ihres eigenen Fliegeridols Hanna Reitsch als auch

Der Tag der Wahrheit: Die Mutter kündigt die Legende vom toten Vater auf

seines ehemaligen Kommodore Hermann Graf verfasst hatte? Las sie selbst solche Bücher? Ich kann mich nicht an meine Mutter jemals ein Buch lesend erinnern.

Auf jeden Fall wusste ich nun, dass mein echter Vater nicht tot war. Dass er lebte. In Frankfurt am Main. Dass er Offizier gewesen war. Wie mein Großvater. Und nicht nur ein Unteroffizier wie Fritz Käsler, dessen Namen ich trug.

Auch wenn ich ab jetzt Bescheid wusste, wir – die Mutti und ihr Sohn – würden mit anderen Leuten nicht darüber reden. Die Großeltern und Tante Ruth wussten es ohnehin, auch viele ehemalige SS-Leute, wie die Nachbarin Pröschold, deren Mann auch bei der SS gewesen war. Und der Pasinger Buchhändler Willy Fiebig, bei dem der Junge die Schulbücher kaufte und von seinem Taschengeld seine Lesebücher. Auch er ein ehemaliger SS-Mann, wie die Mutti leise flüsternd berichtete. Es klang immer ein minimaler Stolz in ihrer Stimme, wenn sie so was sagte. Und sie sagte es recht oft. Es gab viele solcher SS-Familien in der Villenkolonie I.

So entwickelte sich die Konspiration des Schweigens und der Lüge zwischen Mutter und Sohn über die Vergangenheit. Gemeinsam bastelten sie an einer Schweigespirale. Seitdem gab und gibt es zwei Geschichten.

Eine offizielle: »Dirk, der Sohn einer Kriegerwitwe«. Schnell kommt dann die Geschichte von der Handgranate in der Panzerschlacht. Und der Blick der Besucher fällt auf das schwarze Band am Bilderrahmen, in dem das Foto vom »Vati« zu sehen ist. Oder ich erzähle selbst davon.

Und es gab eine streng geheime Version: Der echte Vati vom Dirk war ein SS-Offizier in schwarzer Uniform gewesen. Mit einem Totenkopf auf dem Barett über der Stirn, in schwarzen Stiefeln, einer schwarzen Reiterhose und einem silbernen Dolch am Gürtel. Und dieser Mann war nicht tot. Er lebte. Aber: Er hatte UNS verlassen.

Was mir meine Mutter auf diese Weise mitgab, war Scham. Scham, vor der sie sich selbst beschützen wollte. Scham über die Unehelichkeit der Geburt ihres Sohnes. Ob es auch Scham über den SS-Mann als ihrem Geliebten war, weiß ich nicht, glaube es jedenfalls nicht. Sie war doch dereinst so stolz gewesen auf diesen schwarzen Offizier an ihrer Seite. Diesen arischen »Herrenmenschen« aus den Reihen des »neuen Adels«, der bestimmt war zur Herrschaft über das Deutsche Reich.

Wenn die Literaturnobelpreisträgerin 2022, Annie Ernaux, so eindrücklich davon schreibt, dass für sie Scham über ihre proletarische und provinzielle Herkunft ein lebenslang prägendes Gefühl war, so war es bei mir die Scham über diese streng geheime, »unmoralische« Herkunft gewesen, die mich das bisherige Leben begleitet.

Bei jedem schriftlichen Lebenslauf, bei jedem Formular, auf dem »Geburtsname« steht, bei jeder Antwort auf die Aufforderung »Erzähl doch mal von deinen Eltern« musste ich mich entscheiden, welche der beiden Geschichten ich wählen sollte. Meistens war es die offizielle Version, in der Fritz Käsler meiner Mutter und mir Schutz geschenkt hatte. Es konnte ja keiner wissen, in welchem Jahr der tapfere Panzerfahrer ums Leben gekommen war. Jedoch wenn ich Visa für die Einreise nach Indien, Bangladesch und auch die USA beantragte, wurde immer nach den Namen und Daten der Eltern gefragt. Und jedes Mal hörte ich die innere Frage: »Verfügen diese Länder über Datenbanken, durch die sie den Käsler-Schwindel entdecken?«

Jahrzehntelang gab ich nur sehr ausgewählten Menschen die streng geheime Version preis. Erst jetzt fühle ich mich stark genug, sie schriftlich und gedruckt zu veröffentlichen. Ganze

45 Jahre, nachdem ich meinem Vater im November 1977 begegnet bin!

Der Opa stirbt

Im gelben Fotoalbum von der Konfirmation folgen den Bildern von der Feier, diverse Dokumente zum Tod meines Großvaters im Jahr 1962.

Noch heute wirkt es wie eine eiskalte Dusche, wenn ich in diesem Album blättere. Gerade sah ich noch die Fotos eines gutmütig lächelnden älteren Herrn mit Hut, Stock und Zigarre. Und nun starrt mich die schwarz umrandete Todesanzeige aus der Süddeutschen Zeitung an:

Hans Mahrenholz
Geb. 31.3.1876 Gest. 17.2.1962
München-Pasing, Oselstraße 28

In stiller Trauer:
Elisabeth Mahrenholz, geb. Palm
im Namen der Familie
Feuerbestattung: Dienstag, den 20. Februar 1962
um 12:15 Uhr im Krematorium Ostfriedhof.

Mein Opa war tot. Mit 86 Jahren starb er, einfach so. Für mich war das ein überaus tiefer Schmerz. Noch heute glaube ich, dass sein Tod für mich schlimmer war als für alle anderen Familienmitglieder, selbst für meine Großmutter. Ab nun war ich vollkommen ohne männliche Begleitperson. Und auch wenn ich bereits 17 Jahre alt geworden war, weiß ich doch sehr genau, dass ich kaum zu beruhigen gewesen war beim Anblick des aufgebahrten Sarges. Und erst recht nicht in dem Moment, als dieser Sarg, in dem der Körper meines Opas lag, im Feuerloch der Verbrennungsanlage auf dem Ostfriedhof verschwand. Und man die hochauflodernden Flammen sah, bevor sich die Klappe schloss.

Die von meiner Mutter gesammelte Kondolenz-Korrespondenz kreist um drei Worte: gütig, freundlich, imposant. Das war er wohl, mein Großvater. Für andere.

Für mich war der Opa vor allem lieb. Er war besonders lieb zu mir. Vor allem, nachdem meine beiden Cousinen im Jahr 1955 von München nach Erlangen gezogen waren, weil ihre Mutter dorthin geheiratet hatte. Schon vorher war ich der einzige Enkelsohn in seiner Nähe gewesen. Er liebte mich. Und darum liebte ich ihn.

Zwei unvergessliche Geschichten ranken sich für mich um dieses Sterben.

Zum einen die Anekdote vom Herbeieilen des Gemeindepfarrers Dr. Schwindel, der anstelle der Erteilung des »letzten Segens« mit dem Bettlägerigen ein Glas Champagner trinken sollte.

Zum anderen die Tatsache, dass die Tochter meines Onkels Hans, meine Cousine Gretje, als ausgebildete Krankenschwester die Pflege meines Großvaters im Schlafzimmer der Großeltern übernommen hatte. Als mein Opa zunehmend zum Sterben kam, war sie es gewesen, die mir verbot, dass ich ihn sehen durfte. Denn ich hatte eine Erkältung in jenem Februar 1962. Ich sah ihn erst wieder als wächsernen Leichnam im Sarg. Ich werde es dieser Cousine niemals verzeihen, dass sie mich aussperrte. Sie konnte es vermutlich nicht ermessen, was mir dieser Mann bedeutete. Sie war erst als Erwachsene aus Magdeburg, aus der »Zone«, nach München gekommen. Sie kannte diesen Mann eigentlich nicht, der seit dem zweiten Monat meines Lebens um mich herum und für mich dagewesen war. Der einzige Mann in meiner Kindheit und Jugend.

4 Kind eines Nazi-Paares

Die schwarze Reiterhose

Ich muss etwa zehn Jahre alt gewesen sein, als mich ein Mensch, an den ich keine Erinnerung habe, auf meine schöne schwarze Reithose mit dem grünlich schimmernden Lederbesatz auf dem Gesäß und den Oberschenkeln ansprach: »Das ist doch eine SS-Reiterhose. Wo hast du die denn her?«

Ich hatte keine Ahnung, wovon die Rede war. Als ich heimkam und meine Mutter danach fragte, sagte sie nur: »Die passt dir doch und ist prima in Schuss. Wir haben keine andere. Und kein Geld für eine neue. Sei froh, dass ich die noch hatte.«

Erst heute verstehe ich, woran erkannt werden konnte, dass es sich nicht um eine normale Reithose, sondern um eine SS-Reiterhose handelte: Es waren eigentlich Breecheshosen, die am Oberschenkel weit geschnitten sind, mit einem weiten Ballon vom Knie bis zur Taille. Diese Hosen gehörten zum schwarzen Dienstanzug der SS und wurden getragen über schwarzen Lederstiefeln. Sie waren seit 1932 von dem Parteimitglied Hugo Ferdinand Boss, dem Gründer des gleichnamigen Textilunternehmens, produziert worden. Die Hosen hatten nichts mit Reiten zu tun. Ob mein Vater je auf einem Pferd saß, wage ich zu bezweifeln. Auf den Fotos erkenne ich an ihm grundsätzlich nichts Soldatisches, er sieht sehr zivil aus. Aber darum ging es gar nicht. Die schwarzen Uniformen sollten die Zugehörigkeit zu dieser mörderischen Elite signalisieren, sie sollten Ehrfurcht und Angst zugleich einflößen. Auch bei den »normalen« Wehrmachtssoldaten, von der Zivilbevölkerung ganz zu schweigen.

Diese Geschichte spielte sich lange vor der Entdeckung der Wahrheit über meinen Vater ab. Beeinflusst von den Geschichten des Rittmeisters Mahrenholz und durch ein Mädchen in der Nachbarschaft, das Reiten ging – damals eher eine Seltenheit, bevor dieser Sport fast ausschließlich unter die Herrschaft reitender Mädchen geriet –, hatte ich mit dem Reiten begonnen. In einem Reitstall in München-Allach, im Schatten des dortigen Gaswerks, lernte ich bei Fräulein Schuster das Reiten. Streng ausgerichtet an den *Richtlinien für Reiten und Fahren*, die der Hauptverband für Zucht und Prüfung deutscher Pferde in Warendorf 1954 herausgegeben hatte. Nicht ohne Rührung blättere ich durch die Seiten des kleinen blauen Büchleins, das sich bis heute in meinem Besitz befindet und aus dem der Geist eines primär militärischen Verständnisses der Reiterei spricht. Es wurde die einzige Sportart, die ich wirklich ernsthaft betrieb. Noch heute bin ich nicht unstolz über mein Reiterabzeichen, in Bronze.

Einen SS-Mann als Vater zu haben, hätte das Kind in München-Pasing in die gedankliche Nähe zu einem Wechselbalg rücken können, gezeugt von einem Teufel. Der Teufel trug nicht nur schwarze Stiefel und schwarze Reiterhosen, die ihn noch kurz zuvor als einen deutschen Helden erkennbar machten. Der Teufel war auch tätowiert.

Von meiner Halbschwester weiß ich, dass es meinem Vater ein Anliegen gewesen war, seine Blutgruppentätowierung auf der Innenseite des linken Oberarms verdeckt zu halten. Dieses Kennzeichen der Mitglieder der SS-Verfügungstruppe, der SS-

Totenkopfverbände und des größten Teils der Waffen-SS war ursprünglich gedacht zur Erleichterung medizinischer Hilfe im Notfall. Die sieben Millimeter große Tätowierung informierte über die jeweilige Blutgruppe – A, B, AB oder 0. Die Rhesusformel wurde noch nicht angegeben, da diese erst kurz zuvor von zwei jüdischen Forschern entdeckt worden war und die Forschung darüber in den Anfängen steckte. Der eigentliche Zweck der Tätowierung war es gewesen, zu verhindern, dass die Träger bei Verwundungen eine Bluttransfusion der falschen Gruppe bekamen.

Da diese Tätowierung ein eindeutiges Erkennungszeichen war, versuchten viele Angehörige der Waffen-SS sie nach dem Ende des Krieges loszuwerden, beispielsweise, indem sie sich in den Oberarm schossen. Nach Kriegsende tauchten zahlreiche angeblich reguläre Soldaten auf, die eine Verwundung an der tätowierten Stelle trugen. So etwa durch Selbstbeschuss oder verlangten Beschuss durch Kameraden. Ebenso verbreitet war die Entfernung durch einen Hautarzt. Damit wollten viele ehemalige Angehörige der SS eine Entdeckung ihrer Organisationszugehörigkeit, ihrer wahren Identität, und die damit möglicherweise verbundene Bestrafung verhindern. Das scheint meinen Vater nicht sonderlich beschwert zu haben. Oder war er einfach zu feige, eine Operation machen zu lassen? Fiel den Amerikanern im Civilian Camp Indiana in München nicht auf, dass ihr tüchtiger Lagerverwalter auch bei Hitze sein Hemd nie auszog?

»Du blöde, verlogene Sau« – »Du armes Schwein«

In der ordentlichen Handschrift meines Vaters lese ich auf dem *Merkblatt des Polizeipräsidiums München für Namensänderungen* den Entwurf eines Schreibens meiner Mutter:

»Da die beabsichtigte Heirat des Vaters meines unehelichen Kindes Dirk Rudolf Mahrenholtz nicht möglich ist, bitte ich um Änderung des Namens auf meinen Namen Käsler. Mein Mann ist 1940 gefallen und war der letzte männliche Namensträger. Unser Wunsch nach einem Kind ließ sich damals aufgrund der Umstände nicht verwirklichen. Um meinem Kinde für seine Zukunft alle Hemmnisse aufgrund der unehelichen Geburt zu beseitigen, bitte ich um Durchführung der Namensänderung. Die Angehörigen meines gefallenen Mannes sind mit der beabsichtigten Namensänderung lt. beiliegender Erklärung einverstanden.«

Die Namensänderung von Dirk Mahrenholtz in Dirk Käsler wurde im November 1946 vom Regierungspräsidenten Oberbayern genehmigt. Exakt zum 36. Geburtstag meiner Mutter. Kurz nach meinem zweiten Geburtstag. Ab nun übernahm das Jugendamt der Landeshauptstadt München, als Rechtsnachfolger des Lebensborn e.V., die Vormundschaft über mich.

Erst im Dezember 1963, kurz nach meinem 19. Geburtstag, wurde der Mündelmutter, meiner Mutter, die »elterliche Gewalt über ihr uneheliches Kind« per amtlicher Verfügung übertragen. Erst damit entfielen die Überwachung durch das Jugendamt und die Notwendigkeit der Verfertigung regelmäßiger Erziehungsberichte.

Ich nehme das schmale Heft mit dem Jahresbericht für das Schuljahr 1955/56 in die Hand. Es war der Beginn meiner Oberschulzeit. Das Schülerverzeichnis erfasst vier erste Schulklassen, zwei römisch-katholische, zwei evangelische. Bei Klasse 1d (»Klaßleiter: Studienrat Dr. Schopf«) werden 43 Namen von Jungen aufgeführt. Die Pasinger Oberrealschule war eine reine Jungenschule. Bei den Berufsbezeichnungen der Väter sieht man bei zwei Namen das Eiserne Kreuz, so auch bei »Käsler, Dirk, 19.10.44, ev., Zahntechniker, Mü.-Pasing«. Dieselben Angaben stehen auch noch im *Jahresbericht 1964/65*: Der 1. Vorsitzende und Schulsprecher »Käsler, Dirk (9b)«, hatte die Abiturprüfungen erfolgreich bestanden. So blieb es mein Leben lang beim Namen Käsler, dessen Schreibweise ich erst 1996 amtlich in Kaesler umwandeln ließ, weil mich die sehr unterschiedlichen Schreibweisen in nichtdeutschen Sprachen ärgerten.

Habe ich meiner Mutter daraus je einen Vorwurf gemacht, dass sie mich fast fünfzehn Jahre lang angelogen hat? Nicht dass ich mich erinnern kann. Ganz im Gegenteil, es war mir die längste Zeit meiner Kindheit, meiner Jugend und meines frühen Erwachsenenlebens ein unbedingtes Anliegen, »die Mutti« zu beschützen. Der »kleine Mann«, der den Ersatz für den abwesenden Ehemann abgeben sollte, nahm seine Rolle an. Ich betrachte Fotos von meiner Mutter und mir aus jener Zeit. Man sieht kein Kind, nicht einmal einen Jugendlichen. Man sieht einen Jüngling, der keine Kindheit hatte.

Ich hatte die Scham, die meine Mutter wegen der Geschichte mit meinem Vater empfand, auf mich gelegt. Auch ich schämte mich für diese Geschichte. Ihre Lügengeschichten nahm ich meiner Mutter nicht übel. Dass Fritz Käsler nicht mein »richtiger« Vater war, war auch für mich schamvoller, als dass der »richtige« Vater bei der SS gewesen war.

In den Jahren nach 1972 beteiligte ich mich an einer Psychodrama-Ausbildung in München. Durch das Nachspielen besonders intensiv erinnerter Episoden sollte, mit Hilfe des Therapeuten und der übrigen Gruppenmitglieder, der jeweilige Protagonist als Hauptdarsteller eines Stehgreiftheaters im günstigen Fall zu einer heilsamen Erschütterung, einer Katharsis, kommen. Der Therapeut und die Mitspieler gaben nach Beendigung des Spiels empathische und, wo notwendig, kritische Rückmeldungen. Auf diese Weise sollte der Protagonist von festgefahrenen Rollenstrukturen oder Rollenkonserven befreit werden.

Nachdem ich viele Sitzungen immer wieder den dominanten, autoritären Großvater, Vater, Bruder, Ehemann, Partner in den Spielen anderer Gruppenmitglieder gespielt hatte, war endlich meine Stunde gekommen. Ich sollte die Beziehung zu meiner Mutter nachspielen. Und endlich lösen. Endlich sollte ich ihr mal so richtig die Meinung sagen.

Ich weiß nicht mehr, welche Frau ich gebeten hatte, meine Mutter zu spielen. Ich weiß nicht mehr, welche Szene wir gespielt hatten. War es ein Gespräch? Worüber? Auf jeden Fall hatte sich etwas dramatisch zugespitzt. Die Gruppe und der Therapeut hielten den Atem an. Und damit es nicht zu gewalttätig der Mitspielerin gegenüber würde, legte der Therapeut ein dickes, großes Kissen vor mich hin: »Das ist deine Mutter. Sag ihr endlich, was du an ihr verabscheust. Wovon du dich befreien willst. Dass du sie endlich loswerden möchtest. Dass du das Gefühl hast, sie frisst dich auf.«

Ich starrte auf das Kissen vor mir. Dieses Kissen, auf das ich schlagen sollte, vor lauter Wut über meine Mutter. Diese Wut auf ihre Lüge über meine Herkunft. Über diese alljährliche Scharade am »Heldengedenktag« am Grabmal des unbekannten Soldaten im Münchner Hofgarten. In mir formte sich der

Satz »Du blöde, verlogene Sau«. Ich hob die Hand, ich wollte zuschlagen. Plötzlich ergriff mich das Mitleid mit ihr. Ich drehte das Kissen um und sagte zur Rückseite des Kissens: »Du armes Schwein.«

Die Gruppe und der Therapeut waren enttäuscht. Es war nicht zu einer kathartischen Auflösung gekommen. Das Kissen mit seinen beiden Seiten blieb liegen. Ich konnte nicht draufschlagen. Meine Mutter tat mir leid. Sie hatte es doch nur gut mit mir gemeint. Und mit sich selbst.

Waren meine Eltern Täter?

Im Januar 2022 ging durch deutsche Medien eine ganze Welle von Zeitungsberichten und Filmen, die sich fokussiert den »ganz normalen« Tätern zuwandte. Der 27. Januar, der Tag des Gedenkens der Befreiung von Auschwitz, der sich in diesem Jahr zum 77. Mal jährte, führte erneut zur Forderung nach einer aktiven Auseinandersetzung mit dem Holocaust. »Auch 77 Jahre nach der Befreiung von Auschwitz beobachten wir ein Wiedererstarken des Antisemitismus in Deutschland und eine Zunahme antisemitischer Gewalttaten. Vor diesem Hintergrund ist die Auseinandersetzung mit den bedrückendsten Wahrheiten unserer Geschichte besonders gefordert.«, schrieb die Bundeszentrale für politische Bildung auf ihrer Homepage.

Mit seinem Film *Die Wanseekonferenz* war es dem Regisseur Matti Geschonneck ein besonderes Anliegen, zu illustrieren, dass die fünfzehn Männer – und es waren nur Männer –, die sich an jenem 20. Januar 1942 auf Einladung von Reinhard Heydrich, dem Leiter des Reichssicherheitsamtes, im Berliner

Gästehaus der SS trafen um die »Ausmerzung des Judentums bis zum Ural« zu organisieren, keine blutrünstigen Bestien gewesen waren. Es waren »ganz normale« Bürokraten und Offiziere gewesen, die in administrativem Umgangston die »Endlösung der Judenfrage«, die systematische Massenvernichtung der europäischen Juden, berieten und beschlossen. Wie in allen Bürokratien ging es vor allem um die Klärung der jeweiligen Zuständigkeit, hier also der SS allgemein, ihrem internen Sicherheitsdienst (SD) und dem Reichssicherheitshauptamt (RSHA). Darüber verhandelten diese Bürokraten und Offiziere unter Wahrung des verbindlichen Miteinanders. Abschließend wurde geraucht, Alkohol getrunken, entspannt geplaudert, private Zukunftspläne formuliert, für die Zeit, »wenn das hier alles vorüber ist«.

Eine einzige Frau war dabei: Ingeburg Gertrud Werlemann, die Sekretärin Adolf Eichmanns. Ihre Aufgabe war es, die Ergebnisse der Besprechungen und Beschlüsse zu protokollieren. Während ich dem Geschehen im Film zuschaute, musste ich an meine Mutter denken: Auch sie hatte in der Heiratsurkunde vom 23. März 1940 als Beruf Stenotypistin angegeben, damals noch für den Flugmodellbau Bufe, bald danach für den Lebensborn. Musste auch sie ungeheuerliche Gesprächsinhalte und Verfügungen protokollieren, wie die neun Jahre jüngere Frau Werlemann? Adolf Eichmanns Sekretärin dient bis heute als Prototyp weiblicher Schreibtischtäterschaft in der NS-Zeit, die weder angeklagt noch verurteilt wurden, auch wenn sie an der Vernichtungs- und Tötungsmaschinerie aktiv mitgewirkt hatten. Hätte Frau Werlemann das Wannseeprotokoll nicht notiert und abgetippt, hätte es eine andere getan. Enthebt sie das der Mitschuld an den Verbrechen? Was wäre geschehen, wenn sie aufgestanden wäre und gesagt hätte, »Ich will hier nicht mehr mitmachen«?

In der ZDF-Dokumentation *Ganz normale Männer – Der »vergessene Holocaust«* geht es um die mobilen Mordkommandos, die sogenannten Polizeibataillone, die in den Nürnberger Einsatzgruppen-Prozessen nur am Rande verhandelt wurden. In Nürnberg ging es vor allem um jene Männer, die die Befehle erteilt hatten, und weniger um die Männer, die die Befehle ausführten. Der Film – wie schon das Buch von Christopher Browning *Ganz normale Männer. Das Reserve-Polizeibataillon 101 und die »Endlösung« in Polen.* – handelt von jenen Männern, die etwa zwei Millionen Menschen bei den systematischen Massenerschießungen, vor allem in Polen, mit ihren eigenen Händen und Waffen ermordeten. Die meisten von ihnen, deutsche Polizisten und Soldaten, die zu alt für den Dienst in der Wehrmacht waren, waren zu einem »Sonderauftrag« nach Polen befohlen worden. Die meisten von ihnen kamen nach Kriegsende unauffällig davon, weil bei ihnen »keine hervorgehobene nationalsozialistische Einstellung« festgestellt wurde.

Immer wieder stellt sich die Frage, wie aus ganz normalen Männern Mörder werden konnten, die – zumindest in der Anfangszeit des grauenvollen Geschehens – noch mit jedem Opfer einzeln in den Wald gingen und sich »danach« erbrachen. Die später, als solches Tun zur Routine geworden war, nach gemeinschaftlicher Musik, Gesang und Alkohol keine Probleme mehr zu haben schienen, Babys an den Brüsten ihrer Mutter zu erschießen. Eine Kugel für zwei, eine Kugel gespart.

Ein solcher Mörder scheint mein Vater nicht gewesen zu sein. Er diente nicht in einem der Polizeibataillone, er wirkte vermutlich nicht mit an den Erschießungen jüdischer Menschen. War mein leiblicher Vater Antisemit? Glaubte er als Parteimitglied an die NS-Ideologie? So unbeirrt wie das Otto Ohlendorf tat, sein nur um drei Jahre älterer SS-Kamerad, SS-Gruppenführer, Generalleutnant der Polizei, Befehlshaber der »Einsatzgruppe D«, Amtschef des SD-Inland im RSHS, der 1948 in Nürnberg als Kriegsverbrecher zum Tode verurteilt und 1951 hingerichtet wurde.

Es ist schwer vorstellbar, dass mein Vater nichts von dem Grauen und dem Massenmord in den Vernichtungslagern gewusst hat. Spätestens ab dem Moment, in dem er im KZ in Dachau an den Standesamts-Lehrgängen teilnahm, muss er davon gehört haben. Vermutlich hat er gesehen, was dort geschah. Ob er wohl je in die Nähe von Reinhard Heydrich, seinem »SS-Kameraden«, gekommen ist, diesem radikalen und gefühlskalten Antisemiten, der ganz wesentlich die systematische Massenermordung in Auftrag gegeben hatte? Möglicherweise war mein Vater kein Mörder, aber ein entscheidender Tatgehilfe war auch er gewesen. Ich muss an jene Kinder denken, die mit Hilfe des Lebensborn an eine deutsche Familie zur Adoption »vermittelt« wurden, allein auf Grund ihrer »rassischen Merkmale«.

Mein Vater und meine Mutter wirkten jedenfalls aktiv mit an der gewaltsamen Verschleppung »arisch« aussehender Kinder aus den von den Deutschen besetzten Gebieten. Das macht sie nicht zu opportunistischen Mitläufern, das macht sie zu Tätern. Mein Vater, indem er seiner Tätigkeit an zumindest vier Heimen des Lebensborn nachging – Steinhöring bei München, Bad Polzin, Hohehorst bei Bremen und in mindestens einem der acht Heime in Norwegen – und in der Zentrale in München. Man wird das alles nicht einfach so einordnen können, als wäre er Jugendherbergsvater in SS-Uniform gewesen. Vielleicht hat er tatsächlich niemals einen anderen Menschen erschossen. Und dennoch war er ein Täter, nicht zuletzt, was die Verschleppung von Kindern aus den »besetzten« Gebieten anging. Aber vielleicht hätte er gesagt: »Ich habe keine Kinder erschossen. Ich habe dabei mitgewirkt, sie am Leben zu erhalten und ihnen gute, deutsche Adoptionseltern verschafft.«

Und meine Mutter saß in München vor der Schreibmaschine, mit der sie Texte tippte, die mit den Aktivitäten des Lebensborn zu tun hatten. Es werden nicht nur Texte gewesen sein, in denen es darum ging, Frauen zu helfen, die die Geburt ihrer unehelichen Kinder verschleiern mussten bzw. wollten. Es gibt keinen Zweifel: Meine Eltern dienten diesem verbrecherischen System als aktive Handlanger. Ob sie überzeugte Nazis waren, weiß ich nicht. Es ist für mich unerheblich, wobei ich es fast noch schlimmer fände, wenn sie allein aus pragmatischen, opportunistischen Motiven heraus mitgemacht hätten.

Ich kann meinen Vater nicht mehr fragen, was genau er während seiner Zeit beim Lebensborn getan hat. Um ein Gefühl für den Duktus und das Selbstverständnis der Männer beim Lebensborn zu bekommen, scrolle ich durch das Protokoll der »Vernehmung des Dr. Robert Dueker am 9.7.1947 von 14:10 bis 14:30 durch Mr. Herbert H. Meyer auf Veranlassung von Mr. S. H. Schwenk, SS-Section«, welches die Stenografin Betti Goetz niedergeschrieben hatte, und wie es heute online beim Münchner Institut für Zeitgeschichte abrufbar ist.

Der Name Dücker ist uns bereits aus den Erzählungen meiner Mutter vertraut. Der Arzt Robert Dücker war Leiter des Wiesbadener Heims, in dem sie mich geboren hatte. Die Stenografin Betti Goetz benutzte offensichtlich eine US-amerikanische Schreibmaschine, auf der die Umlaute und das scharfe S fehlten.

»Fr[age]. Nehmen Sie Platz. – Geben Sie Ihren Namen an.

A[ntwort]. Dr. Robert DUEKER. [Schreibfehler. Dr. Robert Wilhelm Dücker, Lebensborn-Arzt, Leiter der Heime Pommern, dann Harz, dann Taunus]

Fr. Haben Sie noch andere Vornamen?

A. Wilhelm.

Fr. Sie sind sich bewusst, dass Sie auch heute unter Eid stehen?

A. Jawohl.

Fr. Ich will sehen, dass Sie so bald wie möglich hier wegkommen. Ich will deshalb unsere letzte Unterhaltung und die heutige zusammenfassen in einer Erklärung, die Sie dann unterschreiben koennen. Ich muss dazu noch einige Daten haben. Von wann bis wann waren Sie im Heim Polzin?

A. Von April 1938 bis November 1943.

Fr. Und wieviele ausländische Kinder haben Sie dort erhalten schaetzungsweise?

A. Schaetzungsweise 12.

Fr. Woher sind die gekommen?

A. Es waren Kinder aus dem Warthegau.

Fr. Haben Sie auch Kinder von Bromberg erhalten?

A. Wo die einzelnen herkamen, weiss ich nicht. Die wurden zusammen geschickt aus einem Kinderheim im Warthegau.

Fr. Nur einen Transport haben Sie erhalten?

A. Einen oder zwei.

[...]

Fr. Wie alt waren die Kinder?

A. Zwischen 3 und 9 Jahren.

[...]

Fr. Hat EBNER [Dr. Gregor Ebner, Ärztlicher Leiter sämtlicher Heime des Lebensborn, seit 1939 im Rang eines SS-Oberführers] Sie dort besucht?

A. Dr. EBNER ja, der ist auch schon dagewesen.
Fr. Wann?
A. Das weiss ich nicht mehr.
Fr. Hat er sich die Kinder dort angesehen?
A. Diese Kinder? Ich kann es nicht mit Sicherheit sagen, ob er nun gerade in der Zeit da war.
Fr. Wie lange waren die Kinder dort?
A. Ich kann mich nicht mehr erinnern.
Fr. Wo sind die Kinder hingekommen?
A. In ein Kinderheim des Lebensborn.
Fr. Sie sind wegvermittelt worden an Pflegeeltern?
A. Nein, sie sind in ein Kinderheim gekommen.
Fr. Nachdem waren Sie in Wiesbaden?
A. Später war ich in Wiesbaden.
Fr. Wie viele ausländische Kinder haben Sie dort gehabt?
A. Lediglich, wie das Heim in Paris geraeumt wurde, ein paar Kinder, die französische Namen hatten.
Fr. Wann war das?
A. Ende 1944 nach der Invasion.
Fr. Die kamen ohne Muetter? Nur die Kinder?
A. Ja, nur die Kinder.
Fr. Wie alt waren die?
A. Noch kleiner, vielleicht 1 Jahr.
Fr. Wieviele ungefaehr?
A. Vielleicht 2 oder 3.
Fr. Was geschah dann mit diesen?
A. Die kamen spaeter, als das Heim in Wiesbaden geraeumt wurde, nach Ansbach in ein Heim des Lebensborn und von da weiter nach Steinhoering.
Fr. Diese Kinder von Polen haben nur polnisch gesprochen?
A. Nur polnisch.

Fr. Nicht deutsch?
A. Nein.
Fr. Haben die deutschen Unterricht bei Ihnen bekommen?
A. Nein.
Fr. Was fuer Kinder waren das? Haben die Eltern gehabt?
A. Nein, es wurde gesagt, Kinder, die keine Angehoerigen haben.
Fr. Haben Sie sich niemals mit Angehoerigen in Verbindung gesetzt?
A. Nein.
Fr. Wer hat Ihnen das erzaehlt?
A. Das hat die Zentrale mitgeteilt.
Fr. Wer von der Zentrale?
A. Das weiss ich nicht mehr, damals die Abteilung Heimaufnahme, aber wer es im einzelnen gemacht hat, kann ich nicht mehr sagen.
Fr. Wurden die Kinder direkt gebracht von Polen?
A. Ich glaube, mich zu erinnern, dass sie aus dem Heim Puschkau kamen.
Fr. Es waren nicht mehr als 12 Kinder?
A. Mehr waren es nicht, nein.
Fr. Und von Frankreich nicht mehr als 3?
A. Nein, auch nicht mehr.
Fr. Und diese polnischen Kinder sind spaeter in ein anderes Heim überführt worden?
A. Ja.
Fr. In welches?
A. Ich glaube, Sonnenwiese bei Leipzig.
Fr. Wann ungefaehr?
A. Ich kann die Zeit nicht mehr sagen.
Fr. Nicht ins Heim Alpenland?
A. Ich kann es nicht sicher sagen, ich meine, Alpenland ist spaeter aufgemacht worden.

Fr. Wann denken Sie, sind die Kinder ueberfuehrt worden, 1942?
A. 1941 oder 1942, ich kann es nicht mit Sicherheit sagen.
Fr. Wissen Sie nicht, ob es ein oder zwei Transporte waren, die Sie bekommen haben?
A. Also, die muessten schon ganz kurz hintereinander gekommen sein. Spaeter sind keine Kinder mehr gekommen, es sind immer dieselben Kinder gewesen.
Fr. Welches Jahr war das?
A. 1940.
Fr. Anfang, Sommer oder Herbst?
A. Das kann ich nicht sagen.
Fr. Hat Sie SOLLMANN [Max Sollmann, ab Mai 1940 bis Kriegsende Geschäftsführer und Leiter des Lebensborn] selbst besucht?
A. Der ist mal dagewesen.
Fr. Hat er die Kinder angesehen?
A. Das weiss ich nicht. Er war mal da, und zwar als er zum Lebensborn kam, war er in Polzin.
Fr. Waren die Kinder schon da?
A. Das weiss ich nicht mehr.
Fr. Dann war er nochmal da?
A. Dann ist er später mal mit Professor BECKER, einem Kinderarzt, einem Professor der Kinderheilkunde aus Marburg gekommen [Dr. med. Josef Becker, SS-Sturmbannführer, beratender Kinderarzt des Lebensborn], der machte eine Inspektionsreise, schaute sich die klinische Einrichtung des Heimes an.
Fr. Auch die Kinder?
A. Ob Kinder da waren, kann ich nicht sagen.
Fr. Haben Sie Geburtsdaten gehabt von den Kindern? War das nicht der Grund, warum BECKER gekommen ist, um Knochenaufnahmen zu machen?

A. Nein, er ist nicht wegen der polnischen Kinder gekommen.
Fr. Haben Sie Unterlagen gehabt, Geburtsakten?
A. Ich habe aerztliche Unterlagen gehabt.
Fr. Von wem?
A. Aus dem Kinderheim, wo sie herkamen.
Fr. Aus der Einwandererzentrale Litzmannstadt?
A. Nein, aus dem Kinderheim, wo sie vorher waren, ein gesundheitliches Urteil und ein psychologisches Urteil.
Fr. Hat man gewusst, wie alt die Kinder waren?
A. Ob das dastand, weiss ich nicht, das Alter stand schon fest.
Fr. Hat man Schwierigkeiten gehabt, wo man das Alter nicht gewusst hat?
A. Nein.
Fr. Die Geburtsorte waren alle in Polen.
A. Das weiss ich nicht mehr.
Fr. Waren die Namen polnisch?
A. Ja.
Fr. Hat keines deutsche Namen gehabt oder sind sie bei Ihnen geaendert worden in deutsche Namen?
A. Nein.
Fr. Haben Sie mal jugoslavische Kinder erhalten?
A. Nein.
Fr. Rumaenische?
A. Auch nicht.
Fr. Kennen Sie einen Namen, mit dem Sie mal gesprochen haben ueber diese Angelegenheit, vom Lebensborn oder vom Warthegau?
A. Ueber diese Kinder?
Fr. Ja, mit dem Sie gesprochen oder verhandelt haben?
A. Ich wuesste nicht, mit der Kinderschwester habe ich ueber die Kinder gesprochen.

Fr. Nein, vom Lebensborn?
A. Ich kann mich nicht entsinnen.
Fr. Haben Sie Bericht gemacht an den Lebensborn?
A. Ueber diese Kinder? Vielleicht gesundheitliche Berichte.
Fr. An wen gingen die?
A. An Dr. EBNER. [Dr. Gregor Ebner, SS-Oberführer, Leiter des Heims Hochland, ärztlicher Leiter des Lebensborn]
Fr.: EBNER weiss genau Bescheid?
A. Die Kinder sind, wie sie entlassen wurden, mit einer Gesundheitsgeschichte entlassen worden. Wir haben vorgedruckte Formblaetter gehabt, worauf der Befund der Kinder eingetragen war.
Fr. Wer hat die bekommen, EBNER?
A Nein, die sind mit den Kindern weggegangen, wo die Kinder hingekommen sind.
Fr. EBNER war leitender Arzt, was hat der fuer Berichte bekommen?
A. Ich weiss nicht, ob er Berichte von mir bekommen hat.
Fr. Worin bestand die Taetigkeit von EBNER?
A. EBNER hat, wenn Besonderheiten waren, Todesfaelle oder gehaeufte Krankheiten Berichte von uns Aerzten bekommen. [...]
Fr. Von wann bis wann waren Sie in Wiesbaden?
A. Von November 1943 bis Maerz 1945.
Fr. Dann ist es geraeumt worden. Die Kinder sind nach Steinhoering ueberfuehrt worden?
A. Zuerst nach Ansbach und dann 4 Wochen spaeter nach Steinhoering.
Fr. Und die Kinder haben franzoesisch gesprochen?
A. Nein, es waren noch kleine Kinder.
Fr. Aber sie haben franzoesische Namen gehabt?

A. Ja.
Fr. Haben Sie Unterlagen gehabt?
A. Die aerztlichen.
Fr. Wissen Sie, wo die Eltern waren?
A. Das weiss ich nicht.
Fr. Wussten Sie, ob die Eltern ueberhaupt noch da waren?
A. Das weiss ich nicht.
[…]
Fr. Und das war die Abteilung Heimaufnahme, nicht Abteilung Adoptions- und Pflegestellenvermittlung?
A. Nein, Heimaufnahme.
Fr. Wer hat die Abteilung damals gehabt, Frau VIERMETZ? [Inge Viermetz, Leiterin der Hauptabteilung A im Lebensborn, später Leiterin des Heims Ardennen in Wegimont, Belgien]?
A. Nein, damals ein SS-Fuehrer, ich meine, mich zu erinnern, dass ENGESSER [Ernst Engesser, SS-Hauptsturmführer, Leiter der Lebensborn-Hauptabteilung Adoptionen] es gewesen ist. Das hat oefters gewechselt, ich kann es nicht mit Sicherheit sagen.
Fr. Sie hatten das letzte Mal gesagt, es koennen 20 Kinder gewesen sein?
A. Ich habe es mir nochmals durch den Kopf gehen lassen. Es waren sicher nicht mehr wie 12, denn unsere Abteilung war so klein, wir hatten 4 Zimmer mit je 6 Betten.
Fr. Haben diese Kinder deutsch ausgesehen?
A. Ja.
Fr. Also waren sie nach rassischen Gesichtspunkten ausgesucht?
A. Es waren gesunde und gut aussehende Kinder.
[…]
Fr. Haben Sie Bericht gemacht an die Abteilung Heimaufnahme ueber diese Kinder?
A. Ueber diese Kinder, das weiss ich nicht genau.

Fr. Wissen Sie sonst noch was ueber diese Kinder?

A. Nein.

Fr. Ich werde die Sache zusammenstellen und Ihnen morgen zur Unterschrift vorlegen und dann denke ich, dass Sie von Nuernberg wegkommen.«

In diesem Vernehmungsprotokoll klingen alle Themen an, die die historische Forschung seit Jahrzehnten zusammengetragen und belegt hat. Der von der SS getragene und staatlich geförderte Verein Lebensborn e.V. verfolgte das Ziel, auf der Grundlage der nationalsozialistischen »Rassenhygiene«, die Geburtenziffer »arischer« Kinder durch zweierlei Strategien zu erhöhen:

Zum einen durch das Abhalten von Frauen – unverheirateter wie verheirateter – von einem Schwangerschaftsabbruch durch das Angebot anonymer Entbindungen und geheim gehaltener standesamtlicher Erfassung und die anschließende Vermittlung der Kinder zur Adoption – bevorzugt an Familien von SS-Angehörigen. In diese Kategorie fiel meine Mutter. An Schwangerschaftsabbruch dachte meine Mutter niemals. An Adoption auch nicht. Für sie war das Heim in Wiesbaden eine hochprofessionelle Entbindungsklinik in der Zeit fallender Bomben. Und der dahinterstehende Verein diente ihr nicht nur als Arbeitgeber, sondern auch als jene Organisation, die ihr half, ihre Scham über die Zusammenhänge ihrer Schwangerschaft zu überwinden.

Zum anderen durch die Verschleppung von Kindern aus den von Deutschland besetzten Gebieten, soweit diese Kinder von ihrer äußeren Erscheinung her als »arisch« eingestuft wurden. Hier war das Ziel die Adoption dieser Kinder durch parteitreue deutsche Familien. Auf diese Weise sollte die »Rettung der nordischen Rasse« erfolgen, die durch die vorgeblichen Geburtendefizite und durch die späteren Kriegsverluste bedroht war. Zugleich sollte es dadurch zur qualitativen Verbesserung des deutschen Nachwuchses nach den Kriterien der nationalsozialistischen »Rassenhygiene« kommen. Das Betriebsziel war die Züchtung eines »deutschen Adels der Zukunft«.

Ich schaue in den Spiegel. Sieht so das Produkt dieser Züchtungsbemühungen aus? Arno Breker hätte mich gewiss nicht als Modell für seine Skulptur *Bereitschaft. Nackter Krieger* akzeptiert. Und doch, als ich »ausgewachsen« war, also so mit 18 Jahren, und 177 cm hoch geworden war, sagte meine Mutter, nicht ohne Zufriedenheit in der Stimme: »Du wärest in die SS aufgenommen worden.«

Das scheint zu stimmen. Ab 1932 wurden nur noch Kandidaten aufgenommen, die noch nicht das Höchstalter von 30 Jahren erreicht hatten und eine Mindestgröße von 1,70 aufwiesen. Wer der »Leibstandarte Adolf Hitler« angehören wollte, musste zunächst eine Mindestgröße von 1,78 aufweisen, im Laufe des Krieges wurde dieses Kriterium immer mehr aufgeweicht, da genügten schon 1,72. Meine 177 Zentimeter hätten sogar dafür genügt.

Dass meine Mutter den vorgegebenen Zuchtkriterien entsprach, belegt der »Ahnenpaß« für Emmi Elisabeth Rosa Maria Mahrenholtz, der am 21. September 1939 vom Standesamt Pasing, vermutlich für ihre geplante Eheschließung, angelegt und bis zum 13. Oktober 1939 mit dem Eintrag der Ururgroßeltern väterlicher- und mütterlicherseits vervollständigt worden war. Das Deckblatt verkündet, dass dieser »Ahnenpaß« von der »Reichsstelle für Sippenforschung« im »Reichsministerium des Innern« und von vielen Dienststellen der NSDAP zum Dienstgebrauch empfohlen wird: »Er ist nur für Deutschblütige bestimmt. Mischlinge und Fremdrassige erhalten Eintragungen in diesen Ahnenpaß bei den Standesämtern nicht beglaubigt.«

Im Geleitwort des Reichskanzlers Adolf Hitler heißt es:

»Die gesamte Bildungs- und Erziehungsarbeit des völkischen Staates muß ihre Krönung darin finden, daß sie den Rassesinn und das Rassegefühl instinkt- und verstandesmäßig in Herz und Gehirn der ihr anvertrauten Jugend hineinbrennt. Es soll kein Knabe und kein Mädchen die Schule verlassen, ohne zur letzten Erkenntnis über die Notwendigkeit und das Wesen der Blutreinheit geführt worden zu sein! Damit wird die Voraussetzung geschaffen für die Erhaltung der rassenmäßigen Grundlagen unseres Volkstums und durch sie wiederum die Sicherung der Vorbedingungen für die spätere kulturelle Weiterentwicklung!«

Damit klar wurde, was gemeint ist, wird aus dem *Programm der NSDAP, Punkt 4* zitiert: »Staatsbürger kann nur sein, wer Volksgenosse ist. Volksgenosse kann nur sein, wer deutschen Blutes ist, ohne Rücksichtnahme auf Konfession! Kein Jude kann daher Volksgenosse sein!« Es handelt sich bei diesem »Ahnenpaß« meiner Mutter um den sogenannten »Großen Ariernachweis«. Dessen rechtliche Grundlage war §3 aus dem »Gesetz zur Wiederherstellung des Berufsbeamtentums« vom 7. April 1933, der »Arierparagraph«. Schon die erste »Durchführungsverordnung« vom 11. April 1933 bewies die Unklarheit der Bestimmung, wer »Jude« sei und wer nicht:

»Als nicht arisch gilt, wer von nicht arischen, insbesondere jüdischen Eltern oder Großeltern abstammt. Es genügt, wenn ein Elternteil oder ein Großelternteil nicht arisch ist. Dies ist insbesondere dann anzunehmen, wenn ein Elternteil oder ein Großelternteil der jüdischen Religion angehört hat.«

Obwohl es angeblich um die Bestimmung von »Rassemerkmalen« gehen sollte, zog man die Zugehörigkeit zur jüdischen Religion heran, was zu absurden Widersprüchen führte.

Hatten jüdische Urgroßeltern ihre Kinder christlich taufen lassen, dann waren deren Kinder und Enkel laut Gesetz »reinrassige Arier«. Trat ein Enkel christlicher Großeltern zum Judentum über, so waren seine Kinder und Enkel fortan »Nichtarier«, auch wenn ihre Vorfahren Christen gewesen waren. Ein Deutscher, dessen Eltern getaufte Christen waren, blieb »Nichtarier«, wenn auch nur einer seiner Großeltern Mitglied einer jüdischen Gemeinde gewesen war.

So bestimmte letzten Endes die Religionszugehörigkeit im »Dritten Reich« über die »Rassenzugehörigkeit«, und das Gesetz vermehrte die Zahl der als Juden definierten Personen erheblich. Für den Nachweis »arischer« Abstammung reichte weder eine generationenlange Ansässigkeit und Zugehörigkeit zu einem der Völker vor allem Nordeuropas, die als »arische Völkergemeinschaft« definiert wurden, noch ein den »Ariern« von Rassisten zugeschriebenes Aussehen, eine Charaktereigenschaft, ein Verhalten oder eine Leistung. Damit bewies das Gesetz selbst die Unmöglichkeit, »Rasse« zur objektiven Eigenschaft zu machen und nachprüfbar festzustellen.

Im »Großen Ahnenpaß« meiner Mutter sind alle ihre Vorfahren als evangelisch angegeben. Auf ihrer Heiratsurkunde wird bei dem Unteroffizier Fritz Wilhelm August Käsler als Religionszugehörigkeit evangelisch-lutherisch vermerkt, bei der Stenotypistin Emmi Elisabeth Rosa Maria Mahrenholtz nur evangelisch. Auf meiner Geburtsurkunde steht bei meiner Mutter als Religionszugehörigkeit gottgläubig, also jene Bezeichnung, mit der eine ideologische Nähe zum Nationalsozialismus signalisiert werden sollte. Durch einen Erlass des Reichsinnenministeriums vom 26. November 1936 war diese Bezeichnung auf den Melde- und Personalbögen der Einwohnermeldeämter eingeführt worden, anstelle der vorherigen Bezeichnungen Dissident oder konfessionslos. Als gottgläubig bezeichneten sich Menschen, die zwar aus den anerkannten christlichen Religionsgemeinschaften ausgetreten waren, jedoch nicht als glaubenslos bezeichnet werden wollten.

Dass die Nazis auf die Religionszugehörigkeit bei der Unterscheidung von »Ariern« und »Nicht-Ariern« zurückgreifen mussten, belegt die Nutz- und Sinnlosigkeit aller pseudowissenschaftlichen Versuche einer »Rassendiagnose«. Dennoch wurden diese mit großem Einsatz betrieben, allen voran am Institut für Erbbiologie und Rassenhygiene der Universität Frankfurt am Main unter der Leitung der »Koryphäe« auf dem Gebiet der Rassenhygiene, Otmar Freiherr von Verschuer. Dessen Lieblingsschüler, der Mediziner Josef Mengele, ist bis heute als »Todesengel von Auschwitz« bekannt. Für die Nazis war solche Forschung kein Nebenschauplatz ihres rassistischen Programms, sondern dessen Grundlage, wie das »Gesetz zur Verhütung erbkranken Nachwuchses« von 1933 zeigte, im Volksmund »Sterilisierungsgesetz« genannt. Verschuer und sein Meisterschüler Mengele erstellten seriell »Gutachten« für die Reichsstelle für Sippenforschung und die Erbgesundheitsgerichte, deren Aufgabe es war, die NS-Rassen- und Eugenik-Gesetze in die Praxis zu führen. Die Unterscheidung zwischen »Volljuden«, »Halbjuden« oder »Vierteljuden« konnte die Differenz von Leben und Tod bedeuten. Eine Gaumenspalte konnte die Sterilisation nach sich ziehen.

Schon beim »Kleinen Ariernachweis« mussten sieben Geburts- oder Taufurkunden (des Antragstellers, der Eltern und der vier Großeltern) sowie drei Heiratsurkunden (der Eltern und Großeltern) vorgelegt werden. Diese mussten von den Pfarrämtern oder amtlichen Archiven offiziell beglaubigt worden sein. Einzelne Geistliche, vor allem jene, die zu den »Deutschen Christen« gehörten oder diesen nahestehende Pfarrer, suchten von sich aus Christen jüdischer Abstammung aus ihren Tauf- und Trauregistern heraus und meldeten sie den Behörden. Es wird geschätzt, dass der »Arierparagraph« im Sommer 1933 etwa zwei Millionen Angehörige der öffentlichen Verwaltung, außerdem Zehntausende von Rechtsanwälten, Studenten und Angehörige aus zahlreichen Berufen der Kultur und der Wissenschaft sowie Bewerber um die Mitgliedschaft in der NSDAP, SA oder SS dazu veranlasste, nach Beweisen ihrer »arischen Abstammung« zu suchen. So entstand eine umfangreiche Rassenbürokratie. Bei ungeklärten Familienverhältnissen – wie bei un- und außerehelichen Geburten – und in allen Zweifelsfällen entschied die Reichsstelle für Sippenforschung im Reichsministerium des Innern über den Einzelfall.

Für den »Großen Ariernachweis«, wie ihn meine Mutter vorweisen konnte, mussten alle Informationen erbracht werden, die bis zum Jahr 1750 zurückreichten. Vor allem für SS-Bewerber mussten in dieser Ahnentafel alle Vorfahren des eventuellen SS-Angehörigen bzw. seiner Frau oder Braut bis frühestens 1. Januar 1800 aufgelistet sein, bei Rängen ab SS-Führer aufwärts entsprechend bis 1750. Bei jeder aufgeführten Person wurde nach Namen, Beruf, Religionszugehörigkeit, Geburts- und Sterbedaten gefragt. Um die Erarbeitung der Ahnentafel musste sich der Betreffende selbst kümmern. Es wurde außerdem dazu aufgefordert, die dafür notwendigen Geburts-, Todes- und Heiratsurkunden beizulegen und an das Rasse- und Siedlungshauptamt in Berlin zu schicken.

Der Rasseforscher, Juden und Zeuginnen Jehovas

Wie mag es meiner Mutter gelungen sein, diese zahlreichen Unterlagen zusammenzustellen? Wieso bemühte sie sich bereits 1940 um den »Großen Ariernachweis«? Lange bevor sie sich auf einen SS-Offizier und den Lebensborn eingelassen hatte. Für den Flugmodellbau Bufe hätte sie diesen Nachweis ihrer reinrassigen Herkunft sicherlich nicht gebraucht. Für solches Vorhaben jedenfalls dürfte es von großem Vorteil gewesen sein, einen Genealogen in der Familie zu haben.

Damit sind wir beim Bruder meiner Mutter: Hans Mahrenholtz, Mitgliedsnummer 63889 der NSDAP, seit dem 13. Januar 1935 Mitarbeiter in der Abteilung VII des RuSHA, Geschäftsführer der Hauptabteilung Sippenbuch. Der einschlägige Wikipedia-Eintrag ist sehr diskret:

»Hans Mahrenholtz (auch: Hanns Mahrenholtz und Hans Mahrenholz; * 12. Februar 1909 in Carlsdorf; † 10. Dezember 2000 in Hannover) war ein deutscher Landwirt und Genealoge mit Wirkungsorten in Carlsdorf, Naumburg, Hannover und Aurich.

Der noch zur Zeit des Deutschen Kaiserreichs geborene Hans Mahrenholtz wurde nach dem Zweiten Weltkrieg ab 1951 in dem evangelischen Kirchenbuchamt für den Osten mit Sitz in Hannover tätig. Ab 1956 leitete er als Geschäftsführer den Niedersächsischen Heimatbund.

Von 1958 bis 1961 wirkte Mahrenholtz bei der Ostfriesischen Landschaft in Aurich, anschließend ab 1961 bei der Hannoverschen Landwirtschaftlichen Berufsgenossenschaft.

Mit dem Juristen und Familienforscher Gebhard von Lenthe und anderen publizierte Hans Mahrenholtz etliche Schriften insbesondere über den niedersächsischen Adel und andere Geschlechter.

Johann-Christoph-Gatterer-Medaille in Silber (1984); Verdienstkreuz am Bande des Niedersächsischen Verdienstordens (1984)«

Das Institut für Personengeschichte in Bensheim wusste mehr über meinen Onkel:

»Hans Andreas Otto Richard Oscar Mahrenholtz, geb. Carlsdorf, Krs. Görlitz 12.2.1909, gest. Hannover 10.12.2000

Oberrealschule Görlitz?, staatl. Geprüfter Landwirt. Familienkundlicher Sachbearbeiter im Rasse- und Siedlungshauptamt der SS. 1941–1945 Soldat. Selbständiger Kaufmann.

1951 Sachbearbeiter für den ›deutschen Osten‹ beim Kirchenbuchamt Hannover. 1956 Geschäftsführer des Niedersächsischen Heimatbundes, Hannover. 1958 Mitarbeiter der Landschaft in Aurich. 1961 Verwaltungsangestellter bei der Berufsgenossenschaft Hannover. Genealoge, Heraldiker.

5.6.1964 Niedersächsischer Verdienstorden. 12.2.1984 Johann Christoph Gatterer Medaille in Silber.

Verh. I. Berlin-Zehlendorf 21.1.1935 Annemarie Klara Petersen, geb. Naumburg a.d. Saale 11.6.1912, gest. im Zweiten Weltkrieg zusammen mit dem fünften Kind bei einem Bombenangriff

Verh. II. Isernhagen 9.10.1949 Gertrud von Unger, geb. Flensburg 1.1.1902, gest. Hannover 9.10.2000, Tochter des Fritz v. Unger, 1862–1945 (starb Althaus-Leitzkau bei Magdeburg), Kgl. Preuß.

Generalleutnant z. D., RRr. des Johanniter-Ordens, und der Ottonie v. Münchhausen, 1877–1957 [Tochter d. Hilmar, auf Steinburg, und der Sigrid v. Hymmen]«

Interessieren mich weitere Details? Nicht wirklich, es ist nicht meine Baustelle. Mögen sich seine Kinder und Enkel – soweit sie noch leben – selbst um ihren Vater und Großvater kümmern.

Für mich von Bedeutung ist allenfalls die Vermutung, dass Hans Mahrenholtz es gewesen sein dürfte, der meiner Mutter nicht nur bei den Angaben für ihren »Großen Ariernachweis« geholfen hat, den sie bei ihrer Eheschließung mit Fritz Käsler im Jahr 1940 vorlegen konnte. Ihr Bruder Hans dürfte vermutlich dabei geholfen haben, dass sie ab Herbst 1940 die Stelle als Schreibkraft in der Münchner Zentrale des Lebensborn bekam. Einen Bruder im Berliner RuSHA zu haben, war dafür gewiss nicht hinderlich. Ich stelle fest, dass ich meine Mutter in den Interviews nicht gefragt hatte, wie sie zu dieser Anstellung gekommen ist. Eine öffentliche Ausschreibung scheint mir bei diesem geheimnisumwitterten Verein der SS eher unvorstellbar.

Erst beim Schreiben dieser Zeilen bemerke ich, dass ich in den Interviews mit meiner Mutter niemals danach gefragt habe, was in ihr vorging, als sie sah, wie jüdische Mitmenschen mit ihren Koffern zu den Bahnhöfen gebracht wurden. Ob sie wusste, was in Dachau geschah, während sie ihrer Schreibarbeit in der Herzog-Max-Straße nachging, nur zwanzig Kilometer entfernt von jenem Gelände, auf dem seit März 1933 ein Konzentrationslager etabliert worden war, dass von der SS beherrscht wurde, ihrem eigenen Arbeitgeber? Es ist undenkbar, dass sie nicht ahnte, wenn nicht sogar wusste, was dort geschah. Wieso habe ich sie nicht danach gefragt?

Zum Zeitpunkt der Interviews mit meiner Mutter wusste ich noch nicht, dass das Wiesbadener Lebensborn-Heim sofort nach seiner Eröffnung am 21. Juni 1943 dem Frauen-KZ Ravensbrück als Außenstelle angegliedert worden war. Wusste meine Mutter, dass die Frauen, die sie dort sah, wie sie die Arbeit als Reinigungskräfte, Wäscherinnen, Köchinnen und Gärtnerinnen verrichteten, gefangene Zeuginnen Jehovas waren? War es für sie und die anderen Frauen überhaupt zu erkennen gewesen, dass diese Bibelforscherinnen dazu gezwungen wurden, solche Dienste zu verrichten? Auf persönliche Anordnung von Heinrich Himmler trugen diese Frauen keine Sträflingskleidung, sodass sie nicht als abgeordnete KZ-Häftlinge zu erkennen gewesen waren. Hat meine Mutter je mit einer dieser Frauen gesprochen? Oder war das halt einfach »nur« Personal, wie sie das seit ihrer Kindheit auf den Rittergütern kannte?

Im Lebensborn-Heim Steinhöring wurden am 3. Mai 1945, beim Eintreffen der US-Armee, 24 Zeuginnen Jehovas befreit. Insgesamt sollen an die 40 weibliche Häftlinge aus dem KZ Ravensbrück seit Sommer 1943 Zwangsarbeit an fünf Standorten beim Lebensborn geleistet haben. Die meisten von ihnen stammten aus Deutschland, drei aus Österreich, zwei aus den Niederlanden und eine aus Polen. Eingesetzt waren sie sowohl in der Zentrale in München als auch in den Heimen Steinhöring, Ansbach, Bofferdingen und Wiesbaden. Die Bibelforscherinnen wurden in diesen Einrichtungen eingesetzt, weil sich die SS sicher war, dass sie nicht flüchten würden, sondern sich gottergeben ihrem Gefangenenschicksal beugen würden. Zwangsarbeit war Teil des KZ-Systems, ab 1940 zentraler Bestandteil der Kriegswirtschaft, für alle Häftlinge herrschte »Arbeitsdienstpflicht«. Der Architekt Hans Tiesel, zuständig für den Umbau des Wiesbadener Heims des Lebensborn, berichtete am 24. Juni 1943: »Die zwölf Bibelforscherinnen arbeiten teils im Garten und teils im Hause; sie seien, wie mir versichert wurde, fleißig und zuverlässig.« Die Zeuginnen Jehovas wurden beschäftigt als Köchinnen, Hausmädchen, Wäscherinnen und sogar als Hausmeisterinnen, als »Halbfreigelassene« ohne Sträflingskleidung. Beim Besuch von höheren SS-Führern bedienten einige von ihnen die Gäste. Die weiblichen Häftlinge erhielten das gleiche Essen wie die Angestellten und die Mütter, und auch sie waren in den jeweiligen Häusern untergebracht.

Das *Merkblatt über die Behandlung von Bibelforscher-Häftlingen, die im Lebensborn-Heim abgestellt sind* vom 18. Juni 1943 regelte die Einzelheiten:

»Die in den Konzentrationslagern untergebrachten Bibelforscher-Häftlinge sind Angehörige der Internationalen Vereinigung ernster Bibelforscher. Diese internationale Vereinigung ist staatsfeindlich. Die Angehörigen werden, sobald sie die Irrlehre der Bibelforscher in Wort und Schrift verbreiten, aus staatspolitischen Gründen in Schutzhaft genommen und in die Konzentrationslager eingewiesen. [...] Alle nicht kriegswichtigen Arbeiten werden von den Bibelforschern anstandslos und ordentlich ausgeführt, weil sie von ihrem Gott nicht verboten sind. Sie können daher zu allen Arbeiten im Haushalt herangezogen werden und werden diese Arbeiten bei guter Behandlung zuverlässig ausführen. [...]«

Dass auch mein Vater den »Großen Ariernachweis« vorzeigen konnte, versteht sich von selbst. Er hätte sonst nicht als SS-Offizier beim Lebensborn tätig sein können. Die SS betrieb ein eigenes »Rasseamt«, das dafür zu sorgen hatte, dass sich kein

»nicht-reinrassiger« deutscher Mann in ihren Reihen aufhielt. Die Mitgliedschaft in der NSDAP allein hätte nicht ausgereicht.

Nun war ich also geboren. In einer Bombennacht in Wiesbaden-Sonnenberg. Im Heim Taunus des Lebensborn e.V. Als Produkt zweier reinrassiger Arier, die beide bei der SS beschäftigt waren.

5 Die Mutti und der »kleine Mann«

Im Gästebuch meiner Mutter gibt es Passagen, die in die Zeit ihres Kennenlernens meines Vaters fallen. Sie illustrieren das damalige Selbstverständnis dieser Kriegerwitwe. Zum 1. März 1942 lud meine Mutter ihre Kolleginnen aus dem Lebensborn in ihre Wohnung ein. Das maschinenschriftliche Einladungsschreiben dazu lautete:

»Frau Oberregierungsrat Emmyli von Käsewitz gibt sich die Ehre, Frau Staatsanwalt (›Auge des Gesetzes‹) Dr. Sprengel, Frau Amtsgerichtsrat Hastrick, Frau Geheimrat ›Amselschlag‹ (Singvogel), Frau Hofrat von Ritter zu ihrem am 1. März 1942 um 18 Uhr stattfindenden ›Bunten Abend‹ in der Elisabethstr. 28/II Gths. einzuladen. – Der Weg nach ›oben‹ ist nicht leicht zu finden, daher bitte ich um Erscheinen bei Tageslicht: Haltestelle der Strassenbahn 17 Ecke Teng-Elisabethstr. Der Eingang des Hauses ist durch einen Baum mit Mispelzweigen erkenntlich. Der erste Gang ist durch den luftschutzähnlichen Raum zu tun, dann treten die Damen in den Hof, der von einem Hund bewacht wird. Auf das Wort ›Lino‹ lässt er sie vorüberziehen. Nach Betreten des zweiten Tores kommen die Damen dann mit abgeputzten Stiefeln ohne Weiteres an die Gastgebertür (oder mit Stiefeln in der Hand). – Einlass nur gegen: 1.) Fertigzurechtgemachte Abendbrot-Brote (Bayer. Gesüff wird von Frau Oberreg.Rat v. Käsewitz gereicht, desgleichen Teller, Bestecke und Gläser, die aber als Erinnerungsstücke an dem Abend nicht mitzunehmen sind.) 2.) Handarbeit, 3.) Gute Laune. Nach Ablauf des 1. Teils gibt es selbstgebackenen Kuchen mit Tee. – Für dezente Abendmusik wird der Reichssender Breslau oder München sorgen (vorausgesetzt, dass keine Störungen eintreten). – Frau Oberregierungsrat von Käsewitz würde sich sehr freuen, die Damen begrüssen zu können.«

Sämtliche Damen scheinen der Einladung gefolgt zu sein, wie die handschriftlichen Einträge – zusammen mit eingeklebten Fotos – dokumentieren. Über Irmgard Sprengel (= »Der Staatsanwalt«) lese ich im Buch von Volker Koop über den Lebensborn, dass sie im Herbst 1939 in den Vorstand des Vereins berufen worden war, als Nachfolgerin des SS-Sturmbannführers Emil Büchs. In das Gästebuch meiner Mutter schrieb diese Irmgard Sprengel: »Der Vogelkaffeeklatsch war sehr schön. Nun müssen wir leider wieder gehen. Schade!! Der Staatsanwalt (Irmgard Sprengel).« Das Foto zeigt eine junge Frau im Kostüm auf einer Wiese im Wald sitzend. Was mag aus allen diesen fröhlich lächelnden Frauen geworden sein, die im Jahr 1942 in unterschiedlichen Funktionen für den Lebensborn arbeiteten?

Das zweite Album ist eines, das meine Mutter für ihre eigene Mutter, meine Großmutter, zu Weihnachten im Jahr 1939 anlegte. Nach der eingeklebten Karte »Wir haben einander so lieb« dokumentiert dieses Album die Stationen der Liebesgeschichte zwischen Emmyli Mahrenholtz und Fritz Käsler bis zu deren Hochzeitstag am 23. März 1940. Und am Ende des Albums sind Fotos des Panzers dieses Teilnehmers am Polenfeldzug eingeklebt, und die Todesanzeige. Wollte meine Mutter mit diesem Album ihren Eltern ein schlechtes Gewissen bereiten? Nach dem Motto: »Seht, wie sehr wir uns geliebt haben. Und nun, da er tot ist, bereut endlich, wie schwer ihr es dieser Liebe gemacht habt!« Ich würde es für sehr wahrscheinlich halten.

Das nächste Album ist jenes, das meine Mutter »Für meinen Hubert« ab dem Januar 1943 zusammengestellt hatte. Es endet mit meinen zwei eingeklebten Wunschzetteln in meiner eigenen Kinderschrift:

»25. Nov. 1951. An den Weihnachtsmann. Ich wünsche mir bitte: Skier? Amiwagen mit 4 Amis? etwas für den Kaufmannsladen und die Eisenbahn. eine lange Unterhose. von Dirk.
30. November 1951. Lieber Weihnachtsmann ich habe ganz vergessen. Schenk mir bitte ein Blaues buch dieses Heißt Tiere in Schönen Bildern. Dirk!«

Ich nehme das darauffolgende Fotoalbum in die Hand. Auf der ersten Innenseite lese ich: »Meinem kleinen Jungen geklebt in der Silvesternacht 1949/1950.« Die Bilderserie beginnt mit einer Folge, bei der ich auf dem Arm meiner Mutter sitze. An ihrem linken Ringfinger trägt meine Mutter jenen Ring meines Vaters, den ich heute am Ringfinger meiner linken Hand trage.

Bis zum Ende dieses Albums geht es vor allem um ein einziges Motiv: die Mutti und ihr Sohn. Der Junge und seine Mutti. Frau und Herr Käsler.

Klar, es gibt auch Fotos von einer Faschingsfeier im Kindergarten mit vielen Kindern, auf denen man den schmächtigen Dirk suchen muss. Dann folgen Einzelbilder von einem kleinen Jungen im Kasperlkostüm, ohne die Mutti. Trotz vermeintlich lustigem Kostüm schaut der Junge eher nachdenklich.

Das Kind als Lebensinhalt: Dirk und seine Mutti 1950

Nachdenklicher Kasperl: Münchner Fasching in der Nachkriegszeit

Die Mutti wird krank. Der »Vati« ist gestorben.

Bald nach den ersten Seiten folgt das Foto eines großen Hauses vor hohen Bergen. Über den getrockneten und eingeklebten Blüten von Edelweiß und Enzian steht geschrieben »10.4. bis 6.9.50«. Und daneben »bei der Gross in Obhut«. Darum herum gruppieren sich Fotos meiner Großmutter mit drei kleinen Kindern an einer Sandkiste. Was war geschehen?

DK: »Also, du gehst zum Arbeiten bei der Lotterie. Der Junge ist tagsüber bei den Großeltern. Der Mann rührt sich nicht. Und nun?«

EK: »Ich glaube, dann bin ich doch zum Vormundschaftsamt gegangen. Denn da musste ja irgendwas kommen, nicht wahr? Geld.«

DK: »Wusstest du denn überhaupt eine Adresse?«

EK: »Wie ich das eigentlich alles gemacht habe, Dirk, das kann ich dir heute wirklich nicht sagen. Jedenfalls, soweit ich mich erinnere, hatte er uns dann doch mal hin und wieder Geld geschickt.«

DK: »Aber er blieb weg.«

EK: »Ja. Seitdem habe ich ihn ja nie mehr wiedergesehen. Ich bin jedenfalls, da kann ich mich noch erinnern, an dem Morgen, an dem er weggegangen ist, wo er zum Zug ging zum Hauptbahnhof, habe ich dich in einer unwahrscheinlichen Geschwindigkeit mit dem Radl in den Kindergarten gefahren. Ganz früh schon. Und bin dann nach München reingefahren zum Bahnhof, zu dem Zug, mit dem er eigentlich fahren wollte. Und an dem Zug bin ich auf und ab gelaufen, von hinten nach vorne, von vorne nach hinten. Ich habe in jedes Fenster reingeschaut – ich habe ihn nicht mehr gesehen. Vielleicht stimmte das auch damals nicht, ich weiß es nicht.

Das hätte ich dir vielleicht vorher erzählen sollen, dann hättest du ihn fragen können, ob er eigentlich in dem Zug war. Weil die Mutti dann auf und ab gerannt ist. Und dich in den Kindergarten schnell hingebracht, in den grässlichen Kindergarten, nicht zu der Frau Hornig, sondern in den auf der anderen Seite von Pasing.

Ich glaube, ich habe doch damals schon auch nebenbei genäht. Aber hier muss er ja auch noch mal was reingeschrieben haben. Das war 1947: ›Wir Endliche mit dem unendlichen Geist sind nur zu Leiden und Freuden geboren und beinahe könnte man sagen, die Ausgezeichnetsten erhalten durch Leiden Freuden.‹ Das war der zweite gemeinsame Jahreswechsel. Verstehst du das eigentlich?«

DK: »Dieses Gesülze will ich gar nicht verstehen. Und wann wurdest du nun krank?«

EK: »1950, im Februar.«

DK: »Und bis dahin hörtest du nichts mehr von ihm? Und sahst nichts mehr von ihm? Wie zeigte sich das denn erst mal, die Krankheit?«

EK: »Oh, wie sich das zeigte, mein lieber Dirk? Ich kam vom Lotto zurück, holte dich bei den Großeltern ab, hatte schon schwer Fieber; ging vorher zum Doktor Rieger; da hatte der gesagt, ich sollte heiß baden. Tja, wir hatten ja gar keine Möglichkeit, heiß zu baden bei der Sacksin. Ich hätte höchstens in den Keller gehen können, alles Mögliche verbrennen in dem Waschkessel. Oder bei den Großeltern erst in die Badewanne gehen und dann zu mir rüber, das hatte ja auch keinen Sinn. Dann ging ich ins Bett und habe dich auch ins Bett gepackt. Und morgens bin ich aufgewacht. Da habe ich zu dir gesagt, Dirk, geh mal zum

Doktor Rieger, die Mutti, die ist ganz schwer krank. Da bist du dahingelaufen und hast den Doktor geholt. Dann kam der und hat gesagt: ›Um Gottes willen, Frau Käsler, Sie müssen sofort ins Krankenhaus. Ich bestelle für Sie den Krankenwagen.‹ Tja, da bist du ganz allein zu dem Doktor, hast den Doktor geholt.«

DK: »Und dann bist du in welches Krankenhaus?«

EK: »Ins Rechts der Isar.«

DK: »Da müssen sie dich ja mit dem Wagen hingefahren haben.«

EK: »Ja, sofort kam der Krankenwagen.«

DK: »Und ich?«

EK: »Du bist wieder rübergelaufen zu den Großeltern, wir hatten ja kein Telefon und nichts, und hast gesagt, die Mutti ist krank, muss ins Krankenhaus, der Krankenwagen kommt, und dann sind die Eltern gekommen und haben dich, haben zuerst gewartet, bis ich abgeholt wurde, und dann haben sie dich mit rübergenommen. Ja – und da war ich dann im Krankenhaus bis zum September, Oktober.«

DK: »Vom Januar bis zum September 1950 im Rechts der Isar in München? Und ich habe in der ganzen Zeit bei den Großeltern gewohnt? Wo denn da?«

EK: »Das möchte ich auch mal wissen. Das weiß ich nicht.«

DK: »Ich meine, da gab's, wenn man reinkam, gegenüber von der Wohnungstür, das Zimmer von Tante Ruth.«

EK: »Da warst du vielleicht?«

DK: »Glaub' ich nicht. Jedenfalls ist es mir nur als das Zimmer von Tante Ruth und ihren beiden Töchtern in Erinnerung. Dann gab's daneben das Wohnzimmer, dann kam schon die Küche, dann kam der Gang, dann das Schlafzimmer von den Großeltern und das Bad.«

EK: »Und dahinten der Balkon. Ich weiß es nicht. Jedenfalls hast du dann die Zeit bei den Großeltern verbracht. Und dann bin ich ja nach sechs Wochen vom Rechts der Isar nach Fischbachau gekommen. Das war das Ausweichkrankenhaus.«

Das Rätsel des Fotos vom großen Haus vor den Bergen ist gelöst. Es zeigt das Krankenhaus in Fischbachau, wo meine Mutter sich nach ihrer stationären Zeit in München erholen sollte. Das Wort »nasse Rippenfellentzündung« löst auch heute noch einen leichten Schauer bei mir aus. Eine Pleuritis ist kein Kinderspiel. Heute stehen uns dagegen sehr viel passgenauere Antibiotika und Schmerzmittel zur Verfügung. Damals scheint es vor allem Penicillin und Lebertran gewesen zu sein.

DK: »Wie ging es dir da in dem Krankenhaus in Fischbachau?«

EK: »Da ging es mir ja dann gut.«

DK: »Körperlich?«

EK: »Ja. Ich wog ja damals, wie ich so schwer krank war, noch keinen Zentner. Für mich war ganz klar, dass ich von dem bisschen, was wir zugeteilt bekommen haben, das meiste dir gegeben habe. Du warst ja sowieso bloß 'ne halbe Portion. Ich habe nicht einen Krümel Zucker gegessen. Wir kriegten bloß ein Viertel Pfund Zucker für vier Monate. Und dein Vater, der schickte ja nun nichts mehr. Bis dahin ging es uns ja ernährungsmäßig gut. Der brachte ja immer alles Mögliche mit, entweder von den Bauern oder von den Amis. Und dann war es ja auch damit vorbei.«

DK: »Wie hat sich das denn angefühlt? Ich meine, so eine Krankheit kommt ja nicht von heute auf morgen, oder?«

EK: »Ich habe ja beim Lotto gearbeitet. Auf einmal konnte ich nicht mehr atmen. Es war aus. Es war wie zu. Und dann auf einmal wurde ich rot und röter und knallrot, und dann haben sie mich ja nach Hause gebracht. Da bin ich gleich zu dem Doktor Rieger, und da hat dieser gesagt, es wäre eine Erkältung, ich sollte an dem Abend heiß baden. Ja, und heiß baden, wo sollte ich denn heiß baden? Wir hatten ja gar keine Bademöglichkeit. So, und am nächsten Tag war es dann so weit.«

DK: »Und dann dort im Krankenhaus, was haben die dann mit dir gemacht?«

EK: »Tag und Nacht Penicillin. Überall hin, in die Oberschenkel. Tag und Nacht. Immer wenn ich dann wieder eingeschlafen war, kam die Nachtschwester. Und dann haben sie mir gesagt, wenn ich Lebertran nicht nehmen würde, dann wüssten sie nicht, was sie machen sollten. Und der Gedanke, dass ich sterben würde und du wärst dann allein ...

Was sollte denn aus dir werden? Da habe ich dann diesen Lebertran geschluckt, ohne mit der Wimper zu zucken. An meinem Bett saß ja schon der Pfarrer. Wie der kam, da habe ich bei mir gedacht, so jetzt langt's mir, ich sterbe nicht, ich werde nicht sterben. Meiner Ansicht nach war das mein Lebenswille, der mich da hochgerissen hat. Ja, und dann ging's ja aufwärts. Liter- und flaschenweise diesen Lebertran. Wenn ich daran jetzt noch denke, graust es mich. Aber dann war's ja gut. Ich hatte immer dieses Fieber. Und dann habe ich mich so viel übergeben, und ich konnte vor lauter Schreck ja gar nicht die Schüssel finden. Und wie die mich dann zur Sau gemacht haben, die Schwestern. Da war dann der Großvater derjenige, der da erstmal für Ordnung gesorgt hat und gesagt hat: ›Wer sind wir denn eigentlich?‹ Ja, und von dem Moment an war ich was anderes als wie nur 'ne Kassenpatientin.

Nach sechs Wochen kam ich dann in dieses Ausweichkrankenhaus. Und dann war ich da ganz unter Wasser. Das war ja nasse Rippenfellentzündung. Dann haben die mich hier hinten reingestochen, mit so 'nem großen Sauger, und das Wasser rausgenommen. Beim ersten Mal habe ich ja nicht gewusst, was sie mit mir machen. Da haben sie mich gepackt, weißt du, die sind ja rigoros. Und dann bin ich in Ohnmacht gefallen. Und dann habe ich es dem Opa gesagt. Und da ist der zum Oberarzt gegangen und hat gesagt, dass das so nicht geht. Also, wenn man so was macht, dann müsste man das mit mir besprechen. Man kann mich nicht einfach packen an den Füßen, an den Armen festhalten, und dann kommt da so 'ne große Spritze, also so ein Rausziehding. Und du weißt gar nicht, was dir passiert bei vollem Bewusstsein. Und wenn sie mir immer dieses viele Wasser rausgezogen haben, ging es mir ja dann besser.«

DK: »Und dann in Fischbachau. War das eher so wie in einem Sanatorium, also im Sinne von nur erholen?«

EK: »Genau.«

DK: »Und Ruhe und viel Schlaf und gut essen.«

EK: »Und deshalb durftest du ja dann auch hinkommen.«

Unter einem Foto lese ich »10.4. bis 6.9.50«. Auf der Rückseite des Fotos steht jedoch »24.5. bis 6.9.50«. Wie dem auch sei, die Mutter liegt im Krankenhaus, erst in München und dann im Voralpenland. Der Junge, noch vor seinem sechsten Geburtstag, wird bei den Großeltern geparkt. Und zwischendurch wird der Fünfjährige bei Fremden beherbergt. Und dort, in Fischbachau, wird »der Vati« für tot erklärt!

EK: »Und dann habe ich da eine Familie kennengelernt. Ich weiß gar nicht mehr, wie die hießen.«

DK: »In Fischbachau?«

EK: »Ja. Da habe ich denen dann meine Not erklärt. Und habe eben gesagt, dass ich so 'ne Sehnsucht hätte nach dir. Und dass das so schlimm wäre. Und da haben die von sich aus angeboten, dich vier Wochen zu sich zu nehmen. Und dann bist du vier Wochen auch nach Fischbachau gekommen. Du gingst ja noch nicht zur Schule.«

DK: »Was heißt das? Ich wohnte bei diesen mir vollkommen fremden Leuten?«

EK: »Ja. Und ich durfte jeden Tag tagsüber in den Park gehen. An dem Krankenhaus war ein großer Park, und da bist du dann immer gekommen. Und in der Mittagszeit haben dich die Leute immer wieder geholt und dann mit dir gegessen. Und dann bist du nachmittags wieder gekommen. Dann bist du mit mir immer im Park gewesen. Entweder hast du mit mir im Park auf dieser Liege gelegen oder wir sind spazieren gegangen. Da war ich ja nun schon wieder so weit. Und dann habe ich dir erzählt, dass die Mutti nun so krank geworden ist. Weil der Vati gestorben ist. Was sollte ich denn machen?«

DK: »Und wie habe ich darauf reagiert?«

EK: »Eigentlich gar nicht. Du warst, Gott sei Dank, gar nicht irgendwie traurig. Ich habe Dir dann eben gesagt: ›Musst nicht traurig sein. Schau, du hast ja mich.‹ Ich kann mich noch genau erinnern, ich sagte: ›Du hast ja noch eine Mutti, und die wird bestimmt auch wieder gesund werden.‹
Und wie ich dann im Rechts der Isar war, da hat die Frau Walzel sich gemeldet. Der ist das ja alles sehr nahe gegangen. Die konnte das nicht begreifen, dass der Mann uns verlassen hat. Und dann hat die Frau Walzel an die Frau in Essen geschrieben, bei der er gewohnt hat und mit der ein Verhältnis hatte. Die war aber verheiratet und hatte, glaube ich, auch Kinder. Und der Mann war im Gefängnis.«

DK: »Was? Ein neues Verhältnis nach dir?«

EK: »Ganz genau. Diese Kreatur! Die hat dann an mich einen Brief geschrieben. Ich sollte mich da nicht dazwischen mengen. Denn die liebten sich, die zwei. Und dann habe ich bei mir gedacht, das hat keinen Wert. Ich habe jetzt meinen kleinen Mann, meinen kleinen Dirk, und für den sorge ich, und fertig. Für den lebe ich, und das habe ich auch getan, Dirk. Und ich war froh, dass ich dich hatte, trotz allem Jammer. Ich war wirklich froh, dass ich jemanden in den Arm nehmen konnte, dass ich jemanden liebhaben konnte, dass jemand meine Hand nehmen wollte. Ich war einfach froh und zufrieden. Was soll's? Und ich habe immer bei mir gedacht, es wird schon noch alles werden, und wenn du erst mal groß bist. Ich habe immer einen Menschen, der mir gehört.

Warum soll man immer in der Vergangenheit so rumwühlen, Dirk, wozu? Sei doch mal froh. Schau, es gibt so viel Trauriges in der Welt. Du bist gesund. Du gehst deinen Weg. Du bist jemand. Vor allen Dingen, schau dir an, was heute alles ist. Es gibt keine richtigen Familien mehr. Das ist ja nichts, wenn du heute nur Hausfrau, nur Mutter. Das sind doch alles heute minderwertige Sachen, nicht? Gilt ja alles heutzutage nicht. Ich war jedenfalls froh, nur Mutter und Hausfrau zu sein. Wenn ich auch keine Hausfrau in dem Sinne bin, was man darunter versteht. Aber dass ich einfach für ein Kind habe leben dürfen. Das ist einfach unverständlich, wie heutzutage die Menschen immer nur nach dem Geld und nach allem Möglichen jagen, anstatt dass sie den Kindern, dem Mann ein schönes Zuhause geben. Das ist doch das A und O einer Frau. Das ist meine Auffassung. Für mich ist das ein Glück, wenn man das haben darf. Es ist ja gut, wenn es deinem Vater jetzt gut geht. Aber das, was er uns angetan hat damals, wie ich dir das erzählt habe, wie du dann konfirmiert warst, nach der Konfirmation oder vor der Konfirmation, ich weiß es nicht mehr. Ich glaube, nach der Konfirmation war es. Du solltest ja diesen Tag unbeschwert erleben. Und dann habe ich dir erzählt, dass dein leiblicher Vater nicht tot ist. Sondern dass der uns verlassen hat, wie du fünf Jahre alt warst. Wie du da spontan gesagt hattest: ›Mutti den könnten wir ja erschießen den Vati.‹ Das war irgendwie für mich eigentlich schön, weil ich meinte, du hast es verstanden, wie es mir gegangen ist.

Aber weißt du, auf der anderen Seite, wenn zwei Menschen sich nicht mehr verstehen und ein Kind ist da und dieser dauernde Streit, das bringt auch nichts für ein Kind. Ich meine, so wie das Leben war bei uns, und ich dann wusste, er hat dort 'ne Frau sitzen und da 'ne Frau sitzen und dort fährt er hin und da fährt er hin, das ist ja auch nichts. Entweder, oder! Natürlich muss man in einer Ehe tolerant sein. Ich weiß nicht, vielleicht bin ich auch gar nicht dafür geschaffen. Ich frage mich ja sowieso oft, wie ich wohl geworden wäre, wenn man beisammengeblieben wäre.

Jedenfalls bin ich dann zu dem Vormundschaftsamt gegangen. Und habe denen gesagt: ›Ich habe doch mein Kind so lieb und bin froh, dass ich ein Kind habe. Jetzt lassen sie mich doch endlich in Ruhe, ich sorge ja für mein Kind. Was soll das? Ich beantrage das Personensorgerecht.‹ So, und dann hat man es mir endlich gegeben. Und dann hatte ich meine Ruhe vor diesen ganzen Kontrollen. Das ist ja eben auch das Schlimme, wenn du nicht verheiratet bist, dass du immer unter Kontrolle stehst. Ja, das habe ich ja dann auch gekriegt.«

DK: »Wenn du dich mal erinnerst an diese sicher eher dramatische Situation, da draußen in Fischbachau. Ich dich besuche und du sagst mir: ›Der Vati ist gestorben. Der ist tot.‹ Habe ich ›Vati‹ zu ihm gesagt? Habe ich das schon sagen können?«

EK: »Ja. Der war ja ganz glücklich darüber, wie schön du das sagst.«

DK: »Hm. Also, der Vati ist gestorben.«

EK: »Und da ist die Mutti krank geworden. Aber ich bin ja für dich da, habe ich dann noch gesagt, an das kann ich mich erinnern. Und dann wurde gar nicht mehr davon gesprochen.«

DK: »Lag das nicht auch ein bisschen daran, dass du auch gesagt hast, ›Und da wollen wir ab jetzt nicht mehr drüber reden, weil sonst die Mutti wieder krank wird‹?«

EK: »Ja, das glaub' ich, das habe ich auch noch gesagt.«

DK: »Wie lange warst du dann noch im Krankenhaus?«

EK: »Bis zum September glaube ich. Du bist ja dann in die Schule gekommen. Und im Oktober kam ich endlich wieder nach Hause.«

Holprige Volksschul-Zeit

DK: »Und in der ganzen Zeit habe ich bei den Großeltern gewohnt? Habe ich dir denn je erzählt, wie es mir da ging bei den Großeltern?«

EK: »Nein, ich hatte nur gemerkt, dass du eigentlich auch froh warst, dass du nun wieder bei mir warst. Den Eindruck hatte ich schon. Du kamst ja in der Schule nicht mit. Die Schule beginnt doch im September, und im Oktober wurdest du erst sechs. Das war ja viel zu früh. Du hattest immer Kopfweh und dir war immer schlecht. Und da habe ich dich aus der Schule rausgenommen – mit unwahrscheinlich vielen Schwierigkeiten. Und dann sind wir zu Tante Nora für ein paar Monate. Da hast du dich dann dort einigermaßen wieder gefangen, und danach ging's auch in der Schule. Das war einfach zu viel für dich. Ich war die ganze Zeit nicht da. Du solltest in die Schule kommen. Das war zu viel. Das konntest du gar nicht alles verkraften.

Dann bist du erst mit sieben Jahren richtig in die Schule gekommen. Also, du warst sechs und bist dann im Oktober sieben geworden.«

DK: »Und was war ich für ein Kind?«

EK: »In der Schule?«

DK: »Ja, überhaupt in der Zeit jetzt mit fünf, sechs, sieben?«

EK: »Ich weiß es nicht. Habe ich dich nicht noch mal in den Kindergarten getan? Dirk, ich kann das jetzt gar nicht mehr so genau wissen. Wir waren, wie gesagt, erstmal monatelang bei Tante Nora.«

Das Fotoalbum illustriert die Erzählungen meiner Mutter. Zum 2. September 1950 wurde ich in der Volksschule – heute Grundschule – in der Grandlstraße 5 in München-Obermenzing eingeschult. Meine Mutter schrieb aus Fischbachau eine Postkarte an die Adresse meiner Großeltern: »An den Schüler Dirk Käsler.« Auf den Fotos sieht man einen Jungen auf der Straße stehen, er trägt ein weißes Oberhemd und eine selbst gestrickte kurze Hose, Sandalen, einen ledernen Schulranzen auf dem Rücken und die Schultüte im Arm. Als Geschenke zur Einschulung scheint es drei Äpfel und etwas Schokolade gegeben zu haben. Wir waren arm. Auch die Großeltern waren arm, die Rente des Großvaters finanzierte einen bescheidenen Lebensstandard. Der Schüler schaut fröhlich und freundlich in die Kamera.

Die im Album eingelegte Postkarte *Obermenzing: Kirche und Schule* illustriert die Verhältnisse zu jener Zeit. Unmittelbar vor dem Schulgebäude sieht man eine große abgeerntete Wiese mit zwei kahlen Heumandln. Welches Schulkind der heutigen Obermenzinger Grundschule kennt noch solche Gestelle, die aus einem in den Boden gerammten Holzpfahl mit drei oder

Auf dem Weg in die Volksschule: Erster Schultag 1950

vier Querverstrebungen gebildet wurden und der Trocknung von Gras dienten? Der Schulweg von der Oselstraße 28, der Wohnung meiner Großeltern in der Pasinger Villenkolonie I, führte die Grandlstraße entlang in das damals noch sehr bäuerliche Obermenzing. Vor allem zweierlei ist mir von diesem etwa einen Kilometer langen Weg zu Beginn der 1950er Jahre in Erinnerung:

Im vorderen Teil der Straße gingen wir Schulkinder an jenen einzelnstehenden Häusern vorbei, in denen »die Amis« lebten.

Es waren keine höheren Offiziere, eher Unteroffiziere mit ihren Familien, die in diesen von der US-Armee beschlagnahmten Gebäuden wohnten. Es waren viele farbige Familien. Wenn wir Schulkinder an den Häusern vorbeikamen, geschah es häufig, dass Kinder, aber auch Erwachsene, an den Gartenzaun traten und uns Chewing Gum von Wrigley's oder Chocolate von Hershey's schenkten. Und Hello sagten. Das war toll. Aber auch ein wenig unheimlich. Wir gingen schnell weiter. Die Großeltern jammerten darüber, dass nun »solche Leute« in den Häusern der Deutschen lebten, die sie denen »weggenommen« hatten. Dabei besaßen meine Großeltern schon lange kein eigenes Haus mehr, sondern wohnten zur Miete.

Die zweite Erinnerung gilt dem Blick des Schulkinds am Ende dieser Straße. Nach den Häusern der »Amis« sah man nach Westen über große Felder, hinter denen das Schloss Blutenburg zu erkennen war. Auf den Feldern davor wurden vor allem Kartoffeln angebaut. Im Herbst ließ sich aus dem vertrockneten Kartoffelkraut Feuer machen, über dem wir Kinder nicht aufgesammelte Kartoffeln, die wir auf Stöcke spießten, brieten. Das schmeckte wunderbar und roch ein wenig nach Abenteuer.

Die folgenden Seiten des Fotoalbums dokumentieren eine weitere Episode im Leben des Volksschülers, über die meine Mutter auch im Interview spricht. Seit meiner Zeit im Kindergarten war ich Rundfunksprecher beim Bayerischen Rundfunk! Wie es dazu kam, weiß ich nicht mehr genau, aber die eingeklebten Schreiben von »Tante Erika«, die mit dem 6. Oktober 1950 beginnen und dem 13. Februar 1951 enden, belegen, dass ich bei der Produktion mehrerer Märchensendungen mitwirkte. Zuletzt *Der Fischer und seine Frau*, gesendet am 24. Februar 1951.

Wie es endete, weiß ich noch sehr genau. Im Interview hört sich das folgendermaßen an:

DK: »Ich gehe also in den Kindergarten, und nun kommen häufige Briefe von ›Tante Erika‹ vom Bayerischen Rundfunk zu allen möglichen Geschichten. Wie kam das denn?«

EK: »Ja, die Erika hatte dich richtig in ihr Herz geschlossen.«

DK: »Ja gut, aber wie kam es denn überhaupt erst mal zum Kontakt? Die machte mit dem Kindergarten Hornig Sendungen, oder wie?«

EK: »Ja.«

DK: »Kindersendungen? Aber irgendwann war ja nicht mehr der ganze Kindergarten dabei. Irgendwann muss ich das ganz allein gemacht haben. Du weißt aber nicht mehr, wie das kam?«

EK: »Na, sie hat dich eben als besonders gut für das Radio empfunden. Und da sollte mal eine Sendung sein mit blinden Kindern.«

DK: »Ja gut, das kannst du gleich erzählen.«

EK: »Da war nichts zu machen mit dir. Da hast du so viel bitterlich geweint, weil du unter keinen Umständen mit blinden Kindern zusammen eine Sendung machen wolltest.«

DK: »Daran kann ich mich sehr gut erinnern. Ich war dann richtig so ein kleiner Star beim Rundfunk geworden. Ich habe das Album gestern nochmal durchgeblättert. Da sind viele Karten: ›Wir machen dieses und wir machen jenes Märchen.‹ Und ich musste immer vorlesen, also irgendwelche Märchenrollen. Ich weiß nicht mehr, welches Märchen das war. Ich hatte schon angefangen zu lesen. Das lief eigentlich alles schon. Und zwischendrin auf einmal, mitten in der Sendung, merke ich, dass das Mädchen – wir waren nur zu zweit –, die da mitlas, blind war. Die las gar nicht, sondern die hatte das auswendig gelernt, die Rolle. Und als ich das realisierte, dass das so ist, war es bei mir aus. Da war es absolut aus. Ich konnte nicht mehr.«

EK: »Aber du warst dann doch nachher, später, noch dabei, oder?«

DK: »Nein. Das war das Ende. Ich weiß, dass ich dann nicht mehr hingegangen bin. Dann habe ich mich so dagegen gewehrt.«
EK: »Jedenfalls wurdest du immer abgeholt von einem Auto.«
DK: »Ja, ja. Davor.«

Am 2. September 1950 begann ich mit dem Besuch der Volksschule München-Obermenzing. Die eingeklebten Fotos und Souvenirs illustrieren die nächsten Stationen: Ein Junge mit einem Holzroller. Ein Junge mit Stock an der Hand seiner Großmutter. Ein Junge im Indianerkostüm und mit Federschmuck. Ein Foto von einem Jungen mit seiner Mutter an einem Tisch im Garten des Hauses, in dem beide in der Mansarde wohnten: »Wieder zu Haus«, steht darunter. Zwei Fahrkarten von München-Hauptbahnhof nach Thiergarten im Landkreis Sigmaringen. Ansichtspostkarten und Fotos aus Stetten am Kalten Markt vom Besuch bei der Schwester von Fritz Käsler. Ein Foto mit einem Mann im Eisbärkostüm am Titisee, neben ihm meine Mutter und ich. Ein Klassenfoto der Klasse 2g. Fotos von einer Nikolausfeier bei der Familie Walzel im November 1951. Ein Weihnachtskrippenspiel im Klassenzimmer (»Dirk: 3. Sprecher«). Diverse Eintrittskarten für Besuche im Münchner Tierpark Hellabrunn.

Am 30. August 1952 fahren Frau Käsler und ihr Sohn von München nach Bozen , um sich dort bis zum 7. Oktober in der Villa Rosa in Oberbozen bei der »besten Freundin« der Mutter zu erholen. Das Foto zeigt zwei erwachsene Frauen auf einer steinernen Freitreppe. Ich sitze auf dem Schoß von »Tante Nora«, einer Frau mit dunklen Haaren in Hochfrisur, auf dem Schoß meiner Mutter sitzt ein kleines dunkelhaariges Mädchen. Man sieht insgesamt sechs kleine Kinder auf der Treppe, eines davon bin ich. Auch auf einem Weidezaun sieht man die sechs sitzen, diesmal im Hintergrund das Bergmassiv des Hochplateaus von Klobenstein.

Während ihrer Zeit im Mädchenpensionat in Dresden gewann meine Mutter als ihre »beste Freundin« das Mädchen Nora. Diese Freundschaft hielt offensichtlich nach der Dresdner Zeit an, meine Mutter reiste öfter zu ihrer Freundin, die sehr vermögend nach Mailand geheiratet hatte. Darauf bezogen sich zwei Zeilen im Hochzeitsgedicht der Schwester meiner Mutter: »Reisen tut man gar zu gerne, Italien lockt in weiter Ferne.« Auf den darunter geklebten Fotos sieht man meine Mutter mit mehreren Kleinkindern, sie trägt einen weißen Kittel. Es sieht eher so aus, als ob die »beste Freundin« eine zusätzliche Kinderfrau angestellt hatte, für Kost und Logis.

Das Konzept der höheren Tochter, welches für meine Mutter vorgesehen gewesen war, hatte sich für Nora Pilling verwirklicht: Eine standesgemäße Heirat mit einem erfolgreichen Unternehmer, viele Kinder, ein Leben als liebevolle Ehe- und Hausfrau mit Personal in schöner Umgebung. Bei »Tante Nora«, meiner Patentante, war es anstelle des Landlebens auf einem deutschen Rittergut, das Stadtleben in Mailand – Piazza Leonardo 8. Dazu ein großzügiges Ferienhaus am Lago Maggiore für die Sommerzeit und die Villa Rosa in Oberbozen für den Herbst. Offensichtlich besuchte meine Mutter ihre Freundin häufiger, eine Tischkarte für »Tante Emmi« bezeugt ihre Teilnahme an der Taufe eines der Kinder in Lugano am 4. September 1932. Ohne jede Frage, der Lebensweg ihrer Freundin konfrontierte meine Mutter mit der Tatsache, dass ihr eigenes Leben im Vergleich mit deren Leben missglückt war.

Im Interview über ihre Lage als Mutter eines unehelichen Kindes in den Nachkriegsjahren klingt das sehr deutlich an:

DK: »Ich meine da gibt es doch dieses Problem. Pasing war ja ein Kaff, eine ungeheuer kleine, überschaubare Welt. Und dieses Villenviertel ja nun allemal. Jeder kannte jeden und jeder wusste alles. Und da wohnt also nun der respektable Herr Rittmeister mit seiner ehrenwerten Ehefrau. Und dann wohnen da auch noch zwei der Töchter in unmittelbarer Nachbarschaft. Die jüngere wohnt sogar noch bei denen im selben Haushalt. Die hat gleich zwei uneheliche Kinder. Von zwei verschiedenen Männern.«

EK: »Dazu möchte ich nur das eine sagen: Daß sie von mir immer geglaubt haben, es war der Fritz, der dein Vater war. Also, das ist von niemandem hinterfragt worden.«

DK: »Gut, mich interessieren jetzt auch nicht so sehr die anderen Leute, sondern die Großeltern.

Ich habe einfach in Erinnerung – das ist sicher eher eine gefühlsmäßige Erinnerung – dass ›die Mie‹ [meine Großmutter] mich nicht gemocht hat. Das ist ein ganz tiefsitzendes Gefühl: die mag mich nicht. Ich habe das Gefühl, die Erinnerung, dass der Opa mich auch nicht von vorherein und so bedingungslos gemocht hat. Kinder sind da sehr empfindlich, was so ein Von-vornherein-Mögen oder ein Nichtmögen betrifft. Und ich habe das Gefühl oder die Erinnerung, dass es bei der Mie eigentlich unverändert immer so war und geblieben ist. Die mochte mich einfach nicht. Und der Opa mochte mich eigentlich auch am Anfang nicht so sehr. Es war so eine Mischung aus ›Mit ’nem kleinen Kind kann ich eh nichts anfangen. Das interessiert mich auch nicht‹ und zugleich dieses Problem ›Was sagen die anderen Leute?‹. Von daher spürte ich eine gewisse Abwehr. Ich habe dieses Gefühl, dass es mir eigentlich erst gelungen ist, so als Fünf-, Sechsjähriger, den Mann, meinen Opa, zu erobern. Dass der mich mag, dass der mich liebgewinnt. Das gilt auf jeden Fall, als ich so über zehn war. Und dann, bis er gestorben ist, war das eigentlich ein zunehmendes Mögen. Ich habe in Erinnerung, dass ich bei dem auf den Schoß klettern konnte, wenn er in seinem Ledersessel im Wohnzimmer saß, nach dem Essen. Dann bin ich auf seinen Schoß geklettert und dann haben wir – ich würde das heute so nennen – echt geschmust. Und ich kann mich noch deutlich erinnern an so eine kratzige Backe. Und an den Geruch seiner Zigarre. Aber auch an das Gefühl, dass das nicht von Anfang an so war. Sondern, dass da eher erst so 'ne Abwehr war.«

EK: »Meinst du? Aber das kommt vielleicht von der Vorstellung deines Großvaters von mir. Er meinte ja immer von mir so ungefähr – das klingt vielleicht lächerlich, aber er hat das auch tatsächlich so ausgedrückt –, dass ich eben für 'ne Gräfin taugen würde. Dass ich 'nen Grafen hätte heiraten müssen. Und dass ich nun so einen Weg eingeschlagen habe, das hatte ihn eben irgendwie ...«

DK: »Enttäuscht?«

EK: »Enttäuscht. Er hat ja diese Vorstellung von mir gehabt. Er hat immer gemeint, ich würde 'nen tollen Mann heiraten. Und dass ich nun so ein Schicksal auf mich genommen habe, das hatte ihn irgendwie verbittert. Also, das glaube ich. Und das hat sich vielleicht auf die ganze Situation so ausgewirkt, dass du das eben so empfunden hast. Ich würde nicht sagen, dass er deinen Vater abgelehnt hat. Im Gegenteil, aber die Umstände. Er hätte das bestimmt befürwortet, nachdem ich nun durch den Krieg Witwe geworden war, dass ich nochmal geheiratet hätte. Das hätte er hundertprozentig befürwortet. Und ich glaube, er hätte auch deinen Vater anerkannt. Davon bin ich überzeugt. Dass das aber nun so geworden ist, das hat ihn so enttäuscht, dass er vielleicht diese Einstellung dir gegenüber gekriegt hat. Bis er gemerkt hat, dass du die Qualitäten hast, die er sich vorgestellt hat. So könnte ich mir das vorstellen. Aber ich weiß es nicht.«

DK: »Hm. Also mir klingt es sehr plausibel. Hat er denn irgendwann mal ...«

EK: »Nee.«

DK: »Nun warte doch mal. Du weißt doch gar nicht, was ich sagen will. Wenn du sagst, enttäuscht, hat er denn irgendwann dich zu warnen versucht?«

EK: »Nein.«

DK: »Im Sinne von ›Überlege dir, was du da machst‹.«

EK: »Ja, das glaube ich schon.«

DK: »Man kann doch sagen – das klingt jetzt vielleicht grausam –, aber er hat halt recht gehabt.«

EK: »Ja, wenn man das jetzt so nimmt, ja. Aber auf der anderen Seite, wenn man es vom idealen Standpunkt sieht, muss ich immer wieder sagen, dass ich sowieso nicht die Möglichkeit gehabt hatte, von irgendjemand anders ein Kind zu bekommen. Nein, möglich ist vielleicht verkehrt ausgedrückt. Du weißt ja, dass ich vom Fritz ein Kind erwartete und dass ich dann einen Abgang hatte. Wahrscheinlich, weil ich so viel geweint habe. Dass sich das irgendwie alles so seelisch ausgedrückt hat. Und dadurch der Körper so reagiert hat. Ich weiß nur, dass dieser Wunsch, ein Kind zu haben ...«

Was weder mein Großvater noch meine Mutter wahrhaben wollten, war die Tatsache, dass sich der Heiratsmarkt für junge Frauen in der Zeit des Nationalsozialismus radikal verändert hatte. Die Zeiten der Suche nach einem Grafen, der die Tochter eines gutbürgerlichen Gutspächters heiraten würde, waren endgültig vorüber. Noch dazu eines Mannes, der Pleite gemacht hatte und nun als Angestellter einer Bank arbeiten musste. Meine Mutter war keine gute Partie, wie es ihre eigene Mutter für meinen Großvater gewesen war. Der »Marktwert« der Tochter aus gutem Haus war erheblich gesunken. Da wäre ein anständiger, redlicher Zahntechniker mit künstlerischen Neigungen durchaus akzeptabel gewesen. Aber er war halt kein Offizier. Und nun war er tot. Gefallen für Führer, Volk und Vaterland. Begraben in flandrischer Erde.

Dass meine Mutter danach als Kriegerwitwe ein Verhältnis mit einem verheirateten Vater von drei Kindern pflegte, war skandalös genug. Selbst wenn der SS-Offizier war, wenn auch nur im Rang eines Oberleutnants. Aber dass sie nun auch noch von dem ein Kind bekommen hatte, bevor geheiratet worden war, war dann wohl doch zu viel für den Herrn Rittmeister a.D. Und dann verließ dieser Schuft auch noch seine Tochter! Und ließ auch den Jungen im Stich!

»Ich wollte ein Kind«

DK: »Warum wolltest du denn eigentlich immer so sehr ein Kind?«

EK: »Ich wollte nicht nur ein Kind. Ich wollte natürlich heiraten und ich wollte nicht bloß ein Kind. Ich hatte mir das so vorgestellt, so, wie es bei uns zuhause war: Da sitzt der Vater, die Mutter und die Kinder. Ich wollte nicht nur ein Kind haben. Ich hätte am liebsten sechse gehabt. Das war meine Vorstellung als Kind und auch später als junges Mädchen. Ein Haufen Kinder und einen lieben Mann. Und Ende!

Ich wollte keinen Beruf. Ich wollte Vater, Mutter, sechs Kinder mindestens und einen schönen Haushalt. Ein gemütliches Zuhause, das wäre mein Ideal gewesen. Weiter hätte ich nichts gewollt. Nun war ich sowieso schon dreiunddreißig, irgendwann musste es sich ja mal erfüllen. Und bei der sogenannten Ehetauglichkeitsuntersuchung, sagte ja auch noch der Arzt: ›Ob Sie je ein Kind kriegen, das ist sehr fraglich, sehr fraglich. Aber ich weiß ja, sie möchten nun gerne heiraten. So sind nun mal die Bestimmungen. Ich gebe ihnen diese Möglichkeit, ich schreibe ihnen das Ehetauglichkeitszeugnis.‹ So ein Blödsinn war das doch früher. Du solltest dich ja fortpflanzen. Ich meine, es war ja vielleicht gar nicht so verkehrt.«

DK: »Aber, um nochmal auf Opa zu kommen. Als der nun weg war, der Mann, und das nun eindeutig war, dass der nicht wiederkommt ...«

EK: »Das muss ich eigentlich sagen, da wurde nie über diesen Mann geschimpft, nie. Nein.«

DK: »Und zu dir?«

EK: »Tiefes Bedauern, ja.«

DK: »Hat dir das geholfen?«

EK: »Nein. Ich hätte es meinem Vater lieber bewiesen, ich hätte es ihm lieber bewiesen ...«

DK: »Dass Du recht hattest?«

EK: »Dass es doch noch alles gut werde, ja. Und davon war ich fest überzeugt, denn ich habe mir immer gedacht: Das sind Schwierigkeiten, die muss man überwinden. Aber es wird letzten Endes doch noch alles gut. Ihr werdet schon sehen.«

DK: »Ich zeig's Euch?«

EK: »Ja. ›Ich liebe den Mann, und da muss man eben Opfer bringen.‹ Dass der Mann verheiratet war, wusste ich. Warum sollte nicht, wenn er sich in dieser Ehe nicht wohlfühlt, warum soll das nicht alles gut werden? Ich war einfach fest davon überzeugt.«

DK: »Hat der Opa dir mal Vorwürfe gemacht?«

EK: »Nie.«

DK: »Die Mie?«

EK: »Nie.«

DK: »Waren die lieb zu dir?«

EK: »Das kann man nicht so richtig sagen. Was ich darunter verstehe, jedenfalls nicht.«

DK: »Hättest du das denn gewollt?«

EK: »Hätte ich das gewollt? Ich glaube, wenn ich ganz ehrlich bin, ich habe mich eigentlich immer danach gesehnt, ein eigenes Leben zu führen. Ich wollte ja eigentlich immer weg. Schon, dass sie vielleicht mal zu Besuch kommen. Aber ich wollte selbständig sein. Ich wollte eine Familie haben, meine Familie.«

DK: »Aber gerade dann muss es dir doch eigentlich fürchterlich gewesen sein. Erstens, sie haben recht gehabt. Ich sage es jetzt mal so abgekürzt: Der Mann taugt nichts. Und dann auch noch: ›Ich muss mein Kind ihnen auch noch abgeben.‹«

EK: »Ja, das fand ich aber eigentlich eine Selbstverständlichkeit. Wenn ich in Not komme, dass meine Eltern mir hilfreich zur Seite stehen. Das empfand ich als eine Selbstverständlichkeit.«

DK: »Hattest du denn das Gefühl, die sind auch richtig für dein Kind?«

EK: »Nein, dieses Gefühl hatte ich nicht. Wenn zum Beispiel Nora nicht so weit gewesen wäre, dann hätte ich dich lieber dorthin gegeben. In ihre Familie, weil ich dann gewusst hätte, du bist in 'ner richtigen Familie. Denn der ›Männe‹, also Noras Mann, der war mir ja sehr zugetan. Ich hätte mir vorstellen können, dass du in 'ner richtigen Familie gewesen wärst. Aber das war ja nicht möglich.«

DK: »Warum nicht?«

EK: »Vielleicht bin ich gar nicht auf den Gedanken gekommen. Ich habe dir ja gesagt, ich kam abends vom Lotto zurück und am nächsten Früh kam ich ins Krankenhaus. Da war das Nächstliegende, das Beste, nicht wahr?«

Zurück in das Jahr 1952. Nein, es wurde nichts mit der Patentante Nora. Dafür wurden es die Großeltern, bei denen der Junge untergebracht worden war. Die den Fünfjährigen einschulen ließen. Und dann hatte ihn seine Mutter aus der Volksschule genommen, weil er überfordert und kränklich zu sein schien. Und anstatt den Schulweg entlang der Pasinger Grandlstraße zu gehen, lebte er nun im Herbst mit seiner Mutter in der Villa Rosa in Soprabolzano auf dem Hochplateau des Ritten.

DK: »Und da hat's mir gefallen?«

EK: »Ja. Da war bloß das Böse, diese Bengels da. Die klauten doch in dem Geschäft. Und dann haben sie behauptet, du hättest das getan. Dann hast du mir das erzählt, und daraufhin wurde das dann richtiggestellt. Dann wurden die Kinder unwahrscheinlich bestraft, weil die so frech waren. Postkarten haben sie da mitgenommen und Süßigkeiten in dem Geschäft. Und dann haben sie immer behauptet, du hättest das alles gemacht.«

DK: »Ich kann mich noch erinnern, dass ich den Bub der Büglerin die Treppe runtergeschmissen habe.«

EK: »Ja.«

DK: »Das weiß ich noch. Der kleine Italiener heulte.«

Frühe Kindheit in der Villenkolonie

Das weitere Gespräch beweist, dass es mir nicht gelang, meine Mutter in eine Chronologie zu lenken. Die Vergangenheit holte sie immer stärker ein.

DK: »Da gehört ja nun wirklich nicht viel Fantasie dazu, wenn ich vermute, dass das eigentlich schlimm für mich gewesen sein muss: Mutter krank, Vater tot, ich lebe bei den Großeltern.«

EK: »Ja, bestimmt.«

DK: »Und dann muss sich das ja auch irgendwo gezeigt haben. Ständiges Kopfweh und Übelkeit, das sind doch Zeichen.«

EK: »Ja. Du kamst in der Schule nicht richtig mit. Die Frau Hunger [Klassenlehrerin der ersten beiden Klassen] sagte immer, dass Du intelligent genug wärst, um dies alles zu lernen. Aber ich wollte das eben nicht. Weil ich gemerkt habe, du schaffst es körperlich nicht. Nach einem Vierteljahr ist es mir dann endlich geglückt, dich rauszukriegen aus der Schule.«

DK: »War das auch dann jene Zeit mit dem schlechten Schlafen? Oder dem In-der-Nacht-Schreien von mir?«

EK: »Nein, das war da noch nicht. Das ist erst später gekommen. Nach dem Kinderheim.«

DK: »Ich will halt einfach rauskriegen, was für ein Kind ich war in jener Zeit. Die Schule fängt an, und ich werde wieder rausgenommen. War ich da froh, dass ich aus der Volksschule wieder rauskam?«

EK: »Och, da wurde eigentlich gar nicht drüber diskutiert. Wir waren ja dann bei Tante Nora. Da war es dann bestens. Und nach ’nem Jahr ging’s ja dann wunderbar.«

DK: »Wunderbar?«

EK: »Ja. wunderbar. Gott, wie das immer so erst mal ist. Da muss man sich erst mal an den ganzen Tumult gewöhnen. Da habe ich dich immer die ersten Tage – oder die ersten Wochen habe ich dich natürlich immer bis dahinten hingebracht nach Obermenzing in die Schule. Und nachher bist du allein gegangen. Dann bin ich dir bloß immer mal ein Stückchen entgegengekommen, um zu sehen, ob du keine Schwierigkeiten hast. Und dann nachher hast du ja den Uwe Ploog als Freund gehabt. Der hat dich dann schwer verteidigt, immer.«

DK: »Wenn ich mir die Bilder anschaue, gerade aus der Volksschulzeit, war ich doch ein ausgesprochen zartes Kind, oder?«

EK: »Ja, warst du immer. Es haben ja sogar manche gemeint, ich müsste dich mal durchleuchten lassen. Von wegen Rachitis und lauter solchen grässlichen Lungengeschichten.«

DK: »Aber ich hatte doch wirklich Rachitis.«

EK: »Ja, natürlich hattest du Rachitis. Aus dem einfachen Grunde, weil man nicht genug zu essen hatte. Warum bin ich denn so krank geworden? Auch weil wir nichts zu essen hatten. Ich weiß immer noch, wir kriegten im Monat ein viertel Pfund Zucker damals auf Karte. Und solange dein Vater für uns gesorgt hat, ging das ja alles bestens. Da hat er ja alles Mögliche für uns rangeschafft, Lebensmittel und Milch. Bloß, nachher haut er ab und es ist Schluss damit.«

DK: »Wie alt war ich, als ich Rachitis hatte?«

EK: »Zwei, drei Jahre vielleicht.«

DK: »Dabei fallen mir zwei Geschichten ein: Erstens, da muss ich mir doch irgendwann mal irgendwas erfroren haben. Hast du mal erzählt.«

EK: »Ja, die Bäckchen. Da in der Kammer. Da war es ja so eiskalt. Wir haben ja nichts zu heizen gehabt. Und dann habe ich dich immer in mein Bett mitgenommen. Und da warst du ja glücklich. Dann waren wir beide schön warm.« [*lacht*]

DK: »Und wie alt war ich da?«

EK: »Na ja, so drei, vier Jahre.«

DK: »Und die berühmte Verdunklungsgeschichte, wie alt war ich da?«

EK: »Das war ja auch schlimm.«

DK: »Ich weiß gar nicht mehr genau, wie das ging. Erzähl doch mal: Wie war das? Du warst auf der Straße?«

EK: »Nein, ich habe Milch geholt. Das heißt, ich habe gewaschen. Und anschließend habe ich Milch geholt. Ganz weit in Obermenzing, dahinten bei der Schmiede, bei den Bauern. Da bin ich schnell hingeradelt, um Milch zu holen.«

DK: »Und wie alt war ich?«

EK: »Du warst noch klein, vielleicht zwei Jahre. Und dann kam ich zurück. Und da hat die Frau Sacks Rabatz gemacht, weil in der Waschküche die Abflüsse verstopft waren. Und das Wasser lief nicht ab. Da stand der ganze Keller unter Wasser. Und jetzt kam ich nach Hause und wollte natürlich mit meiner Milch oben zu meinem Sohn. Und jetzt machte sie mir da unten Rabatz wegen der überfluteten Waschküche. Ich habe den Milchkrug hingestellt, weil ich dachte, na, es könnte ja sein, der Dirk schläft noch, gehst du halt zuerst in die Waschküche und machst die Waschküche in Ordnung, dass das abfloss. Und wie im sechsten Sinn denke ich, nein, jetzt ist es also ein bisschen besser schon, es ist schon nicht mehr ganz so viel Wasser, ich schau' jetzt erst mal nach meinem Jungen rauf. Ich war, Gott sei Dank, Herr meiner selbst. Ich machte leise die Tür auf, weil ich denke, du bist am Schlafen. Da stehst du oben auf der Fensterbank und sagst zu mir: ›Mutti, ich verdunkle.‹ Und, so wahr ich hier sitze, anstatt aufzuschreien, bin ich hingegangen: ›Warte, ich helf' Dir.‹ Ich weiß gar nicht, wie es noch weiterging. Ich bin hingegangen und hab dich in meine Arme genommen und von dem Fensterbrett unter den Fenstern und unmittelbar vor dem Dach runtergehoben. Das kannst du dir mal anschauen, wie weit oben das ist.«

DK: »Ja, da wäre nicht viel geblieben.«

EK: »Nein. Ich sehe es ganz genau vor mir. Du in deinem kleinen Schlafanzug: ›Mutti, ich verdunkle.‹«

DK: »Und du sagst, da war ich zwei Jahre alt?«

EK: »So ungefähr.«

DK: »Gott! Und da sagst du, Kinder in so ’nem Alter, die kriegen nichts mit. Du musst dir das vorstellen, was das heißt. Verdunkeln tut man nur im Krieg. Der Krieg war zu Ende, da war ich noch kein Jahr alt.«

EK: »Richtig, ja. ›Mutti, ich verdunkle.‹ Ja, genau so. Siehst du, so habe ich eigentlich noch nie darüber nachgedacht. Natürlich

Unsere Münchner Bleibe 1944 bis 1957: In der Mansarde des Hauses Marsopstraße 6, in einer Aufnahme aus dem Jahr 2022.

müssen die Kriegserlebnisse hängenbleiben, auch in so einem kleinen Kind.«

DK: »Ich muss das gesehen haben. Frage ein heutiges Kind mit zwei Jahren, was Verdunkeln ist.«

EK: »Es kann ja sein, dass ich das früher auch oft gesagt habe: ›Du schläfst jetzt, und da mache ich alles dunkel.‹«

DK: »Na ja gut.«

EK: »Nein, ich meine, das kann auch damit zusammengehangen haben.«

DK: »Mutti – zwei Jahre alt!«

EK: »Aber verdunkelt hatte man ja nur während des Krieges gesagt. ›Mutti, ich verdunkle‹, das hast du gesagt. Ich sehe das ganz deutlich vor mir, wie ich da rauf bin. Dann habe ich Waschküche und alles andere sein gelassen. Und habe meiner Ansicht nach dich angezogen und dann dich mit runtergenommen. Und dann habe ich die Waschküche weiter aufgeräumt. Das war ja altmodisch, der Gulli war immer verstopft. Und um schnell Milch zu holen, hatte ich eben nur den Stöpsel rausgezogen von dem großen Waschkessel. Das war ja ein großer Waschkessel, den man von unten heizen musste. Ich habe immer alles gut verbrennen können. Das war ja nicht so wie heute, dass du einfach 'ne Waschmaschine hast.

Aber Dirk, warum machst du dir eigentlich über so was alles so furchtbar viel Gedanken?«

DK: »Ich finde, das ist ganz einfach. Erstens, und das merkst du ja auch, es ist echt interessant. Wenn mir jemand anderes solche Geschichten erzählen würde, würde ich bestimmt mit einer genauso großen Aufmerksamkeit zuhören.«

EK: »Ich finde es ja eigentlich schön, dass ich dir das alles sagen kann. Weil es ja alles tatsächlich so war, wie ich es dir sage. Es ist nicht übertrieben.«

DK: »Das ist der eine Punkt, es ist wirklich interessant. Aber zum zweiten, das sind ja nicht irgendwelche Geschichten, die ich irgendwo lese, das ist meine Geschichte, die du da erzählst.«

EK: »Genau.«

DK: »Und was will ich denn von mir verstehen, wenn ich meine Geschichte nicht kenne?«

EK: »Aber was weiß ich denn von mir?«

DK: »Das ist was anderes. Das ist dein Problem.«

EK: »Wenn ich heute die Mie manches frage, weiß die überhaupt gar nichts mehr.«

DK: »Ich sehe es doch gerade in dem Psychodrama-Zusammenhang, wie schlimm es ist, wenn du niemanden mehr fragen kannst. Ich habe mich gestern mit 'ner Frau unterhalten, deren Mutter ist gestorben unmittelbar nach und durch ihre Geburt.«

EK: »Das ist auch schlimm.«

DK: »Und das hat bei ihr, dem Kind, von Anfang das Gefühl ausgelöst: ›Ich bin da irgendwo schuld dran.‹«

EK: »Ja, das kann man von der Warte auch so sehen.«

DK: »Und das Schlimme kam dazu, dass ihr Mann sich vor zwei Jahren umgebracht hat. Und die Frau sagte gestern: ›Es ist wie eine Wiederholung. Ich weiß, dass ich nicht schuld war, auch nicht bei dem Mann. Aber irgendwo werde ich das Gefühl nicht los, ich bin schuld.‹«

EK: »Ja, das könnte ich mir auch vorstellen, dass ich so reagieren würde.«

DK: »Und die hat nun nicht die Möglichkeit, ihre Mutter zu fragen: ›Du, wie war das denn?‹ Die ist tot. Und darum bin ich froh, dass ich dich fragen kann. Dazu kommt noch als dritter Punkt: Ich bin davon überzeugt, dass ich durch diese Geschichten und die Beschäftigung mit meiner Geschichte, so wie ich heute bin, mich besser verstehen lerne als ohne diese Beschäftigung.«

EK: »Ja, aber du musst doch auch nicht immer an dir irgendwelche Mängel ...«

DK: »Das sage ich doch nicht, das ist doch gar nicht der Punkt. Ich suche da auch keine Schuld. Ich will es nur einfach wissen. Und ich meine, du erzählst da ein paar Geschichten, zum Teil kenne ich sie, zum Teil aber auch nicht. Ich habe mir das vorhin überlegt, diese Situation mit dem ›Du bist krank und der fünfjährige Pimpf läuft zum Arzt und holt den Arzt. Der Arzt kommt, der Pimpf erlebt, dass seine Mutter ins Krankenhaus transportiert wird.‹«

EK: »Das hast du anscheinend, Gott sei Dank, gar nicht in Erinnerung, denn die haben mich ja von da oben runtergetragen auf einer Bahre.«

DK: »Ich komme dann zu den Großeltern. Und, Mutti, da kannst du sagen, was du willst: Ich war da allein.«

EK: »Ja, natürlich.«

DK: »Mein Vater ist weg. Jetzt ist meine Mutter auch noch weg.«

EK: »Ja, ja, so war es ja auch.«

DK: »Könntest du denn sagen, wie du glaubst, dass die Großeltern zu mir waren. Habe ich da mal erzählt drüber?«

EK: »Nein. Ich hatte nur immer so gedrängelt, in dem Krankenhaus in München, und auch in Fischbachau. Immer fuhren Leute weg, immer wurden wieder welche entlassen, und immer war ich nicht dran. Und ich wollte immer heim, aber ich wollte immer heim zu dir. Ich wollte für dich da sein, ich wollte dich versorgen. Also, ich wollte einfach heim zu dir. Und ich durfte nicht. Und da war es ja auch ganz schlimm, wie ich also nun wusste, du kommst zur Schule und ich bin gar nicht an diesem großen Tag da.«

DK: »Das Foto kenne ich. Wie ich da auf der Oselstraße stehe, mit der Schultüte unter dem Arm.

Abgehauen oder weggeschickt?

Hatte meine Mutter durchweg davon erzählt, dass mein Vater eines Tages nicht mehr aufgetaucht war, klang es im Laufe der Interviews zunehmend anders:

EK: »In dem Vormundschaftsgericht, und wo auch immer ich war, haben die mich immer so unter Druck gesetzt. Die konnten das nicht verstehen, dass ich nicht schimpfte über deinen Vater. Und dass ich einfach nicht wollte, dass man ihm Zahlungsbefehle schickt.«

DK: »Und warum wolltest du das nicht?«

EK: »Ja, weil ich einfach deinen Vater geliebt habe. Es gibt wohl Liebe, die sich in Hass umwandelt. Aber das kann ich anscheinend nicht. Ich glaube, ich liebe ihn heute immer noch. Und warum eigentlich auch nicht? Vielleicht ist das alles nur eine Träumerei. Ich bin jedenfalls froh, dass ich dir das alles sagen kann.«

DK: »Wann kam denn bei dir der Entschluss, diese Beziehung endgültig aufzugeben? Eines der Zeichen dafür war dann sicher diese Namensänderung.«

EK: »Ich habe zu deinem Vater gesagt, so können wir nicht mehr zusammenleben. Auf der einen Seite werde ich hier dauernd unter Druck gesetzt von der Frau Sacks. Das ist für mich eine Qual. Ich kann so nicht für unseren Jungen leben. Das ist unmöglich. ›Geh du und komme wieder, wenn du frei bist. Wenn du frei bist, also geschieden. Ich kann mir das jedenfalls nicht zumuten, noch ein Kind unter diesen Umständen zu bekommen. Also, ich möchte gerne, das weißt du genau‹, habe ich zu ihm gesagt. ›Ich möchte gerne eine große Familie haben und einen schönen Familienkreis. Aber unter klaren Voraussetzungen. So nicht. Und bist du frei, kannst du jederzeit wiederkommen. Ich warte.‹«

DK: »Was heißt das denn? Du hast auch nicht mehr mit ihm geschlafen?«

EK: »Nie mehr. Das letzte Mal, wie er da war, haben wir alle drei zusammen geschlafen. Daran kann ich mich noch genau erinnern.«

DK: »Wo schlief ich in der Zeit?«

EK: »Du schliefst im Kämmerlein. Dein Vater schlief im Wohnzimmer. Und ich in dem kleinen Zimmer.«

DK: »In welchem kleinen Zimmer?«

EK: »Na, im Treppenhaus, nebenan.«

DK: »Also vor unserer Wohnung?«

EK: »Ja. Und dann, am frühen Morgen, da bin ich rüber zu euch beiden.«

DK: »Was heißt, zu uns beiden? Der eine schläft im Mittelzimmer.«

EK: »Nein, da war dein Vater schon bei dir. Du hast mit deinem Vater zusammen in deinem Bett gelegen. Das fand ich ganz lieb von ihm. Und dann habe ich mich natürlich auch dazugelegt, da waren wir alle drei beisammen. Das war unsere letzte Nacht.«

DK: »In meinem Bett!«

EK: »In deinem Bett, ja. Siehst du? Kannst du verstehen, dass mit diesem Abschluss der Mann nie mehr was von sich hören lässt?«

DK: »Na ja, Mutti, jetzt mal Vorsicht! Du erzählst nämlich jetzt 'ne etwas andere Geschichte.«

EK: »Wieso?«

DK: »Das ist nämlich auch eine Wegschick-Geschichte.«

EK: »Ja, das kam dann nachher.«

DK: »Die erste Geschichte, die du erzählt hast, war eine Wegstehl-Geschichte.«

EK: »Ja. Und dann ist er ja wieder zurückgekommen.«

DK: »Zwei Tage vor dem Geburtstag kommt er noch mal, und alles eitel Sonnen-, Wonneschein? Und dann kommt die Postkarte aus Regensburg, und dann war er spurlos verschwunden?«

EK: »Ja.«

DK: »Das war bisher die Geschichte. Und jetzt kommt 'ne Geschichte, die heißt ›So will ich, Emmyli, das nicht mehr. Ich will hier klare Verhältnisse. Ich schlafe auch nicht mehr mit dir.‹«

EK: »Nein, dieses Ihn-Wegschicken war vor diesem letzten Besuch. Und dann ist er doch noch mal gekommen, als letztes. Und dann war Schluss. Aber, so sind meine Erinnerungen. Ich weiß nur, dass wir in der letzten Nacht alle drei zusammen in deinem Bett zusammen waren.«

DK: »Du, verstehe mich recht, ich nehme dir das nicht übel. Ich will nur wissen, was war.«

EK: »Das ist ja gut, dass du mich darauf aufmerksam machst. Weil ich jetzt, wenn ich darüber nachdenke, ich mir immer auch überlege, wie war das eigentlich? Gesagt habe ich es, das weiß ich genau: ›So geht es nicht mehr weiter. Also entweder, oder. Wenn du frei bist, kannst du jederzeit zurückkommen.‹ Ich glaube, das war, kurz bevor er dann zum letzten Mal da war. Darum war mir das so unverständlich, mit diesem Abschluss. Dass wir alle drei zusammen in deinem Bett lagen. Du musst dir nicht vorstellen, dass wir die ganze Nacht zusammengeschlafen haben. Erst früh morgens bin ich rübergekommen.«

DK: »Das habe ich schon verstanden. Du, ich meine, da brauchen wir uns nichts vorzumachen. Du bist ja auch nicht wegen der Frau Sacks aus dem Zimmer raus, denn die Frau Sacks hätte keine Möglichkeit gehabt, zu kontrollieren, ob du nun am Morgen um sechs Uhr wieder in die Wohnung kommst oder um halb elf.«

EK: »Das hätte sie nie nachspüren können. Das heißt, sie war schon oft kontrollieren. Denn gegenüber von dem kleinen Zimmer war doch der Aufgang zum Boden. Und da war sie oft zur Kontrolle. Weil sie ja dann oft, und insbesondere die Marie-Luise, gehorcht hat, was dadrinnen vor sich ging: ›Diese unmoralische Frau Käsler.‹«

DK: »Wie verhielten sich denn die Großeltern in der Situation?«

EK: »Die waren bis zu diesem Zeitpunkt ganz auf unserer Seite. Solange Krieg war. Und dann hatten sie halt auch Angst.«

DK: »Angst wovor?«

EK: »Weil er doch hin und wieder in SS-Uniform da war. Und sie dann Angst hatten, dass da ein Nachspiel sein könnte durch diese SS-Zugehörigkeit.«

DK: »Mich interessiert eigentlich viel mehr, wie die sich dir gegenüber verhalten haben, die Großeltern?«

EK: »Sie waren eigentlich beide immer recht nett zu dir, glaube mir.«

DK: »Mochten sie mich?«

EK: »Ja. Insbesondere dein Großvater, der mochte dich mehr als deine Großmutter. Die Tante Bunze [Bunzendahl, ehemalige Hauslehrerin in Goldschau] hat ja immer gesagt, die Mie wäre immer mehr für Töchter gewesen. Sie hatte wohl auch kein gutes Verhältnis zu ihrem Sohn Hans gehabt. Ich war vor ein paar Jahren beim Hans in Hannover gewesen. Und wie wir so über Goldschau gesprochen haben, da habe ich Dinge erfahren, die mir vollkommen fremd waren. Dass ich bei mir dachte, das kann ich mir gar nicht vorstellen. Aber es muss schon so gewesen sein.«

Der rote Teppich

Der vermeintliche Halbwaise hauste nun bei seinen Großeltern, einem 74 Jahre alten Mann mit dessen 62-jähriger Ehefrau. Zudem wohnte in der Dreizimmerwohnung in der Oselstraße 28 in München-Pasing die jüngere Tochter Ruth mit ihren beiden unehelichen Töchtern, für die es zu dieser Zeit auch keinen Vater gab.

DK: »Ich möchte mal wissen, wo ich da gewohnt habe und geschlafen habe.«

EK: »Das möchte ich auch wissen. Vielleicht in der Küche? Das muss ja schrecklich gewesen sein. Na, ich weiß es auch nicht. Ich habe darüber auch noch nie nachgedacht.«

DK: »Habe ich mich gefreut, wie du zurückkamst?«

EK: »Na, das kannst du dir aber vorstellen! Wie ich dich dann abgeholt habe und wir wieder in unsere Wohnung gekommen sind. Das war ja ganz schlimm. Da hatte sich kein Mensch um unsere Wohnung gekümmert. Das war ja das Allerschlimmste. Da waren die Motten in meinem Bett drin. Die Couch hatte ich da noch nicht, die habe ich doch erst später gekauft. Die ganzen Matratzen, alles zerfressen. Kein Mensch hatte mal die Wohnung gelüftet. Nichts, gar nichts. Im Oktober bin ich zurückgekommen, Oktober 1950, kurz vor deinem Geburtstag.«

DK: »Du holtest mich von den Großeltern und ich wusste wahrscheinlich, jetzt kommt die Mutti wieder. Und wir gingen in die Floßmannstraße 36.«

EK: »Ja.«

DK: »Ging es dir da immer noch schlecht?«

EK: »Nee, da war ich eigentlich wieder ganz in Ordnung. Dann durfte ich sieben Jahre nicht arbeiten. Da habe ich schon Frührente bezogen.«

DK: »Und in der Zeit hast du angefangen, diese Adressen zu schreiben?«

EK: »Da kam der Bubenik [Pharmaproduktion Dr. Robert Bubenik in München-Pasing] zu mir. Ich hatte mich doch drum beworben, um diesen Posten. Und da kam der Bubenik, da war ich vielleicht zwei, drei Monate vom Krankenhaus wieder zurück, und fragte mich, ob ich nun noch Interesse hätte, für ihn Adressen zu schreiben. Und da habe ich dann gesagt: ›Ja, schon, aber ich müsste es halt heimlich machen. Sie dürfen es nicht über die Steuer gehen lassen, weil ich nicht arbeiten darf.‹ Aber das war ja so minimal. 120 Mark habe ich damals Frührente bezogen. Und dann habe ich meine Lage geschildert. Und habe gesagt, dass ich dich habe, und ob es nicht möglich wäre, nachdem ich also dich adoptiert hätte, ob das nicht anerkannt werden würde, dass ich also von ihm auch für dich Geld bekäme. Da waren lange Debatten hin und her.«

DK: »Jetzt bin ich fünf Jahre alt, nee, jetzt bin ich schon sechs.«

EK: »Ja. Du bist sechs.«

DK: »Wann kam denn nun diese Namensänderung?«

EK: »Ach, die war ja schon viel früher. Da warst du zwei Jahre alt. Das habe ich ganz früh schon gemacht. Weil ich dachte, ob die Scheidung nun läuft oder nicht, es ist mir egal. Ich möchte jedenfalls nicht, dass du Dirk Mahrenholtz heißt und ich heiße Emmyli Käsler und dann ist da noch ein Hubert Rolf. So geht es ja auch nicht. Hatte ja jeder seinen anderen Namen. Und das war eben das Verkehrte, dass dein Vater damals gesagt hatte zu mir: ›Tauf ihn doch ruhig auf Dirk Hubert Rolf.‹ Weißt du, drei Vornamen hatte er damals gesagt. Denn es wird ja nachher mal ein Rolf. Das macht doch nichts, da kann er ja die drei Vornamen haben. Das wollte er damals so. Und da habe ich bei mir gedacht, wo komme ich denn da hin? Und wenn wir dann heiraten, dann heißt er wie? Weißt du, Dirk Hubert Rolf Mahrenholtz, so wollte er das beim Standesamt eintragen lassen. Und aus dem Mahrenholtz wurde Käsler. Und dann wäre später Rolf draus geworden. Dann hättest du Dirk Hubert Rolf geheißen. Da habe ich gesagt: ›Das mache ich nicht. Der heißt bloß Dirk Rudolf Käsler.‹ So kam das. Er hatte halt gedacht, dann wäre schon einer der Namen in Richtung Rolf drin.«

DK: »Hat er denn bei dieser Namensumänderung mitgeholfen?«

EK: »Ja. Weil er gesagt hat, nachdem die Scheidung ja nicht schon während der Wiesbadener Zeit ausgesprochen war. Dann hat er gesagt, dann wollen wir wenigstens jetzt erst mal, dass ihr zwei Käsler heißt.«

DK: »Gut. Dann gibt es doch noch diese ganz wichtige Geschichte, dass du irgendwann wusstest, dass der geschieden war. Ab wann wusstest du das?«

EK: »Das wusste ich erst in dem Moment, wo ich gedacht habe, ach, versuch es doch nochmal. Du schreibst ihm nochmal. Das hat doch alles keinen Wert.«

DK: »Wann war das? Wie alt war ich ungefähr? Vor der Krankheit? Nach der Krankheit?«

EK: »Nach der Krankheit war das. Nach der Krankheit, ich war wieder zuhause. Da habe ich mir überlegt: Das hat doch alles keinen Zweck. Gib nach. Es ist doch besser, er kommt wieder, und irgendwann geht es dann schon weiter. Und da habe ich mich hingesetzt und geschrieben. Und da hatte er gerade vier Wochen vorher geheiratet: ›Am soundsovielten habe ich nun geheiratet. Meine Frau hat inzwischen in der Zwischenzeit auch geheiratet.‹ Die hat den Bürgermeister von Trier geheiratet und daraufhin ...«

DK: »Woher wusstest du denn, wohin du schreiben musstest? Du sagst doch, du hast seit der Postkarte nichts mehr von ihm gehört.«

EK: »Ich hatte dann doch versucht, über das Vormundschaftsgericht, dass er zahlt.«

DK: »Und?«

EK: »Und dann kam eben als Bescheid, dass er arbeitslos war. Aber wenn er wieder Arbeit hätte, dann würde ich Geld bekommen. Und dann kamen ja auch Gelder. Ab und zu, vollkommen unregelmäßig. Seine erste Frau hat dort in Trier den Bürgermeister kennengelernt. Und sie hat dann den Hubert gebeten, dass er in die Scheidung einwilligt. Sie will sich scheiden lassen. Er kann jetzt machen, was er will. Sie hat dann den Bürgermeister von Trier geheiratet. Und daraufhin hat er diese andere Frau, die schon schwanger war von ihm, geheiratet. Die war auch eine Kriegerwitwe. Die hatte schon eine Tochter, von dem Mann, der gefallen war. Und dann kam es auch noch zu deiner Halbschwester.«

DK: »Und dann? War es aus für dich?«

EK: »Ja.«

DK: »Hast du dich dann noch mal gerührt?«

EK: »Nein. Warum habe ich das eigentlich getan, ihm nochmal geschrieben? In Hauptsache deinetwegen. Weil ich mir einfach dachte, vielleicht ist es doch verkehrt von mir gewesen, so stolz zu sein. Dann habe ich mir eben gedacht, jetzt schreibst du noch mal. Und dann hat er mir geschrieben, dass diese neue Frau eine sehr energische Mutter hat. Und die beiden Frauen haben drauf gedrungen, dass er heiratet, noch dazu, weil das neue Kind unterwegs war. Die haben es halt besser verstanden als ich, den Mann festzunageln.«

DK: »Kommen wir mal zurück zu diesem Motiv mit dem Rächen. Ich überlege mir das gerade, wie das nun war. Nach der Krankenhauszeit versuchst du noch mal diesen Anlauf, schreibst da noch mal hin und erfährst nun also: Diese Vorstellung kann ich für immer und ewig begraben. So wie ich dich kenne, kam dann so ein Moment von Stolz, im Sinne von: Gut, dann eben nicht. Und dann tauchte als Motiv auf: Ich werde es euch zeigen, ich werde es dir – also diesem Mann, der dich verlassen hat – zeigen. Ich werde es auch euch, meinen Eltern, vielleicht auch speziell deinem Vater, zeigen, dass ich das schaffe.«

EK: »Ja. Ich habe gedacht: Gut, also nun ist Ende. Jetzt möchte ich wirklich alles tun, um dich, Dirk, dahin zu führen, wo ich eigentlich hätte stehen mögen. Das war mein Plan. Ich habe mir immer gedacht, wenn es nun schon so ist, dann möchte ich wenigstens dich wieder dahinführen, in diese Verhältnisse, aus denen ich komme. Das war mein Wunsch.«

DK: »Das ist doch ein bisschen so was wie ›Ich werde es euch zeigen, ihr kriegt mich nicht unter‹, oder?«

EK: »Na, warum sollte ich mich denn unterkriegen lassen? Und ich hatte ja 'ne Aufgabe – und eine schöne Aufgabe, ein Kind zu fördern, dahin, wo ich eigentlich hingehöre. Das war mein Ziel. Und darum war ich damals ja auch der Meinung, als du erst Förster werden wolltest und nicht mehr lernen wolltest, dann machst du eben das. Ich hätte dich nie gezwungen. Das war ja dann deine eigene Einsicht, zu sagen, ›Mutti ich lerne weiter, ich lerne doch weiter.‹ Wegen der lieben Umwelt, nein, darum wollte ich nichts aus dir machen. Ich komme aus einer guten Familie, und dir den Weg dahin zu ebnen, das war mein Bestreben. Du kannst ja nichts dafür, dass ich dich in die Welt gesetzt habe. Aber du solltest dann wenigstens irgendwie zufrieden werden. Wärst du vielleicht zufrieden, wenn du irgend so ein kleiner popeliger Beamter oder sonst was gewesen wärest? Dann wärst du doch nicht zufrieden. So bist du doch ein freier Mensch geworden.«

DK: »Hast du mir das so auch mal als Kind gesagt, was du für mich willst? Was du dir vorstellst, was ich werden kann oder soll?«

EK: »Nein. Aber, ich habe mich unwahrscheinlich gefreut bei einem Theaterbesuch im Residenztheater. Wie wir beide rauskommen und da war irgend 'ne Prominenz in der Oper mit so 'nem roten Teppich davor. Da warst du vielleicht so fünfzehn Jahre, und da hast du zu mir gesagt: ›Du, Mutti, das verspreche ich dir, eines schönen Tages gehen wir auch diese Treppe rauf.‹ Das vergesse ich nie. Und immer, wenn ich an der Oper stehe, denke ich bei mir, siehst du, jetzt gehst du doch alleine da rauf.«

DK: »Also, entschuldige mal, wir sind auch schon öfter gemeinsam da hoch- und runtergegangen.«

EK: »Aber nicht, wenn der rote Teppich da gelegen hat.«

DK: »Na ja ... [*beide lachen*]. Es gibt in der Psychologie, in der Transaktionsanalyse, so einen Terminus für ein Programm für das Leben von Menschen, man nennt das Skript. Und die Idee heißt, dass jeder Mensch so 'ne Art von Skript mitbekommt. Und das Skript schreiben viele Leute. Aber doch ganz wesentlich natürlich die Eltern. Und da ist es nicht unwichtig, was dir als Kind gesagt wird. Beispielsweise: ›Du wirst der Familienerbe werden.‹ Oder: ›Oh Gott, du hast uns gerade noch gefehlt.‹ Was ich damit sagen will: Es gibt viele Skripts. Und du hast ganz wesentlich mein Skript geschrieben. Und der Opa.«

Kohleklau und Flötenkonzert in Sanssouci

DK: »Was hattest Du denn überhaupt für Vorstellungen, wie es nun weitergehen sollte? Du kommst also gesund zurück. Würdest du sagen, du warst ganz gesund?«

EK: »Nein, ganz nicht. Aber jedenfalls durfte ich heim.«

DK: »Jetzt kommst du also zurück, holst deinen Buben, der immerhin schon fünf Jahre alt ist, von deinen Eltern. Ihr zieht wieder beide in die alte Wohnung. Die Motten sind drin, es ist nicht aufgeräumt. Wie sollte es nun weitergehen?«

EK: »Es war ganz klar: Ich wollte wieder für dich da sein. Und dich vor allem aus der Schule rausnehmen, weil ich merkte, du bist überfordert.«

DK: »Woran merktest du das?«

EK: »Du warst immer wahnsinnig müde. Immer gleich ins Bett und viel geschlafen. Du warst total erschöpft. Das war für dich zu viel. Und die wollten dich ja nicht von der Schulpflicht befreien. Deswegen habe ich gekämpft, dass ich dich rauskriegte. Dann ging das bis zum Oberschulrat. Weil alle meinten, du bist intelligent und kannst es, du schaffst es. Und ich habe immer gesagt: ›Er ist doch mal gerade erst sechs geworden.‹ Und du warst ja vor allen Dingen so wahnsinnig zart. Ich hätte dich nie in die Schule getan. Das haben die Großeltern veranlasst.«

DK: »Wie zeigte sich denn das, ich meine, diese Zartheit?«

EK: »Das siehst du doch selber an den Bildern. Du warst doch nur eine halbe Portion. Hier, auf den Bildern an der Sandkiste, da sieht man es doch. Du warst doch körperlich nicht kräftig genug.«

DK: »Kannst du was drüber erzählen, was ich überhaupt für ein Kind war? Wenn du jetzt mal vergleichst, so diese ersten Bilder.«

EK: »Weil du eben so zart warst. Die Walzels haben immer gemeint, du wärst rachitisch. Ich müsste dich unbedingt röntgen lassen. Die haben mich ja so fertig gemacht. Haben mich angesprochen, weil du so ein Krischperl warst. Krischperl sagt man doch hier.«

DK: »Aber ich hatte doch wirklich Rachitis? Ich kann mich erinnern, bei der Zahnregulierung sagte doch dieser Zahnarzt, dass der Oberkiefer so eingefallen ist. Also das Gleiche wie mit meiner Trichterbrust.«

EK: »Es hieß halt immer, ich sollte versuchen, dir viel Milch und Milchbrei zu geben.«

DK: »Dass ich kräftiger werde?«

EK: »Ja. Das Einzige, was du absolut nicht essen wolltest, war Spinat. Das ist ja klar, das will ja kein Mensch.«

DK: [*lacht*] »Esse ich heute sehr gerne. Was hatte es denn auf sich mit der Bezeichnung ›Mümmelmann‹ für mich?«

EK: »Weil du immer von einer Backe in die andere alles geschoben hast, bis du endlich das Essen runter hattest. Insofern warst du kein guter Esser. Du hast das Essen immer von einer Backe in die andere geschoben.«

DK: »Komisch. Ich kann mich erinnern, dass, wenn ich mit anderen Kindern zusammen war, dass ich da immer reingehauen habe wie ein Scheunendrescher.«

EK: »Na, ist ja klar. Da hat man Angst, dass die anderen einem was wegessen.«

DK: »Jedenfalls war ich eher ein zierliches, ein nervöses Kind, oder?«

EK: »Krischperl haben sie immer gemeint. Ein Krischperl. Aber ängstlich warst du nicht. Angst hattest du eigentlich nicht. Aber du warst unwahrscheinlich zärtlich. Du hast dich immer gerne an mich angebutzt.«

DK: »Ich glaube, dass das eine ganz natürliche Reaktion von jedem Kind ist.«

EK: »Wenn es nicht gerade geschlagen wird, dann ist doch eigentlich jedes Kind anhänglich.«

DK: »Und auf dem Hintergrund dessen, was mir bis dahin schon passiert ist, ist das doch doppelt verständlich, oder?«

EK: »Ja.«

DK: »Das kann man drehen und wenden, wie man will. Das ist schon ein ganz schönes Päckchen mittlerweile.«

EK: »Wie ich neulich an der Sandkiste mit dieser anderen Mutter sprach. Das war der Abklatsch meines Schicksals bei dieser jungen Frau. Ich hoffe, ich treffe sie wieder; die auch sagte: ›Der Oliver hat sich an diesen Zustand vollkommen gewöhnt. Der Vater kommt, der Vater geht. Also, da macht der kein Problem. Für den ist die Welt noch in Ordnung.‹ Und so war es für dich doch auch. Du hast das gar nicht gespürt. Bloß in dem Moment, wo ich dann krank wurde. Und dann keine Aussicht mehr vorhanden war. Weil er wieder eine andere Frau hatte. Dass es da einfach kein Zurück mehr gab. Erst da ist dir so ins Bewusstsein gekommen, jetzt kommt kein Vater mehr.«

DK: »Ich komme nochmal auf diese Zeit zurück, wo du wieder zurückkommst. Ich weiß, dass ich schon als kleiner Bub, also in dieser Zeit, sehr stark dieses Gefühl hatte, jetzt muss ich hier Verantwortung übernehmen, ich muss auf die Mutti aufpassen.«

EK: »Meinst Du?«

DK: »Oh, da bin ich ganz sicher! Dieses relativ früh Verantwortung spüren.«

EK: »Ja? Wir haben eigentlich aber auch furchtbar viel Zeit miteinander vertrödelt.«

DK: »Kannst du dich denn erinnern an diese Zeit, als du zurückkamst?«

EK: »Nein, nicht so direkt. Nur noch insofern, dass ich mit dir viel spazieren gegangen bin. Weil man mir ja immer gesagt hatte, ich soll viel an die Luft. Und dann war ja eben diese gespannte Situation mit der Sacksin. Einesteils spielte sie ihren Triumph aus: ›Das habe ich ja kommen sehen.« Und auf der anderen Seite mein Stolz: ›Vielleicht kommt er ja doch wieder.‹ Und da klingelte es ja auch eines schönen Tages, und da stand dann die Kriminalpolizei. Da hatte er irgendwas gemacht, ich weiß nicht, was. Da konnte ich mit gutem Gewissen sagen: ›Tut mir leid, ich weiß nichts. Ich habe keinerlei Verbindung.‹«

DK: »Das ist ja die gleiche Zeit, als du mir erzähltest, dass mein Vater tot ist. Und da hing doch dieses Bild von dem Fritz Käsler an der Wand. Mit dem Trauerband.«

EK: »Ja, das hängt auch jetzt noch hier, in meiner Wohnung.«

DK: »Und du hast zu mir gesagt: ›Das ist dein Vater.‹«

EK: »Das ist möglich, weil du ja den Namen getragen hast.«

DK: »Und du fügtest dazu: ›Dein Vater ist tot‹? Dieses Bild von diesem Mann mit Stahlhelm ist also wahrscheinlich so mit das Früheste, woran ich mich als ›mein Vater‹ erinnern kann.«

EK: »Ja. Das habe ich mit Dorchen [Schwester von Fritz Käsler] und mit den Lohmüllers [Zieheltern von Fritz Käsler] so ausgemacht. Wir haben uns alle geeinigt, dass wir das so erzählen. Nachdem du den Namen bekommen hast. Und es war ja auch in der Schule und im Kindergarten so. Ich wollte dich auf diese Art und Weise schützen. Denn in der damaligen Zeit war das ja schwierig, wenn man ein Kind hatte, aber unverheiratet war. Ich habe zwar immer gemeint, ich habe kein uneheliches Kind, sondern ich habe ein außereheliches Kind. Denn ich war ja verheiratet. Das war früher schon eine Schande, wenn man ein Kind hatte und keinen Mann dazu. Jedenfalls empfand ich das unbedingt so. Deshalb habe ich mir immer gedacht, dann ist es ja für dich der beste Schutz. Noch dazu, dass es ja doch verhältnismäßig kurz aufeinander war. Das haben auch eigentlich alle respektiert.«

DK: »Ich glaube, dass das die gleiche Zeit ist, als du zurückkamst, dass nach der Parole ›Jetzt sind wir beide allein‹ die Ergänzung von dir kam: ›Und du musst auch jetzt ein bisschen auf die Mutti aufpassen.‹«

EK: »Ja. Das weiß ich auch noch, dass ich zu dir gesagt habe: ›Schau, gerade weil du nun keinen Vater mehr hast, dann musst du auch jetzt immer schön brav sein. Denn sonst heißt es dann nachher immer gleich, na ja, ist ja klar, der hat keinen Vater, und infolgedessen wird die Mutter nicht Herr über das Kind.‹ Das weiß ich genau, dass ich dir das gesagt habe. Und so ist es ja auch in gewisser Weise. Wenn jemand hört, es ist kein Vater da und ein Kind macht irgendwelchen Unfug, dann heißt es, na ja, ist ja klar. Die Mutter muss arbeiten, und was ist? Sie kann sich nicht um das Kind kümmern und es wird ungezogen und macht allen möglichen Unfug. Über so ein Kind wird sehr schnell der Stab gebrochen.

Komisch, dass ich da ausgerechnet mit so 'ner jungen Frau sprach, die genau das Gleiche sagte. Die sagte auch: ›Ich kaufe meinem Jungen das Schönste zum Anziehen, wenn es auch nicht im Verhältnis zu mir steht. Aber lieber kaufe ich mir nichts. Ich will nicht, dass das Kind sich irgendwie benachteiligt fühlt.‹ Und so war es genau auch für mich. Ich dachte, ich höre mich sprechen.«

DK: »Wovon hast du denn überhaupt in der Zeit gelebt?«

EK: »Ja, das frage ich mich auch oft. Vom Versorgungsamt kriegte ich dann doch nur die Witwenrente und die Grundrente. Das kann ich mir überhaupt nicht mehr vorstellen, das waren 140 Mark insgesamt.«

DK: »Dann hast du zu nähen angefangen.«

EK: »Ja. Da habe ich dann mehr oder weniger überall versucht, dich mitzunehmen. Dann hast du, genau wie ich, entweder Abendbrot oder Brotzeit oder so was bei den anderen gekriegt.«

DK: »Wen gab's denn überhaupt an Kontaktleuten für dich? Deine Eltern?«

EK: »Ja.«

DK: »Waren wir oft bei denen?«

EK: »Waren wir da eigentlich oft? Weißt du, Dirk, ich wollte ja eigentlich immer mein eigenes Leben leben. Und schaffte es doch nicht. So habe ich mich damals auch immer bemüht, unabhängig von anderen mein Leben zu leben. Ich wollte weder Mitleid, noch wollte ich finanzielle Unterstützung. Und doch habe ich dann deinem Vater geschrieben.«

DK: »Na gut. Jetzt lassen wir mal den Typen außen vor und machen da weiter, wo wir jetzt schon sind. Wir beide leben zusammen allein, und den Mann gibt's endgültig nicht mehr.«

EK: »Wir hatten damals nur den großen Raum und den kleinen Raum. Und die winzige Küche. Da war ja gar keine richtige Heizung, nur dieser kleine Kanonenofen. Dann habe ich erst mit vielem Tauschen diesen Dauerbrenner erworben. Kohlen dafür haben wir gestohlen.«

DK: »Was? Wir haben Kohlen gestohlen? Wo denn?«

EK: »Auf dem Pasinger Güterbahnhof.«

DK: »Ich mit?«

EK: »Ja, freilich, was sollten wir denn machen? Wir hatten ja nichts zum Heizen. Drei, vier Briketts, da waren wir ja glücklich. Die habe ich dann immer ganz dick in Zeitungspapier eingewickelt und dann da eingeworfen, dann glühte das. Aber das war 'ne gefährliche Sache. Was sollten wir denn machen?«

DK: [*lacht*] »Das kriegt ja wirklich was von 'nem Sozialdrama. Ich stelle mir nur diese beiden Situationen vor: Klein Bubi schläft in der Küche auf dem Boden bei seinen Großeltern. Seine Mutti ist im Krankenhaus. Und dann, irgendwann danach, kommt die Mutti wieder heim, und was machen sie? Sie gehen beide bei Nacht und Nebel auf den Güterbahnhof und klauen Kohlen.«

EK: »Ich sehe es noch direkt vor mir, diese Güterwagen. Wir waren aber nicht die Einzigen dort.«

DK: »Das glaube ich. [*lacht laut*] Es ist abenteuerlich. Na echt, du musst doch zugeben, das wäre doch ein Kinofilm. Das gibt's ja nicht. Wahnsinn!«

EK: »Ich muss ja doch mal mein Leben aufschreiben.«

DK: »Wir sind ja gerade dabei, das erst mal festzuhalten.«

EK: »Und dann war da noch so eine liebe Geschichte. Du gingst mit deinem kleinen weißen Mäntelchen in den Kindergarten zur Frau Hornig. Und da hast du mich so ganz groß angeschaut und hast mich gefragt: ›Mutti, war ich auch in deinem Bauch?‹ Da habe ich gesagt: ›Ja.‹ Und dann hast du nie wieder gefragt, nie. Dieses Wort Ja hat dir genügt. Stelle dir mal vor, so ein kleiner Kerl fünf Jahren fragt so was.«

DK: »Warum hast du mich in den Kindergarten gegeben? Du hattest doch Zeit. Du hast doch nicht gearbeitet.«

EK: »Damit du mit anderen Kindern zusammen warst. Du konntest doch nicht immer nur mit mir zusammen sein. Das war nicht billig, aber die Frau Hornig ist mir da entgegengekommen. Ich glaube nicht, dass du 'ne traurige Kindheit gehabt hast. Wir waren eigentlich verhältnismäßig von diesem ganzen Kummer befreit. Du hast ja gar nichts gespürt. Für dich war das alles 'ne feststehende Tatsache. Du hast nie gefragt, nie. Einen Haufen Kinder habe ich immer eingeladen in unsere Bude da oben. Zu deinem Geburtstag, da saßen sie fast übereinander. Ich weiß gar nicht, wie ich das alles gemacht habe. Das weiß ich heute wirklich nicht mehr. Denn die mussten ja auch alle was zu essen haben und zu trinken. Und dann riecht das ganze Haus bis nach oben hin.«

DK: »War ich denn gerne mit anderen Kindern zusammen? Oder lieber mit dir dann allein?«

EK: »Ich habe immer versucht, dass du nicht immer nur mit mir alleine bist. Immer versucht, Kinder um dich rum zu haben. Du warst auch viel mit denen. Das war aber dann schon später. Da warst du schon groß. Das heißt, glaube ich, in der Volksschule.«

DK: »Kommen wir mal zu dem Haus Floßmannstraße 36. Da gibt es außer uns beiden zwei weitere Gruppen: einmal Frau Sacks mit ihren beiden Töchtern, und unten die Walzels. Kommen wir mal zu dem Thema Frau Sacks. Was hattest du für 'ne Beziehung zu dieser Frau?«

EK: »Ich war schon froh, dass ich mit dir in diesem Haus wohnte. Das war schon gut, denn das war eine gebildete Frau. Und erst war da eine unwahrscheinliche Freundschaft.«

DK: »Zwischen wem?«

EK: »Zwischen der Frau Sacks, deinem Vater und mir. Das war ja ein dauerndes Rauf und Runter, Hin und Her. Das wollte ich dir auch noch sagen: Dein Vater hat zu deinen Großeltern Vater und Mutter gesagt. Das war eine vollkommene Selbstverständlichkeit.«

DK: »Jetzt bleiben wir mal bei Frau Sacks. Der ihr Mann war …«

EK: »Sie war ja sehr stolz. Denn ihr Mann war auch SS-Offizier gewesen, ganz hoher. Und dass da nun wieder einer in SS-Uniform ins Haus kam, das war ja für sie überhaupt wunderbar.«

DK: »Was war denn mit ihrem Mann passiert?«

EK: »Der war gefallen. Der war gefallen.«

DK: »An der Front?«

EK: »Ja, ja.«

DK: »Ich hatte nämlich in Erinnerung, da musst du mich gleich korrigieren ...«

EK: »Der hat sich erschossen, nachdem der Krieg zu Ende war.«

DK: »Der war Polizist eigentlich? Also Polizeioffizier?«

EK: »Ja, SS ist ja auch, war ja auch in gewisser Weise Polizei.«

DK: »Jetzt erst kapier' ich. Ihr habt mir wahrscheinlich immer nur erzählt, er war bei der Polizei. Dabei war der bei der SS. Und der ist nicht gefallen, der hat sich erschossen.«

EK: »Ja, ja, genau. Der war ganz hoher SS-Offizier. Aber polizeilicher Richtung. Das gibt's ja auch, SD, oder wie sich das nannte – Sicherheitsdienst. Ich habe den ja nie gesehen. Der war ja schon tot, der war schon gefallen, als wir eingezogen sind. Er war jedenfalls bei der Polizei.«

DK: »Gut, sie war Witwe und wohnte nun mit ihren beiden Töchtern. Die hatte Geld.«

EK: »Sehr viel Geld. Die hatte eine ganz große Pension von diesem Mann.«

DK: »Gut, diese beiden Töchter lebten da, und ihr verstandet euch am Anfang recht gut.«

EK: »Ja. Das kam nachher durch das Kriegsende.«

DK: »Und die war überzeugte Nationalsozialistin?«

EK: »Ja, total. Ach, die ließ auf der Straße, die ließ ja nicht eher Ruhe, wenn sie jemandem begegnete: ›Heil Hitler‹. Und wenn der nicht geantwortet hat, da blieb sie vor dem so lange stehen, bis der auch sagte ›Heil Hitler‹. So war die, wie eine Wahnsinnige. Ja, das hat sich aber nachher gelegt.

Was meinst du, wenn die zum Neeb [Lebensmittelladen] reinkam, dann kam erst mal ganz laut ›Heil Hitler‹. Der Neeb war ja auch so ein Schwuler, das war ja ein ganz fieser Bursche. Den hatten sie von der Gestapo auch mal geholt und abgeführt. Da kam die Sacksin rein, so ungefähr ›Jetzt steht stramm‹; laut und deutlich ›Hand hoch. Heil Hitler‹, und dann kaufte sie ein. Und wenn sie rausging, nochmal. Und wehe, wenn sie auf der Straße jemandem begegnete, der ihr den Gruß nicht erwiderte. Ja, was meinst du, was da los war. Die war bekannt. Die war in der Hinsicht direkt 'ne Furie. Aber das fanden wir ja alle gut.«

DK: »Euer Verhältnis verdüsterte sich etwas, als der Krieg vorbei war.«

EK: »Ja, und besonders, als die Scheidung nicht ausgesprochen wurde. Sie setzte sich mit unserem Anwalt in Verbindung.«

DK: »Was heißt, mit unserem Anwalt, mit wessen Anwalt?«

EK: »Mit dem Scheidungsanwalt. Der die Scheidung durchführen sollte. Das war ein Münchner. Der hatte seine Kanzlei in der Sonnenstraße. Den hatte sie dann nachher auch noch fertiggemacht.«

DK: »Nun verschlechterte sich also euer Verhältnis. Die wollte euch oder dich dann sicher am liebsten raushaben. Dies gelang nicht.«

EK: »Nein.«

DK: »Und was hattet ihr ab nun für ein Verhältnis? Du bliebst ja im Haus ...«

EK: »Sie hat einmal eine Äußerung gemacht über mich, so ungefähr wie: Ich wäre dumm, ich hätte sowieso nichts gelernt und mit mir könnte man sich ja nicht unterhalten. Da war ich natürlich zu Tode getroffen. Wie sie dann aber sah, wie ich meinen Weg gerade ging und der Mann nicht mehr kam und ich mein Leben ganz auf dich einstellte, da hat sie sich eines schönen Tages für diese Worte entschuldigt. Und von dem Tage an hatten wir dann ein einigermaßen anständiges Verhältnis.«

DK: »Mochtest du sie denn?«

EK: »Nein. Das hat mich zu sehr getroffen. Aber zu dir war sie immer sehr nett. Dich hat sie auch immer in Schutz genommen, wenn diese frechen Walzel-Buben über dich hergefallen sind. Das war dann nachher dasjenige, warum ich nachher zu mir gesagt habe, also Schluss, aus, Amen, sie hat sich entschuldigt und nun ist gut. Zu dir war sie immer nett.«

DK: »Mein Verhältnis zu der Frau Sacks habe ich im Prinzip als sehr positiv in Erinnerung. Und es wäre einfach verkehrt, wenn ich mir nicht selber klarmache, dass die Frau einen großen Einfluss auf mich gehabt hat als Bub. Das fängt an bei der Karl-May-Lektüre.«

EK: »Ja, die war unwahrscheinlich belesen, die Frau. Die war nicht dumm.«

DK: »Das hatte ganz viel zu tun mit preußischer Tradition. Ich kann mich deutlich erinnern an Friedrich den Großen, Flötenkonzert in Sanssouci. Das Bild über dem Flügel.«

EK: »Und dann hat sie auch 'ne Bismarck-Büste stehen gehabt.«

DK: »Bismarck und viele Bücher über die Freiheitskriege gegen Napoleon. Und viel Geschichten über preußische deutsche Geschichte. Davon hat sie mir erzählt. Wobei ich in Erinnerung habe, dass das immer Situationen waren, die Frau und ich alleine.«

EK: »Ja, ja. Du warst viel bei ihr.«

DK: »Wie kam das denn?«

EK: »Weil sie einfach gemerkt hat, dass du so hellhörig bist und so viel gerne wissen willst. Und das hat sie gefreut. Sie hatte ja weiter niemanden.«

DK: »Sahst du das gerne?«

EK: »Ja, da habe ich nichts dagegen gehabt, weil ich ja das positiv sah. Weil ich ja merkte, da lernst du was da von ihr. Was ich ja dir in der Hinsicht nicht unbedingt geben konnte.«

Durch einen Bandwechsel fehlt hier ein kleiner Abschnitt. Aber es ging weiter mit der SS-Witwe Ruth Sacks im großen Haus Floßmannstraße 36:

EK: »Die Frau Sacks spielte so gerne Klavier. Und die Therese, die Schwester von deinem Vater, die hatte einen großen Flügel. Und den wollte sie gerne in Sicherheit bringen. Jedenfalls ist der Flügel von Nymphenburg von der Verwandtschaft deines Vaters zu der Frau Sacks gekommen. Das war ja ein herzliches Verhältnis ganz am Anfang. Und da war die Frau Sacks natürlich hell begeistert, jetzt konnte sie wieder auf einem Flügel Klavier spielen. Und da kam dann immer dieser Mann von der Therese, jeden Monat, und holte sich immer von der Frau Sacks das Geld für die Miete dieses Flügels. Und der hatte ihr immer sehr viel Nachteiliges berichtet über deinen Vater.

So war sie also dann ihm gegenüber schon anti eingestellt. Und nachdem nun diese Scheidung absolut nicht voranging und dann schließlich auch nicht ausgesprochen wurde, war ihr Zorn natürlich groß. Weil ich dadurch in 'ne schlechte Situation gekommen bin. Das sei meiner nicht würdig, unser nicht würdig.«

DK: »Wenn man es sich so nachträglich anschaut, ich meine, ihr hättet euch ja eigentlich ganz gut verstehen können.«

EK: »Ja. Es ging ja nachher auch, zum Schluss.«

DK: »Da sitzen zwei Frauen allein, wohnen gemeinsam in einem Haus, übereinander, und haben ja auch sehr stark dieses Gefühl von Alleinsein, aber sie giften sich an.«

EK: »Dirk, weißt du, vieles liegt vielleicht auch an mir. Weil ich eben diesen ganz verdammten Stolz in mir habe. Ich wollte einfach mich nicht von der Außenwelt niederdrücken lassen. Und immer wusstest du, es ist da was, worüber die Menschheit dich verurteilt. Und dann willst du trotzdem deinen Weg weitergehen. Dann bist du natürlich doppelt empfindlich. Und meinst immer, du hast doch gar nichts Unrechtes getan. Und die Welt sieht es doch so an. Und dann kommen diese Konflikte. Und dann ziehst du dich immer mehr zurück und gehst deinen Weg. Und könntest am liebsten um dich hauen vor lauter Zorn, weil eben die Menschheit dich anders sieht.

Wie kannst du dich mit einem Mann einlassen, der schon drei Kinder hat? Und dann auch noch ein weiteres Kind in die Welt setzen, anstatt zu warten, bis die Scheidung ausgesprochen ist. Ich meine, wenn man das so betrachtet, nüchtern betrachtet, dann sagt man sich, ›freilich, die Umwelt hat recht‹. Ich habe das ja nicht aus einem Leichtsinn heraus getan. Seine Ehe war ja kaputt, hat er immer wieder gesagt. Und dann hätte ich eben keinen Sohn gehabt. Und so bin ich froh. Das ist doch schön, dass ich einen habe.«

DK: »Gehen wir mal noch einen Stock tiefer in dem Haus, zur Familie Walzel. Die kamen erst nach dir ins Haus?«

EK: »Ja.«

DK: »Da wohnten vorher, glaube ich, irgendwelche Polen.«

EK: »Ach ja, richtig, Ausländer waren auch drin. Kann ich mich nicht mehr so genau erinnern.«

DK: »Die flogen aber dann raus, und dann kam der Herr Staatsanwalt mit Familie.«

EK: »Ja. Und dann ging's gleich los mit dem Zettel. Oben, an unserem kleinen Zimmer, war dann gleich der Zettel dran.«

DK: »Nämlich?«

EK: »– Beschlagnahmt –«

DK: »Beschlagnahmt?«

EK: »– Beschlagnahmt für Walzel –. So, und dann sagte ich dann voller Schrecken: ›Ja, was mache ich denn jetzt mit meinen

Möbeln? Wo soll ich die denn jetzt alle hintun?‹ Da sagte der Walzel: ›Och, das ist 'ne ganz einfache Sache. Die können wir gleich abholen lassen.‹ So ging das damals zu.«

DK: »Um das mal von der Situation her klarzumachen. Frau Sacks hatte das Haus als Ganzes gemietet?«

EK: »Ja.«

DK: »Und du wurdest da ›eingewiesen‹?«

EK: »Ja, durchs Deutsche Frauenwerk – so hieß das, glaube ich. Mich konnte sie ja nicht mehr raussetzen. Aber sie konnte mich in die Enge treiben.«

DK: »Warum konnte sie dich nicht raussetzen?«

EK: »Ja, wieso? Eine Frau mit 'nem Kind, und dann auf die Straße?«

DK: »Gut. Wie kamen denn Walzels in das Haus? Konnte es sich Frau Sacks nicht mehr leisten?«

EK: »Nein, die Frau Sacks hatte ja das ganze Haus. Das sprach sich dann rum, dass da 'ne alleinstehende Frau mit zwei Töchtern ein ganzes Haus hat. Und oben gab's diese Mansarde. Das wurde gemeldet beim Wohnungsamt, und dann kam das Wohnungsamt. Das ging ja damals eins, zwei, drei, fertig. Der Walzel, der wollte ja unbedingt nach Pasing wegen seinem Turnverein [Turn- und Sportgemeinde von 1888 e.V.]. Der war doch der Vorstand. Der ist das auch jetzt noch. Den habe ich erst voriges Jahr in irgendeiner Zeitung gesehen. 65. Lebensjahr oder so was ähnliches, Jubiläumsfeier.«

DK: »Der kam also nun mit Frau und zwei Buben.«

EK: »Ja. Fritz und Alexander. Und da meinten sie, nachdem sie eingezogen waren, die Buben könnten dann alle immer schön zusammenspielen. Wofür ich gar nicht war.«

DK: »Warum nicht?«

EK: »Weil das so ein ordinäres Volk war. Aber dann nachher waren sie ja so frech und steckten dich immer unter eine Brücke. Und dann immer rauf und runter, und das Getobe und Gemache. Das war ja unmöglich.«

DK: »Mochte ich denn die Buben?«

EK: »Nee, glaube ich nicht, Dirk. Du hast da mehr Zugeständnisse gemacht, weil, die waren ja so stark. Und dass sie dich nicht vertrimmten. Jedenfalls ich habe immer versucht, da durchzujonglieren. Ich weiß nur, dass ich genau wusste, das sind unmögliche Typen. Aber man hat eben Zugeständnisse gemacht, weil, der Walzel hatte natürlich Macht. Und wenn ich da meine Meinung durchgesetzt hätte oder ich hätte das irgendwie unterbunden, dann wäre uns womöglich passiert, dass wir dann aus dieser Wohnung, das bisschen, was wir hatten, rausgekommen wären.«

DK: »Jetzt haben wir also mal die Grundsituation: dieses Haus, dieses nun wirklich volle Haus. Frau Sacks in der Mitte – oben wir beide – unten die Walzels. Ich gehe in den Kindergarten.«

Verschickungskind: Normales Trauma der Nachkriegsgeneration

Die ersten Seiten des fünften Fotoalbums illustrieren Erlebnisse ab dem Jahr 1952. Am 20. Oktober 1952, einen Tag nach meinem achten Geburtstag, setzte ich den Besuch der Volksschule München-Obermenzing fort. Diesmal in der Klasse 3g, wie an der Tafel auf dem Klassenfoto mit Kreide geschrieben steht. Die 47 Kinder lachen dem Fotografen fröhlich zu. Er hat sicher einen Scherz gemacht.

Das Album dokumentiert das Leben eines Jungen mit seiner »Mutti«. Beide wohnen noch immer in der Mansardenwohnung im Haus Floßmannstraße 36 in der Villenkolonie I von München-Pasing. Von dort geht der Volksschüler zu Fuß in die Schule. Er feiert mit seiner Mutter deren 42. Geburtstag am 23. November 1952 im Hofbräuhaus am Platzl. Mit den Großeltern besuchen die beiden die Nachmittagsvorstellung von *Die Schneekönigin* im Residenztheater am 27. Dezember 1952. Und wieder verkleidet sich der Junge als Indianer – ob da wohl die von Frau Sacks angeregte Karl-May-Lektüre gewirkt hat? Damals war noch keine Rede von kultureller Aneignung. Die Indianer waren mir einfach lieber als die Cowboys. Die Fotos der gemeinsamen Unternehmungen zeigen den räumlich begrenzten Radius: Mühltal, Nymphenburger Park, Possenhofen am Starnberger See, Tierpark Hellabrunn.

Und dann, unvermutet, sieht man auf der rechten Seite des Albums eine Postkarte, auf der erneut ein großes Haus mit hohen spitzwinkeligen Dächern abgebildet ist. Und wieder

Der Achtjährige als Verschickungskind: Dirk bei den »Kleinen Spatzen«, obere Reihe, Dritter von rechts

ragen hohe schneebedeckte Berge hinter dem Haus auf. Haus und Silhouette sind nicht unähnlich jenem Foto vom Ausweichskrankenhaus der Mutter in Fischbachau im Herbst 1950.

Ein eingeklebtes Stück Papier lautet »Sonnleiten«. Daneben steht in grüner Schrift die Jahresangabe »1953«. Darunter klebt das Blatt eines Abreißkalenders: »Juli 29 Mittwoch«. Notiert ist »Abfahrt 8:40«. Es folgt ein Foto: »Die kleinen Spatzen«. Man sieht dreizehn Kinder, davon sieben Mädchen. Ich stehe neben drei gleichaltrigen Jungen, die sich ihre Arme gegenseitig um die Schultern gelegt haben. Drei der vier Jungen tragen kurze Lederhosen. Ich bin einer von ihnen. Direkt hinter mir sieht man eine junge Frau im Dirndl, die mit strengem Blick auf die Kinder vor sich blickt. Sie schaut nicht in die Kamera.

Auf der Rückseite der Postkarte lese ich: »Liebe Mutti! Ich sitze hir im Sonneck und schreibe Dir. Tante Lotte sagte mir gestern Abend das Du nun wegfärst. Auf der Karte siest Du ja das Kreuz. Da schlafe ich. Viele Grüsse Dein Dirk.« Ein Kreuz in roter Farbe markiert ein Fenster unter dem Dach. Auf dieser Karte, in anderer Schrift, folgt: »Dirk ist lieb und hat sich eingelebt. Mit freundlichem Gruß Tante Karen.«

Was war geschehen?

Die Zeit vom 29. Juli 1953 bis zum 1. September 1953 verbrachte ich in der Kinderheilstätte Haus Sonnleitn in Bayerisch-Gmain bei Bad Reichenhall. Bemerkenswert scheint mir, dass von dieser Zeit in den Interviews mit meiner Mutter an keiner Stelle die Rede war. Und ebenso erstaunlich ist die Tatsache, dass ich selbst keinerlei detaillierte Erinnerungen an diese vier Wochen habe. Allenfalls zwei »Kurzfilme« laufen in meinem Kopf ab.

Zum einen sehe ich mich mit anderen Kindern im Bett eines Baches stehen. Wir bauen Dämme aus Steinen. Die angestauten kleinen Seen bleiben nur kurze Momente bestehen. Immer wieder werden die Staudämme vom Wasser weggeschwemmt. Ein Spiel von Aufbauen und Kaputtmachen. Das machte Freude.

Der zweite Kurzfilm ist nicht freudig, er spielt in den Nächten im Heim. Nur aus den nachträglichen Berichten meiner Mutter weiß ich, dass ich wohl jede Nacht und unablässig nach meiner Mutti geschrien und geweint habe. Ich liege auf dem Bauch im Bett. Ich schlage mit meinem Kopf immer wieder sehr fest auf das Kissen und die Matratze: bumm, bumm, bumm. Ohne aufzuhören. Bis wieder eine der »Tanten« kommt und schimpft. Weil ich die anderen Kinder aufwecken würde. Von Trost war keine Rede.

Das Kopfschlagen des 8-Jährigen war von Erfolg gekrönt. Mein unaufhörliches Toben führte dazu, dass mich eine der »Tanten« vorzeitig am 1. September mit dem Zug nach München brachte. Das »Pflegepersonal« scheint es nicht mehr aus-

Idylle mit Schrecken: Das Verschickungsheim »Haus Sonnleitn«

gehalten zu haben, sie wollten den Störenfried loswerden. Von der Ankunft am Münchner Hauptbahnhof gibt es das Foto eines kleinen Jungen in einer kurzen Lederhose, einer gestrickten Trachtenjacke, einem Trachtenhut auf dem Kopf und mit Wadlstrümpfen an den Beinen. Neben ihm steht ein kleiner Koffer auf dem Boden. Er lacht in die Kamera. Sein Toben hatte Erfolg gehabt: Er war wieder bei seiner Mutti!

Offensichtlich war sich meine Mutter über diese Episode selbst nicht sonderlich sicher, denn aus den einschlägigen Seiten des Albums fällt mir ein Brief ihrer ehemaligen Hauslehrerin in die Hand. Anscheinend hatte meine Mutter bei Elisabeth Bunzendahl aus Northeim angefragt wegen dieser Kinderheimzeit. Diese Familienbekannte verbrachte einige Tage in eben jener Zeit auch in der Nähe des Kinderheims, im Haus Rosl in Bad Reichenhall, wie diverse Fotos belegen. Und meine Mutter scheint sie dort besucht zu haben. Jedenfalls schrieb »Tante Bunze« am 11. November 1979 meiner Mutter: »... zu den Hauptsachen: Dirk und Bayer. Gmain. Ich kann mich leider auch nicht gut auf die Jahreszahl besinnen. [...] Ich sehe uns beide, Dich und mich nur noch spazierengehenderweise, mehrmals, am Zaun um das Heim entlanggehen, ohne hineingehen zu dürfen. Aber in dem Heim war ich doch auch, habe doch Dirks Bett gesehen, – habe ich ihn denn mit Dir zusammen dort hineingebracht?«

Wenn die Erinnerungen von Erwachsenen versagen, so ist es keine Überraschung, dass ich selbst keine genauen Erinnerungen an jene Zeit habe.

Dafür füllt sich nun der Wissensspeicher indirekt mit einer Vielzahl diverser Erfahrungsberichte. Die Arbeitsgemeinschaft Verschickungskind hat Darstellungen und Erlebnisberichte jener Kinder und Jugendlichen gesammelt und im Netz zur Verfügung gestellt. Sie berichten von Maßnahmen der Gesundheitshilfe für Kinder, die außerhalb des Elternhauses in Heimen untergebracht worden waren. Die sogenannten Kinderkuren.

Konservativ geschätzt waren es etwa drei Millionen Kinder, die an diesen Maßnahmen teilnahmen; es gibt auch Schätzungen, die von bis zu zwölf Millionen Kindern ausgehen. Diese Verschickungen begannen in der unmittelbaren Nachkriegszeit und hielten bis in die 1990er Jahre an. Im Jahr 1963 waren 839 Kinderheilstätten und Kinderheime mit 56.608 Betten ausgewiesen. Die An- und Abreise erfolgte meist per Bahn in Kleingruppen. Ich nehme an, dass meine Mutter mich am Münchner Bahnhof für die Fahrt nach Bad Reichenhall in fremde Hände gab. Die örtlichen Gesundheits- und Jugendämter organisierten die Umsetzung von §5 des Gesetzes für Jugendwohlfahrt, für Kinder und Jugendliche, deren Gesamtkonstitution durch Unter- oder Mangelernährung oder den Mangel an Licht, Luft und Bewegung als gefährdet erschien. Auch chronisch kranke Kinder und Jugendliche, beispielsweise bei aktiver Tuberkulose oder Kinderlähmung, wurden in diese Heime geschickt. Es ging nicht nur um die Kinder, es ging auch um die befristete Entlastung der Eltern, nicht zuletzt der alleinerziehenden Mütter.

Die Logik dieser Maßnahmen folgte der Kinderlandverschickung, wie sie schon während der Weimarer Republik und verstärkt in der Periode der NS-Herrschaft praktiziert worden war. Die Praxis in diesen Heimen setzte Erziehungsvorstellungen fort, die lange vor Kriegsende propagiert worden waren.

Das Erprügeln von Gehorsam, strenge Sauberkeitsforderungen, körperlicher und seelischer Zwang und das Diktat der Uhr scheinen den Alltag in vielen der Verschickungsheime bestimmt zu haben. Inzwischen liegt eine Fülle von Erlebnisberichten über psychische und körperliche Gewalt vor, die bis hin zu Todesfällen gehen, verursacht durch Erstickungen an Nahrungsresten und Erbrochenem, die den Kindern eingezwungen worden waren, weil sie nicht aufessen wollten oder konnten. Zur Verschleierung der tatsächlichen Zustände in den Heimen schrieben die Kinder Postkarten nach Hause, auf denen Sätze standen, die an der Tafel vorgeschrieben worden waren. War der Text auf der Karte an meine Mutter, mit dem Zusatz von »Tante Karen«, auch ein solch vorgefertigter gewesen?

Erst durch die Publikationen und Initiativen der Autorin Anja Röhl nach 2009 wurde einer breiteren Öffentlichkeit das Elend der Verschickungskinder bekannt. Die Unzahl der Erlebnisberichte belegt eindrücklich, welch anhaltendes Unheil durch die Erfahrungen von Demütigung und Gewalt während der Kurerlebnisse der betroffenen Kinder und Jugendlichen angerichtet worden ist. Mit teilweise lebenslangen Auswirkungen.

Warum kann ich mich nicht mehr genauer an diese vier Wochen erinnern? Warum ging meine Mutter in den Interviews nicht auf diese Zeit im Heim in Bayerisch Gmain ein? Sie muss doch auch die Postkarte im Fotoalbum gesehen haben. Von den Wochen bei »Tante Nora« in Oberbozen war viel die Rede, von der Zeit im Heim Sonnleiten kein Wort. Vergessen? Verdrängt? Schuldgefühle?

Was bewirkte diese Erfahrung in mir? Einen Monat nach meiner selbst herbeigezwungenen Heimkehr zu meiner Mutter war mein neunter Geburtstag. Bemerkenswerterweise gibt es keine Fotos von diesem Geburtstag, im Gegensatz zu den Jahren davor und danach. Erst während ich an diesen Zeilen schreibe, lese und höre ich Berichte jener vielen Menschen, die von ihren Heimerlebnissen erzählen. Und ich lese und höre die Einschätzungen von Fachmenschen, die diese Erzählungen einzuordnen versuchen. »Amnestische Lücke«, »toxischer Stress« und »Traumata« sind jene Begriffe, die benutzt werden. Ich lese von der Zerstörung des Urvertrauens zu den Eltern, nicht zuletzt zu den Müttern, die es oft genug gewesen waren, die die Kinder an den Bahnhöfen an Fremde übergaben. Empfand auch ich dieses Weggeben als Verrat? Habe ich die eigenen Erlebnisse und Erfahrungen in meinem Herzen begraben, weil auch mir die »Gnade des Vergessens« zuteilwurde? Oder lauern sie immer noch in den Tiefen meiner Seele? Bin ich deswegen überempfindlich geworden bei Verrat, Verlassenwerden, Betrogenwerden, Belogenwerden? Gerade dann, wenn ich das mit Menschen erlebe, auf deren Schutz und Treue ich mich verlassen wollte? Viele meiner Angstträume hatten jahrzehntelang mit genau diesen Themen zu tun. Ich habe oft laut geschrien, wie Menschen erzählten, die mit mir die Nächte geteilt haben.

Das für mich entscheidende Gefühl, das in mir hochsteigt, wenn ich versuche, mich an diese Zeit zu erinnern, ist nicht das Empfinden von Schmerz und Leiden. Es ist das Gefühl des Triumphs! ICH hatte es geschafft, mich aus diesem Gefängnis selbst zu befreien. ICH habe so lange keine Ruhe gegeben, bis sie mich rauslassen mussten! Die Fremden mussten mich wieder nach München bringen! Zu meiner Mutti. Nicht sie kam, mich zu holen. Ich musste gebracht werden. Ich hatte mich selbst befreit!

Was mag sich meine Mutter bei dieser Verschickung gedacht haben? Nur zwei Jahre, nachdem sie mich schon einmal für mehrere Monate »verlassen« hatte, damals, als sie so krank geworden und erst in das Krankenhaus in München und dann in das in Fischbachau gebracht worden war. Und ich dann bei meinen Großeltern lebte, und zwischendurch auch noch bei mir völlig wildfremden Menschen untergebracht worden war. Und dann war sie endlich wieder zurückgekommen, und nun schickte sie mich schon wieder zu völlig fremden Menschen.

Hatte sie mich doch nicht lieb, auch wenn sie das immer sagte? Mein Vati war tot. Die Mutti schickte mich zum zweiten Mal weg. Nicht einmal der Opa war da. Ich war den »Tanten« im Heim Sonnleiten ausgeliefert worden. Von meiner Mutti!

Dabei meinte sie es wahrscheinlich nur gut. Möglicherweise war es das Gerede der anderen gewesen, vom rachitischen Krischperl, dem viel zu kränklichen Kind, das immer so erschöpft und müde war, dass sie glaubte, dass die Kur im Voralpenland dem Jungen guttäte. Dem Kind, dem sie nicht genügend zu essen bieten konnte, in einer Wohnung, in der es im Winter eisig kalt war, in der es kein fließendes Wasser und keine eigene Toilette gab. Weswegen sie froh war, wenn es gutes Essen bei jenen Menschen gab, zu denen sie in der Nachbarschaft zum Nähen ging. Sie ahnte vermutlich nicht, dass sie ihr Kind einer Einrichtung auslieferte, in der Demütigung und Gewalt herrschten. Sie war nicht gefühlskalt und hätte es sicherlich nicht zugelassen, dass ihrem Lebensinhalt Unheil zuteilwird. Aber es geschah.

Die Festplatte meiner Erinnerungen verwehrt mir auch hier den Zugriff. Einer der Therapeuten, der sich auf die Behandlung von Verschickungskindern spezialisiert hat, sagte im Interview, dass die Erinnerungen an diese Erfahrungen bei einigen seiner Patienten erst dann freigesetzt würden, wenn sie an Alzheimer-Demenz erkranken. Ich bin gespannt.

Dabei ist es nicht so, dass ich das Gefühl habe, es in meinem Kopf mit einer Blackbox allein bei den Erinnerungen an die Zeit im Kinderheim zu tun zu haben. Wieso verfüge ich über keinerlei Erinnerungen an meinen Vater für die Zeit bis zu meinem fünften Geburtstag? Hat die Drohung meiner Mutter – dass sie nicht darüber reden möchte, sonst wird sie erneut krank und stirbt – eine Löschung dieser Festplattenabschnitte bewirkt?

Und wieso fehlen mir die Details der langen Erzählung meines Vaters an jenem Novemberabend im Jahr 1977?

»Hänschen klein«: Weggehen oder bleiben?

So kennen wir das Lied:

Hänschen klein
Ging allein
In die weite Welt hinein.
Stock und Hut
Steht im gut,
Ist gar wohlgemut.

In der weitverbreiteten Sammlung *Das große Liederbuch*, mit der Anne Diekmann und Willi Gohl *Die schönsten deutschen Volks- und Kinderlieder* zusammengestellt haben, sieht man zu diesem Lied ein Bild von Tomi Ungerer, jenem großartigen Illustratoren, Grafiker und Schriftsteller aus dem Elsass: Das kleine Hänschen trägt einen grünen Dreispitz mit einer kecken Vogelfeder auf dem Kopf, seine blonden Haare schauen darunter hervor, seine graue Hose mit einem aufgenähten roten Hosenboden wird von Hosenträgern gehalten. In seiner rechten Hand hält Hänschen den Wanderstab, der größer ist als er selbst. In der linken Hand trägt er einen Beutel, vermutlich gefüllt mit Essbarem, sonst würde die große weiße Gans nicht mit solchem Interesse daran knabbern. Auch wenn er keine Strümpfe anhat, schreitet er flotten Schrittes mit seinen etwas klobigen Schuhen munter voran. Ein fernes Wäldchen lockt.

Erinnern Sie sich noch, wie es nun weitergeht, mit dem kleinen Hänschen, das da so wohlgemut in die weite Welt hineingeht? Am liebsten wäre es mir, Sie würden nun die erste Strophe vor sich hinsingen, so wie Sie sie erinnern. Denn nach der Lektüre dieses Abschnitts werden Sie das Lied nie mehr unbefangen singen können. Wie also geht es weiter?

Hänschen klein
Geht allein
In die weite Welt hinein.
Stock und Hut
Steht im gut,
Ist gar wohlgemut.

Was auch immer Sie nun nach dieser ersten Strophe gesungen haben, der Dresdner Lehrer Franz Wiedemann (1821–1882), von dem dieser Text angeblich stammt, ließ es so weitergehen:

Aber Mama weinet sehr,
Hat ja nun kein Hänschen mehr!
»Wünsch dir Glück!«
Sagt ihr Blick,
»Kehr nur bald zurück!«

Sieben Jahr
Trüb und klar
Hänschen in der Fremde war.
Da besinnt
Sich das Kind,
Eilt nach Haus geschwind.

Doch nun ist's kein Hänschen mehr.
Nein, ein großer Hans ist er.
Braun gebrannt
Stirn und Hand.
Wird er wohl erkannt?

Eins, zwei, drei
Geh'n vorbei,
Wissen nicht, wer das wohl sei.
Schwester spricht:
»Welch Gesicht?«
Kennt den Bruder nicht.
Kommt daher die Mutter sein,
Schaut ihm kaum ins Aug hinein,
Ruft sie schon:
»Hans, mein Sohn!
Grüß dich Gott, mein Sohn!«

Jedes Kind versteht, worum es hier geht. Es beginnt mit Abschiednehmen, mit dem Schmerz der Trennung. Den guten Wünschen folgen das mutige Hinausgehen und das Bestehen von Abenteuern unter ferner Sonne, die das Gesicht bräunt. Und erst dann geht es ums Heimkommen. Das anfängliche Fremdsein und das Wiederfinden, auf jeden Fall der Mutter. Mag einen selbst die Schwester nicht mehr wiedererkennen, das Mutterauge irrt sich nicht. Sie erkennt auch im großen Hans ihr kleines Hänschen, ihren Sohn, den Hans, der er nun geworden ist.

Man muss es nicht unbedingt mit einer angeblich biedermeierlichen Präferenz der heimischen Geborgenheit in Verbindung bringen, es steht ja auch nicht im Text, dass der große Hans nun für immer bei der Mutter und in der Heimat bleiben wird. Es geht allein um die schmerzliche, aber zugleich wagemutige Ablösung von der Mutter und der vertrauten Umgebung. Und dann um die Rückkehr als erwachsener Mann. Mögen auch die Zurückgebliebenen diesen notwendigen Ablösungsprozess als leidvoll erfahren – sonst würde die Mutter ja wohl nicht so sehr weinen, von Hänschens Tränen liest man nichts –, aber eben doch mit Glückwünschen begleiten und mit der Bitte um baldige Rückkehr. Nur so kann Hänschen zum Hans werden, vom Jungen zum Mann. Denn, was Hänschen nicht gelernt hat, dürfte für Hans recht schwer werden.

Was ritt den erfolgreichen Herausgeber Otto Frömmel in seiner Sammlung *Kinder-Reime* in zwei Heften von 1899 und 1900 den folgenden Text aufzunehmen und dabei den früheren Sinn auf den Kopf zu stellen? Insgesamt wollte er mit seiner anscheinend sehr erfolgreichen Sammlung, die sich mehr an Erwachsene als an deren Kinder richtete, das Verständnis für Volkskunde wecken. Was das allerdings damit zu tun hat, dass er aus dem emanzipatorischen Text von Franz Wiedemann einen Text des repressiven Schlechtes-Gewissen-Machens und des Festhaltens machte, ist nicht nachzuvollziehen. Aber erst durch ihn und seitdem wird in vielen Kinderzimmern und Kindergärten der folgende Text als zweite Strophe gesungen:

Hänschen klein
Geht allein
In die weite Welt hinein;
Stock und Hut
Steht im gut,
Ist gar wohlgemut.

Aber Mama weinet sehr,
Hat ja nun kein Hänschen mehr!
Da besinnt
Sich das Kind,
Kehrt nach Haus geschwind.

Wie soll so aus Hänschen ein Hans werden? Und was denkt sich die Mama dabei? Ob sie das Hänschen vielleicht doch nicht hineinschickt, in die weite Welt? Es ist zu lesen, dass dieses Lied in dieser späten Fassung das erste Lied sein soll, das deutschen Kindern überhaupt beigebracht wird. Wegen seiner Beliebtheit bei Müttern!

Ich selbst lief nicht weg, in die weite Welt. Lange nicht. Zu lange nicht. Erst mit 24 Jahren ging ich von der Mutti weg. Um das zu schaffen, hatte ich erst heiraten müssen. Im August 1968, auf dem Standesamt München-Pasing, einen Monat vor Vorlesungsbeginn an der London School of Economics and Political Science. Weit weg von München. Weit weg von der Mutti!

Das Paar auf Reisen

Noch blieb ich bei meiner Mutter. Der Rest des Fotoalbums der Jahre 1952 bis 1954 dokumentiert die Fortsetzung eines besonderen Paarlebens. »Herr und Frau Käsler« nehmen teil an einer »3tägigen Sylvester-Triebwagen-Sonderfahrt nach Ruhpolding«, sie steigen ab im »Haus Kramer, Brandstädterstraße 15«, nach einer Schlittenfahrt geht's in neue Jahr 1954. Unter dem Foto von Mutter und Sohn im Schnee steht, in der Handschrift meiner Mutter: »glücklich«. Am 13. März 1954 bekam ich Fridolin, einen blauen Wellensittich, geschenkt: der Ersatz für den so lange herbeigesehnten Hund. Es folgt ein Foto von einem Jungen, der einen Herrenhut aufhat. Die Handschrift verkündet »Der 1. Hut«. Das neunjährige Kind lächelt stolz in die Kamera. Zum Muttertag am 9. Mai 1954 bastelt der Sohn ein Herz aus Papier. Vorne steht in seiner Schrift geschrieben »Der lieben Mutter«, auf der Innenseite gedruckt »Lieb Mütterlein Du sollst gesund und glücklich sein«. Es schließen sich Fotos an von Ausflügen in den Tierpark Hellabrunn, zur Gedächtniskappelle für Ludwig II. in der Nähe von Schloss Berg am Starnberger See, von einem Besuch der »Abendmusik vor der Amalienburg im Nymphenburger Schloßpark«, von Besuchen des Residenz-Museums und des Marstall-Museums.

Und immer sind es Fotos von einer Frau mit einem Jungen. Immer sitzen die beiden zusammen, auf einer Wiese, am Tisch in einer Gaststätte, am Ufer eines Sees. Ein ungleiches Paar. Man sieht keine anderen Kinder.

Die Konstellation – eine Frau und der Dirk – sollte die Grundfiguration meines Lebens werden. Ich wurde kein klassischer Familienmensch. Weil ich keine Familie erlebt hatte. Ich musste versuchen, mir eine Familie selbst zu basteln. Es hielt nicht lange.

Söhne ohne Vater

Im Januar 1999 erschien im Magazin der Frankfurter Allgemeinen Zeitung ein vierseitiger Artikel unter der Überschrift *Die Blicke der Mutter auf den Fotos ohne Vater.*

Ein klassisches Nachkriegsbild: Der vaterlose Sohn mit seiner Mutter

Der Text kommentiert 21 Schwarz-Weiß-Fotos aus dem Bestand der Fotografin Charlotte Mathesie, die ab 1945 ein Fotoatelier in der Adalbertstraße 11 in Berlin-Kreuzberg betrieb. Sie hatte sich auf Porträt- und Familienbilder spezialisiert. Solche brauchte es seit jener Zeit, nicht zuletzt für die Personalausweise, die in der Bundesrepublik Deutschland ab dem 19. Dezember 1950 für jede Person, die das sechzehnte Lebensjahr vollendet hatte, vorgeschrieben waren.

Im Text finden sich Worte, die schon im Jahr 1999 in Vergessenheit zu geraten drohten: Kriegerwitwe, vermisst, gefallen, Heimkehrer, Spätheimkehrer, Kriegsversehrte, Bauchläden, Einarmige, Einbeinige. Die Fotos zeigen ernst dreinblickende Menschen: Frauen mit Kindern. Man sieht keine Männer.

Ich betrachte drei Fotos, auf denen man eine Frau mit ihrem Sohn sieht. Auf zwei Bildern steht der Junge hinter seiner sitzenden Mutter, sein Kopf überragt ihre Schulter. Auf einem Foto steht der Junge neben seiner sitzenden Mutter, sie lehnt ihren Kopf leicht gegen seinen Kopf, ihre linke Hand hält seine linke Hand. Im Text heißt es:

»Natürlich sieht der Bub seinem Vater ähnlich. Und natürlich ist er, an der Hand, an der Schulter, an der Seite seiner Mutter längst in dessen Rolle geschlüpft. Stolz hat sie ihm, mit ihren Gedanken an völlig anderem Ort, die erste Krawatte gebunden, das Einstecktuch zurechtgezupft, den Scheitel gezogen. Stolze Trauer verrät ihr Blick, einen unausgesprochen traurigen Stolz.«

Nein, mein Schicksal ist kein Einzelfall.

Bombengeld

Weiter ging es mit dem Paar Käsler. Sie fahren über die Jahreswende nach Garmisch-Partenkirchen – ob die Mutter wohl daran denken musste, dass es dort gewesen war, wo sie geschwängert wurde, vor zehn Jahren? Wieder sieht man das Foto eines kriegsbemalten Indianers mit Friedenspfeife und Pfeil und Bogen. Daneben steht zu lesen »Das 1. Bombengeld: Dirk bekam 2 Karl May«.

Die Besatzungsmächte hatten bestimmt, dass es Entschädigungsleistungen für Kriegerwitwen, Heimatvertriebene und Bombengeschädigte geben müsse. Das Bundesergänzungsgesetz vom 1. Oktober 1953 traf eine bundeseinheitliche Regelung für die Entschädigung der an Leben, Körper und Gesundheit, Freiheit, Eigentum und Vermögen erlittenen Einbußen. Antragsberechtigt waren ausschließlich deutsche Staatsangehörige, die ihren Wohnsitz in Westdeutschland hatten. Menschen, die nicht in Deutschland lebten, wurden nicht bedacht. Somit konnten aus Nazi-Deutschland vertriebene Menschen, die im Ausland Zuflucht gefunden hatten, keine Ansprüche geltend machen. In diesem Gesetz wurde zudem die Entschädigungssumme auf fünf Mark pro Tag Freiheitsentzug, der in einem KZ, Ghetto oder Zuchthaus verbracht wurde, festgelegt. Auch das galt nur für die Menschen, die in der Bundesrepublik lebten. Die Kriegerwitwe Käsler kaufte ihrem Sohn beim Pasinger Buchhändler Fiebig zwei Bände Karl May. Es waren die ersten beiden Bände *Winnetou. Reiseerzählung*, jeder kostete 7 Mark und 50 Pfennige. Den dritten Band gab es dann wohl erst viel später. Ich besitze die Bücher immer noch.

Im Mai 1955 heiratete Tante Ruth, die Schwester meiner Mutter, einen sudetendeutschen Katholiken. Auf den Gruppenfotos vor dem Haus der Großeltern bin ich das größte Kind, hinter mir steht meine Mutter. Der Junge neben seinen beiden Cousinen, die vom Ehemann ihrer Mutter nach der Hochzeit adoptiert worden waren, trägt wieder die etwas zu große Herrenjacke.

Die trägt er auch auf dem nächsten Foto. Wer die Menschen sind, mit denen er vor dem Eingangstor von Schloss Blutenburg in München-Obermenzing steht, weiß ich nicht, schmunzele jedoch über die Beschriftung »Dirk als ›Führer‹ nach Blutenburg mit den Hochzeitsgästen«. Immerhin hatte meine Mutter zehn Jahre nach dem Ende des NS-Regimes offensichtlich Probleme mit dem Wort »Führer«. Sie schrieb es in Anführungszeichen!

Angst und Schrecken lauerten nicht nur im Kinderheim in Bad Reichenhall. Sie drohten auch schon im Haus der Witwe Ruth Sacks in München-Pasing. Davor konnte die Mutter den Sohn nicht schützen. Schon weil sie davon nichts wusste.

Während der Interviews mit meiner Mutter blätterten wir gemeinsam im Fotoalbum zu einer Seite mit der Beschriftung »Der Nikolaus kommt 1951«. Die drei Bilder zeigen den Heiligen und fünf Erwachsene. Aus dem Kopf des riesig erscheinenden Nikolaus mit weißem Bart wachsen Tannenzweige. Er ist bekleidet mit einem weißen Bademantel, der von einer Eisenkette umgürtet wird. Mit der rechten Hand hält er einen Sack über der Schulter, die linke Hand umklammert einen großen Holzstecken. Man sieht das Ehepaar des Staatsanwalts Walzel mit der Schwiegermutter, meine Mutter und meine Großmutter. Man sieht drei Buben: zwei propere Kerlchen in weißem Hemd, jeder mit einem sehr großen Paket in der Hand; und daneben steht ein sehr viel kleinerer Junge in einem dunklen Hemd, der einen weißen Stoffsack mit beiden Händen hält. Vielleicht weil der Nikolaus direkt hinter ihm steht, blickt der Siebenjährige eingeschüchtert in die Kamera.

EK: »Schau mal, wie du dastehst.«

DK: »Sehr furchtsam. Und die Mie ist dabei. Neben dem Herrn Staatsanwalt.«

EK: »Ich sage dir ja, anfänglich war alles bestens.«

DK: »Da gab es auch für mich intensive Beziehungen mit Walzels. Ich war mit denen in Gauting, oder Stockdorf. Die hatten da so ein Ferienhaus. Und die Frau Walzel, die Frau Staatsanwalt, die spielt – wenn man so will, nach Freud'scher Konzeption – eine wichtige Rolle für mich.«

EK: »Wieso? Die mochte dich ja sehr.«

DK: »Es gibt doch diese klassische Geschichte, die sagt, dass im Leben jedes Jungen irgendwann so 'ne Art von Kastrationsangst kommt.«

EK: »Was?«

DK: »Hat was mit Ödipuskomplex zu tun. Also, normalerweise, bei einer vollständigen Familie – Vater, Mutter, Sohn, Tochter – ist es so, dass irgendwann der Moment kommt, in dem der Junge in der Mutter nicht nur seine Mutter, sondern auch 'ne potenzielle Frau sieht. Und daraus – ob bewusst oder unbewusst, eher unbewusst – ein sexuelles Interesse an seiner Mutter entsteht. Und damit sich das nicht verstärkt, käme es

Schrecken in der Zwangsgemeinschaft, Nikolausfeier 1951: Dirk Käsler, drittes Kind von links

früher oder später auf verschiedene Arten und Weisen zu so 'ner Art von Bedrohung. Meistens dadurch, dass der Vater dem Jungen klar macht: ›Das ist nur deine Mutter und keine Frau für dich.‹«

EK: »Hm.«

DK: »Und festgemacht wird das häufig an dem, was man Kastrationsangst nennt. Nämlich dass der Junge Angst hat, dass ihm jemand sein Glied abschneidet. Und das sei, so die Theorie, eine Art von Urangst bei Jungen. Zumindest ab dem Zeitpunkt, wo sie mal ein Mädchen nackt gesehen haben. Dass sie glauben, dass Mädchen eigentlich kastrierte Jungen sind. Die hätten auch mal ein Glied gehabt, aber das sei denen abgeschnitten worden.«

EK: »Aber du, ich war doch auch mal ein Kind ...«

DK: »Das ist jetzt wurscht, das ist die Theorie. Und ich weiß es genau, dass die Frau Walzel mir in dieser Zeit irgendwann angedroht hat, sie schneidet mein Glied ab. Und dabei hatte sie ein Messer in der Hand.«

EK: »Nein! Ist die denn wahnsinnig geworden? Warum hast du mir das nie gesagt?«

DK: »Das weiß ich nicht mehr. Den Zusammenhang weiß ich auch nicht mehr. Aber ich weiß sicher, dass es dazu kam.«

EK: »Wie ist denn so was möglich? Das ist ja furchtbar. Aber warum bist du denn nie gekommen und hast mir das erzählt?«

DK: »Das weiß ich nicht. Das muss mich sehr verängstigt haben. Das ist keine Frage. Also, insofern spielt Frau Walzel, zumindest was diese eine Situation betrifft, eine wichtige Rolle für mich.«

EK: »Das ist ja furchtbar. Die muss ja nicht ganz in Ordnung gewesen sein.«

DK: »Du, die hatten einen etwas raueren Umgang miteinander als wir.«

Hat Frau Walzel meinen Penis wirklich sehen wollen? Hat diese Mutter zweier gleichaltriger Söhne ihn angefasst? Hat sie tatsächlich ein Messer in die Hand genommen? Warum habe ich meiner Mutter nichts davon erzählt?

Da meine Mutter und ich nun schon so nah an diesem Themenbereich waren, bot es sich an, weiterzumachen. Dabei war mir eine Szene eingefallen, bei der sie von dem Herrn Staatsanwalt Walzel sexuell belästigt worden war:

DK: »Hast du nicht mal erzählt, dass der Herr Walzel dir irgendwann vollkommen nackt gegenübertrat?«

EK: »Nein!«

DK: »Das ist ja wohl das Letzte, dass du nun Nein sagst! Das weiß ich genau, dass du mir das erzählt hast.«

EK: »Wann soll das denn gewesen sein?«

DK: »Weiß ich doch nicht. Versuchen wir mal die Situation zu rekonstruieren. Das Klo war für alle unten und oben im Haus. Nur Frau Sacks und ihre Töchter hatten ein eigenes.«

EK: »Ach ja, daran kann ich mich jetzt doch erinnern. Freilich. Weil alle auf das eine Klo gingen und die da unten ja sehr frei waren.«

DK: »Kannst du die Situation erzählen?«

EK: »Nein, also das weiß ich nicht mehr. Ich weiß nur, dass ich dann so voller Schrecken war. Der war, glaube ich, auf dem Klo vollkommen nackt.«

DK: »Das kann doch sein. Das Klo war ja für die viel näher als für alle anderen.«

EK: »Es ist eigentlich ganz gut, wenn man so manches vergisst. Also, ich bin ganz ehrlich, ich kann mich nicht mehr an so 'ne Situation erinnern. Sie kann wohl nicht so nachhaltend gewesen sein. Sonst würde ich das ja noch wissen.«

DK: »Das weiß man nie. Es kann natürlich auch umgekehrt sein. Sie kann sehr eindrucksvoll gewesen sein. Und darum verdrängst du sie.«

EK: »Ich kann mich nur erinnern an diese grässlichen Geschichten mit den Nachttöpfen, die sie immer durch die Gegend getragen haben. Furchtbar. Bei denen standen immer die Nachttöpfe unter dem Herd. Weil die Kinder nicht immer aufs Klo gingen, sondern die machten dann gleich in der Küche. Und da war immer ein Topf unter dem Herd. Unter dem Herd! Ich meine, das ist ja wirklich nicht schön.«

DK: »Dieses Klo spielte überhaupt 'ne große Rolle für mich. Daran kann ich mich noch gut erinnern. Ich weiß, dass dieses Klo zwischen allen Etagen lag. Wir mussten mehrere Treppen runtergehen, an Frau Sacks vorbei, nochmal 'ne Treppe und dann war das auf diesem Treppenabsatz.«

EK: »Genau.«

DK: »Und auf diesem Klo muss ich Stunden verbracht haben.«

EK: »Du kannst doch nicht immer zugeschlossen haben, oder?«

DK: »Warum nicht? Na ja, Stunden ist vielleicht übertrieben, aber lange Zeiten. Vom Empfinden her. Denn ich weiß, dass es dieses Klo war, wo ich immer wilde, ausgeschmückte Fantasien hatte. Was ich mal alles in meinem Leben machen würde. Das Klo war der Ort, das weiß ich, in dem ich Fantasien hatte über zum Beispiel ›Ich bin mal Offizier‹. Und schon richtig Dialoge entworfen habe. Was heißt entworfen habe, ich habe geredet – in Rede und Gegenrede.«

EK: »Na, solange kannst du aber nicht weggewesen sein. Ich war da schon immer hinterher, dass du gleich wieder oben warst. Schon wegen dieser Walzel-Geschichten. Ich glaube, du übertreibst ein bisschen. So lange kannst du nicht da unten gehaust haben, das ist unmöglich. Denn es war ja dauernd in Betrieb.

Es waren ja alle auf dem einen Klo. Unten schon allein vier. Dann wir zwei. Sechs Personen auf einem einzigen Klo. Da ist es unmöglich, dass einer sich so lange da einschanzt.«

DK: »Doch, ich war da immer lange Zeiten, das weiß ich. Das mag jetzt für mich von der Erinnerung her länger gewesen sein, aber ich weiß, dass dieses Klo ein wichtiger Ort war. Aber wenn wir jetzt schon mit Walzel und dieser einen Szene sind – ein Gedanke, der mich beschäftigt: Was mich interessiert, ist die Frage, wie du mit deiner eigenen Sexualität überhaupt zurande kamst.«

Der 36-jährige Sohn interviewt seine 70-jährige Mutter, wie es ihr so ging. Als Frau, die damals um die 40 Jahre alt gewesen war und keinen Mann hatte. Aber einen kleinen Jungen in ihrer unmittelbaren Reichweite besaß.

EK: »Ja, das frage ich mich auch. Das frage ich mich oft. Das bin ich neulich auch mal gefragt worden, von dieser Frau Wurm: ›Sie sind doch schließlich eine Frau. Wie sind Sie überhaupt damit so fertig geworden?‹ Ja, das möchte ich selbst mal wissen. Ich weiß es auch nicht.«

DK: »Würdest du von der Erinnerung her sagen: ›Das war mir kein Anliegen mehr‹?«

EK: »Nein. Das kann ich nicht behaupten. Aber ich bin halt nicht der Typ, nur um ... Sondern, dann muss schon der Mann auch da sein.«

DK: »Ja ja, gut, aber er war ja nun nicht da. Das Bedürfnis aber schon.«

EK: »Ja, aber auf der anderen Seite war diese Intimität mit deinem Vater eigentlich sehr einschneidend für mich. Ich glaube kaum, dass ich derartige Sachen mit einem anderen gemacht hätte.

Vielleicht waren wir in dieser Hinsicht sehr anspruchsvoll gewesen. Dass ich mich gar nicht nach Männern gesehnt habe, bloß um …

Nee, da war ja vorher schon das große Erleben mit dem Fritz gewesen, was ja auch sehr einschneidend für mich war. Und dann zwei Jahre Pause nach seinem Tod. Und dann wieder das Anfangen mit deinem Vater. Man kann das ja nicht immerzu fortsetzen. Ich jedenfalls kann das nicht. Und nachdem das aus war mit deinem Vater und der uns verlassen hatte, dann habe ich mir immer gesagt, ›'nen Stiefvater kriegt mein Sohn nie, nie‹. Wenn der gestorben, gefallen oder verunglückt wäre, dann wäre es eine andere Situation gewesen. Aber so: Nein. Weil der ja lebt. Ich glaube, das ist die Antwort.«

DK: »Es muss doch aber in der Zeit auch andere Möglichkeiten gegeben haben. Es gibt doch da diese eine berühmte Szene: Ich bin auf der Suche nach dir nächtens – und du bist nicht da!«

EK: »Ja. Da hatte ich ein Theaterabonnement.«

DK: »Bist du sicher?«

EK: »Ja.«

DK: »Ich habe nämlich 'ne andere Erinnerung.«

EK: »Welcher Art?«

DK: »Dass du auf 'nem Faschingsball warst.«

EK: »Ach ja, da war ich auch mal, richtig. Ja, da habe ich einen Mann kennengelernt in der Zeit. Und zwar habe ich den kennengelernt – das war auf 'nem Kinderball. Mit dir zusammen war das. Im Deutschen Theater, da waren wir zum Kinderball. Das war ein Herr. Der war auch Witwer oder geschieden. Ich weiß nicht mehr genau. Und da habe ich mir so ein tolles Kleid gekauft, so ein silbergraues Kleid. Wunderschön, mit so Brüsseler Spitzen. Aber ich konnte keinen Mann an mich ranlassen. Ich jedenfalls kann das nicht immer wiederholen. Das ist unmöglich.«

DK: »Dann hattest du den Gedanken an Männer aufgegeben?«

EK: »Ich hatte mir eigentlich immer gedacht, vielleicht dann nachher doch noch mal eine Gemeinschaft zu beginnen. Wenn ich mal ganz allein wäre.«

DK: »Aber vorher, solange der Junge noch klein ist?«

EK: »Nee, Stiefvater! Ich sage ja, wenn der gestorben wäre, verunglückt, wäre das eine andere Situation. Neulich in der Bahn bin ich mit einer Dame gefahren. Die hat so ein ähnliches Schicksal. Da ist auch der Mann gefallen, das Kind war drei Jahre alt. Und da hat sie sich vorgenommen: Es kommt nicht in Frage, ich kann mit dem Kind nicht alleine leben. Die hat dann wieder geheiratet und hat noch mal einen Sohn gekriegt mit dem Mann. Die zwei Brüder verstehen sich gut. Voriges Jahr ist der Mann gestorben und nun ist sie alleine. Das ist vielleicht eine andere Situation.«

DK: »Kommen wir mal lieber auf die Situation zurück, von der wir gerade sprachen: Ich bin auf der Suche nach dir. Und du bist weg. Du musst irgendwann in der Nacht heimgekommen sein.«

EK: »Ich kann mich überhaupt nicht mehr erinnern. Wo warst du denn dann? Ich glaube, das war nur mal einmal, wie ich im Theater war.«

DK: »Dann erzähle ich es jetzt mal aus meiner Sicht. Vielleicht erinnerst du dich dann. Ich stehe im Nachthemd barfuß im Schnee ...«

EK: »Oh, wie schrecklich.«

DK: »... in der Nacht, erst im Vorgarten vorm Haus Floßmannstraße 36, dann auf der Straße. Und ich schreie wie am Spieß nach dir. Und bin allein.«

EK: »Da hat aber kein Mann in meinem Leben existiert.«

DK: »Das ist jetzt wurscht. Ich will auf diese Situation hin.«

EK: »Vielleicht war ich tatsächlich auf 'nem Ball gewesen. Und was passierte dann mit dir?«

DK: »So viel ich mich erinnere, hat mich Frau Sacks gehört. Geholt und ins Bett gebracht. Und dann kamst du.«

EK: »Na, das ist ja gut, dass ich ja wenigstens dann wieder da war.«

DK: [*lacht*] »Ja. Kannst du dich echt nicht mehr dran erinnern?«

Ob es nur diese eine, für mich anscheinend traumatische Situation gewesen war, oder ob noch weitere dazukamen, weiß ich nicht. Ab nun jedenfalls schien sich meine Mutter von dem Gedanken an einen neuen Mann in ihrem Leben endgültig verabschiedet zu haben. Sie hatte doch ihren »kleinen Mann«. Der ihr allein gehörte. Das musste genügen.

Oft habe ich mich gefragt, ob die beiden durchgehend in einem Bett schliefen, die 45-jährige Frau und der 11-jährige Junge. Es gab nur drei Zimmer in der Mansardenwohnung. Nach dem Treppenhaus kam man durch die Eingangstür in das Wohnzimmer. Rechts daneben war die kleine Küche, links eine kleine Kammer, in der ein Bett stand. Im Bericht über die letzten Tage mit meinem Vater spricht meine Mutter von meinem Bett, das mein Vater mit mir teilte, und sie sich dazulegte. Sie hat offensichtlich in einem Zimmer außerhalb der Wohnung geschlafen. Aber dann, nachdem der Mann verschwunden war? Schlief sie im Wohnzimmer, auf der Couch, die dort stand? Oder kam sie dann doch mehr oder weniger durchgehend in mein Zimmer, in mein Bett? Auch hier versagt meine Erinnerung. Kam zu der psychischen Inbesitznahme auch noch eine physisch-erotisch-sexuelle? Reden wir nicht nur von psychischem Missbrauch? Und wie weit ging das? Ich weiß es nicht. Ich empfinde ein merkwürdiges Gefühl der Beklemmung und Unsicherheit.

Zu diesen Fragen gehört auch das Thema Aufklärung. Auch da weiß ich nicht mehr, wann genau es geschah. Meine Mutter fühlte sich anscheinend unwohl, mir zu sagen, wie das so geht, mit Männern und Frauen und Sex. Das erschien ihr als eine Angelegenheit, die nur ein Mann einem Jungen erklären könnte. Sie schickte mich nicht zu meinem Großvater, sondern zum Hausarzt, zu Dr. Normann, dem Nachfolger des Dr. Rieger, in dessen Praxis am Wensauerplatz am Ende der Floßmannstraße. Als der Arzt mich fragte, ob ich wisse, warum die Mutti mich zu ihm schickte, konnte ich mit Ja antworten:

»Du weißt also schon, wie das geht, wenn sich eine Frau und ein Mann lieben?«

»Ja.«

»Wie denn?«

»Der Mann steckt sein Glied in die Scheide der Frau. Und dann wird die schwanger und bekommt ein Kind.«

»Das stimmt. Weißt du auch, was wichsen bedeutet?«

»Ja.«

»Hast du das schon mal gemacht?«

»Ja.«

»Dann zeig doch mal, wie du das machst. Nicht, dass du es verkehrt machst.«

Ich sollte ihm zeigen, wie ich »das« mache. Das tat ich. Und er schaute zu. Er saß dabei hinter seinem Schreibtisch. Und als ich fertig war und wieder die Hose hochgezogen hatte, sagte er, ich könne meiner Mutti sagen, ich wisse nun Bescheid. Und ansonsten solle ich ihr nichts Weiteres erzählen über unser Gespräch. Daran hielt ich mich.

Der Junge will weglaufen

Wir stehen am Übergang von der Volksschule in die Oberschule. Oberschule. So nannte man das in den 1950er Jahren der Bundesrepublik. Von Grundschule war noch nicht die Rede, und bei Oberschule wurde die Oberrealschule vom Gymnasium unterschieden. Oberrealschule hieß Mathematik, Physik und Neue Sprachen. Gymnasium hieß Latein und Altgriechisch. Pasing als Schulstadt hatte beide. Sie lagen – von der Villenkolonie I aus gesehen – auf der anderen Seite der Stadt, jenseits der Bahnlinie.

Ich betrachte das Klassenbild meiner letzten Klasse in der Volksschule Obermenzing im Sommer 1955. Es sind insgesamt 44 Kinder, davon 15 Mädchen. In der dritten Reihe von oben stehen nebeneinander Uwe Ploog und ich. Uwe war mein Beschützer in den ersten Schuljahren. Er bewahrte mich vor den Gemeinheiten der Mitschüler, wenn sie mir wieder die Mütze vom Kopf reißen wollten, um das zarte Muttersöhnchen mit dem komischen Vornamen zum Weinen zu bringen. Dafür half ich Uwe bei den Hausaufgaben, mit denen er zu kämpfen hatte. Eine Reihe unter mir steht Marion, deren Eltern ein Schreibwarengeschäft in der Verdistraße hatten – der angehimmelte und unerreichte Schwarm meiner Volksschulzeit. Oben sieht man Fräulein Friedrich, die Klassenlehrerin. Sie trug meistens weiße Blusen, im Sommer mit sehr kurzen Ärmeln. Wenn sie sich neben oder über mich beugte, um auf das Heft zu sehen, roch sie wunderbar. Die erste Ahnung von der Anziehungskraft weiblicher Wärme und Sinnlichkeit umwehte den Volksschüler.

Über dem Klassenbild steht in der Handschrift meiner Mutter: »Prüfung für die Oberrealschule: schriftlich 30.VI. und 1.VII. vormittags. Vom mündlichen am 4.VII. befreit.« Das Abschlusszeugnis der vierten Klasse notiert durchschnittliche Leistungen: Religionslehre 1, Deutsche Sprache 2, Schrift 3, Singen 1, Heimat-Erdkunde 2, Rechnen und Raumlehre 3, Turnen und Sport 3. Die Einträge für das 1. Halbjahr lauten: »Dirk schwätzt u. kümmert sich zu viel um andere. Er gibt sich Mühe, ist aber zu schnell mit seinen Leistungen zufrieden.« Für das 2. Halbjahr liest man: »Betragen und Fleiß des Schülers sind zu loben.« Die »Klaßlehrerin B. Friedrich« mochte den Volksschüler Dirk, auch wenn er viel schwatzte. Mit Fräulein Hunger, der Lehrerin davor, war das anders gewesen:

DK: »In der Volksschule war ich doch eigentlich eher ein freches, ein schwätzendes Kind, oder?«

EK: »Ja. Da hast du immer den Unterricht durch deine Schwatzhaftigkeit sehr gestört. Und darum solltest du mal so 'ne blöde Strafarbeit schreiben. Soundso viele Mal: ›Ich bin unausstehlich.‹«

DK: [*lacht*] »Ich glaub's ja nicht. ›Ich bin unausstehlich!‹ Echt?«

EK: »Da bin ich dann sofort hingegangen zu dem Direktor.«

DK: »Na, sicher erstmal zu der Lehrerin, Fräulein Hunger.«

EK: »Ja. Die war ja auch das Letzte.«

DK: »Die wollte, dass ich schreibe ›Ich bin unausstehlich‹? Und wie verlief das dann?«

EK: »Ich glaube, da habe ich schon ganz schön Rabatz gemacht. Und du hast das natürlich nicht geschrieben.«

Es war nicht nur Fräulein Hunger. Auch manche Mitschüler bedeuteten ständige Bedrohung, vor allem auf dem Schulweg. Der Uwe konnte mich nicht immer beschützen:

EK: »Und dann dieser eine Junge, von Sowieso ...«

DK: »Nordheim?«

EK: »Ja, der. Von Nordheim. Der hatte dich hingeschmissen. Dann bin ich zu denen hin. Die hatten nichts weiter übrig für diesen Kummer, den sie dir zugefügt hatten, als ’ne Tafel Schokolade zu schicken. Das war alles. Sich überhaupt nicht nach dir zu erkundigen, gar nichts.«

DK: »Wieso, war ich denn krank?«

EK: »Ja, natürlich. Es war das Nasenbein. Das ganze Gesicht, die Nase, das war alles ein einziger Bluterguss. So hat der dich hingeknallt, dieser von Nordheim.«

DK: »Das weiß ich noch. Der sprang mich von hinten an, auf den Schulranzen. Dadurch fiel ich nach vorne, klatsch, um.«

EK: »Auf die Nase. Gott sei Dank war das Nasenbein nicht gebrochen. Du warst total blutunterlaufen. Furchtbar sahst du aus, zum Erschrecken. Zehn Tage lang bist du nicht in die Schule gegangen. Mindestens, wenn es nicht noch länger war.«

DK: »Ich kann mich noch deutlich an diese Fensterläden erinnern. Dunkel musste es sein, ruhig musste es sein.«

EK: »Ja, aber das war nicht lange, Dirk. Du hattest noch Glück gehabt.«

Das klingt harmonischer, als ich mein Befinden während der Volksschulzeit erinnere. Es gibt eine Episode, die mich noch heute zum Sinnieren bringt. Ich weiß, dass es in jener Zeit war, in der meine Mutter im Krankenhaus lag. Ich wollte, zusammen mit meiner Cousine Sabine, die zwei Jahre jünger ist als ich, von den Großeltern weglaufen. Ich weiß, dass die Initiative zu diesem Weglaufen von mir ausging.

Wir stromerten den Fluss Würm entlang in Richtung Süden in den Pasinger Stadtpark. In der Höhe meiner späteren Oberschule, neben einer Brücke, gab es einen großen Baum, der innen hohl war. Diesen Baum kannten wir von früher. Nun wanderten wir zwei Kinder dorthin. In diesem Baum wollten wir ab nun »für immer« wohnen und die Nächte verbringen. Weder Sabine noch ich erinnern uns daran, wie und von wem wir wieder zu den Großeltern gebracht wurden. Aber wir erinnern uns daran, dass die beiden vollkommen außer sich vor Sorge waren. Und dass sie vor lauter Erleichterung nicht mal geschimpft haben, als wir wieder in ihrer Obhut waren.

Meine Cousine meint heute, es war Abenteuerlust. Es sei darum gegangen, etwas Heimliches zu tun. Ich bin mir nicht sicher. Wollte ich aus einer Situation fliehen, die ich als schrecklich empfand? Welches Kind will weglaufen aus einer Situation, in der es glücklich ist? Meine Mutti war nicht da, ich lebte bei den Großeltern, ich schlief in deren Küche. Und ich musste in die Schule gehen, wo ich von den Bauernbuben bedroht wurde, die viel stärker und wilder waren als ich. Das Krischperl. Der Evangelische, der Ungläubige. Der, mit dem komischen Namen Dirk, von dem viele Obermenzinger Kinder dachten, es sei der Familienname, weswegen sie meine Mutter mit Frau Dirk anredeten. Der, der nicht einmal in München geboren worden war. Sondern in Wiesbaden.

Dazu gab's gern den oft gehörten Witz: »Wenn man auf der Karlsbrücke in München steht, und runterschaut, was sieht man? Wie's baden.«

Heute nennt man es Resilienz: Alltag eines Oberschülers

Da steht er, der Oberschüler Dirk Käsler. Unter dem eingeklebten Briefausschnitt »Ihr Kind hat die erste Prüfung in seinem jungen Leben – die Aufnahmeprüfung in die höhere Schule – bestanden« sieht man im Fotoalbum einen Elfjährigen, der mit seinem Fahrrad am Gartentor des Hauses Floßmannstraße 36 steht. In der linken Hand hält er eine lederne Aktentasche, die mit zwei Schnallen zugemacht wird. Der Scheitel ist ordentlich gezogen. Er trägt ein langes weißes Hemd, eine gestrickte Wollweste, eine kurze Lederhose mit Hosenträgern, helle Kniestrümpfe und Ledersandalen.

Stolz sieht er in die Kamera. Vielleicht auch, weil er sich erneut erfolgreich durchgesetzt hatte. Denn seine Mutter wollte auch diesen Schulbesuch verschieben, wie schon bei der Einschulung in die Volksschule. Erschien er ihr damals als zu schwach, so hatte er diesmal, kurz vor Schulbeginn, sowohl eine schwere Gehirnerschütterung als auch eine Mandeloperation hinter sich gebracht.

DK: »Das ist schon merkwürdig. Ich war jedes Mal krank und zwar schwerkrank, wenn solche Wechsel anstanden. Ich hatte diese Gehirnerschütterung, als es von der Volksschule in die Oberschule gehen sollte. Dadurch hätte sich das dann doch um ein Jahr verschoben, oder?«

EK: »Nein, nein. Ich wollte das verschieben, um ein Jahr. Weil ich bei mir dachte, das ist eine viel zu große Überlastung. Aber du warst ganz traurig und hast bitterlich geweint. Und du hast gesagt: ›Ich kann es doch wenigstens versuchen.‹«

Schwer zu tragen: Stolzer Oberschüler mit eigenem Fahrrad 1955

DK: »Und?«

EK: »Tja, dann habe ich gesagt: ›Ja, also, wenn du das willst.‹ Und dann habe ich mit dem Dr. Normann gesprochen. Dann hat der auch gesagt, also wenn du dir das zutraust und dann nicht enttäuscht bist, wenn du es nicht schaffst, das war ja das Wichtigste. Das wollten wir ja nicht. Und dann hast du es ja geschafft, die Prüfung. Dann war es aber das erste Vierteljahr für dich so kippelig.

Du hattest ja so viel Ehrfurcht vor den Lehrern. Du hast zu mir immer gesagt: ›Du, Mutti, die Leute sind ja alle so schrecklich gescheit. Die reden mich mit Käsler an.‹ Das war dir fremd. ›Und dann sind das alles Professoren. Mit denen kann man ja gar nicht sprechen.‹ Bis du diese Scheu überwunden hattest!

Wie ich dann in die erste Sprechstunde gekommen bin, habe ich gedacht, mich trifft der Schlag. Das war ein Lärm und ein Getrampel in der Schule! Meine Vorstellung war, jetzt kommst du in die Oberschule, da geht's ruhig zu und geordnet. Wie man sich das halt so vorstellt in der Oberschule. Ja, du lieber Gott! Ich wäre ja von den Bengeln bald selber die Treppe runtergeschmissen worden. So ging's da zu. Dass ich bei mir dachte, entsetzlich. Das ist auch eine vollkommen falsche Vorstellung. Und kaum kamst du in die Sprechstunde, wurde sofort das Klassenbuch aufgeschlagen. Und dann schaute man nur nach den Leistungen: ›Aha, dies und dies und dies und dies.‹ Da war der Professor Heinrich der Erste, der vernünftig war. Der mochte dich sehr.«

Es muss unmittelbar vor dem Wohnungswechsel gewesen sein, dass meine Mutter jemanden gebeten hatte, sie und ihren Sohn vor und in jenem Haus zu fotografieren, das sie nach elf Jahren endgültig verlassen würden. Was sehe ich?

Ein Paar steht vor der Haustür. Die Frau im dunklen Kostüm unter dem man eine helle, zugeknöpfte Bluse sieht. Der junge Mann in jenem hellen Sakko, das wir schon kennen. Darunter ein weißes Hemd, eine dunkle Hose und Lederschuhe.

Auf den folgenden Fotos sieht man das Innere der Wohnung: das Wohnzimmer, in dem eine Couch steht, davor ein Tisch mit drei Stühlen, eine Kommode, der Gewehrschrank des Großvaters. Ein Foto von Mutter und Sohn, die nebeneinander in einem Heft blättern. »Feierabend auf der Ofenbank« steht unter dem Bild. Im Stuhl mit Armlehnen sitzt er auf ihrem Schoß, sie lachen beide fröhlich. Ein Foto von einem Bett mit drei Kissen übereinander – »Dirks Eigenheim«. Ein Foto der

Küche mit mehreren Schüsseln (es gab kein fließendes Wasser) und einem Ofen mit zwei Heizplatten und einer Röhre.

Zum Muttertag 1956 gab es ein Kärtchen des Deutschen Müttergenesungswerkes, das meine Mutter in das Album einklebte. Sicher, weil sie es besonders schön fand. Das Bild zeigt eine Stute, die an einem Fohlen schnuppert.

Ein Kind ist das Wunder seiner Mutter
Wie die Mutter das Wunder seiner Kindheit

Der Kleine Mann als Gentleman, die Mutter steht – comme il faut – auf seiner Rechten

Das alte Nest wird geleert: der erste Umzug

Wie es dazu kam, weiß ich nicht mehr. Jedenfalls zogen meine Mutter und ich am 2. Juli 1957 – bei 40 Grad Hitze, wie das Album notiert – vom Haus Floßmannstraße 36 in die Parterrewohnung im Haus Floßmannstraße 21. Die Schrift über den Fotos dazu lautet: »Ein neues Leben beginnt.« Man sieht meine Mutter und meine Großmutter mit einem vollgepackten Leiterwagen. Auf einem anderen Foto stehen Mutter und Sohn neben dem Leiterwagen. Es gibt ein Foto, auf dem schaue ich aus dem Fenster des Schlafzimmers in den Garten.

Über den aneinandergerückten Ehebetten sehe ich auf meiner Seite das gerahmte Bild eines Fohlens hängen. Daneben ein Bild eines Gedichts, umrahmt von kleinen bunten Blumen:

»Ein Kindlein im Haus
Treibt die Schatten hinaus!
Wenns Kindlein lacht
Rings der Frohsinn erwacht;
Wenns Kindlein singt;
Wenn sein Stimmchen erklingt,
Erwärmen die Herzen,
Dann schweigen die Schmerzen;
Denn ein Kindlein im Haus
Treibt die Schatten hinaus!«

Auf der Rückseite dieses Bildes steht geschrieben, in der Schrift meines Vaters: »Statt Blumen. Dein Hubert.« Unter einem Regal, in dessen zwei Etagen viele Bücher stehen, hängt eine Skizze, die Arno Ploog, der Bruder von Uwe, von meinem Kopf gezeichnet hat.

Die Fotos aus der Weihnachtszeit 1957 zeigen einen glücklichen Jungen hinter einer eingleisigen Modelleisenbahn – Marke Fleischer, für Märklin hätte das Geld nicht gereicht. Der 13-Jährige trägt Krawatte, die eingeklebten Eintrittskarten zeugen vom gemeinsamen Besuch einer Aufführung von *Die brillante Kammerzofe*, einer Komödie in zwei Akten, frei nach Carlo Goldoni im Residenztheater am 31. Dezember 1957.

Ab nun fuhr der Oberschüler vom Haus Floßmannstraße 21 mit seinem eigenen Fahrrad, das er zu Beginn der Oberschulzeit von seiner Mutter geschenkt bekam, auf die andere Seite der Stadt Pasing, in das ehrwürdige Gebäude, das heute das Karlsgymnasium beherbergt. Dass einem Grundschüler aus dem damals eher bäuerlich-katholisch geprägten Obermenzing in dieser Pasinger Schule Respekt abgenötigt wurde, kann ich noch heute nachempfingen. Das ehemalige Hauptgebäude des ursprünglichen Progymnasiums am Rande des Pasinger Stadtparks, das im Jahr 1910 eröffnet worden war, ist auch heute noch ein Ehrfurcht gebietendes Haus. Die damalige Lehrerschaft war dominiert von Pädagogen, die sich eher der Wissenschaft als der Schülerschaft – es war zu meiner Zeit eine reine Jungenschule – verpflichtet fühlten. Der Jahresbericht 1955/56 verzeichnet bei den sechs Oberstudienräten zwei Promovierte, bei den 45 Fachlehrern sind es zwölf Promovierte. Es war selbstverständlich, dass die Schüler die Lehrkräfte mit »Professor« ansprachen. Ob es nun der Kunsterzieher Otto Bähr, der Turnlehrer Walter Dietz, der Physiklehrer Dr. Konrad Hacker, der Musiklehrer Albert von Hilger oder der Lehrer in Evangelischer Religionslehre Georg Rückert war, alle waren Professoren.

Der Studienprofessor Dr. Alfred Läpple konnte als Autor aus seiner eigenen *Katholischen Religionslehre* unterrichten, ebenso wie der Studienprofessor Dr. Gustav Kreuzer aus seinem Buch *Didaktik des Geographieunterrichtes.* Das Selbstverständnis dieser Schule rückte die naturwissenschaftlichen Fächer Mathematik, Physik, Chemie in den Mittelpunkt. Die Sprachen waren nur Beiwerk, selbst Deutsch. Das spiegelte sich auch im Ansehen der jeweiligen Lehrer wider. Es war kein Zufall, dass Oberstudiendirektor Karl Thiele, der Anstaltsvorstand, Mathematik und Physik unterrichtete. Wir Schüler bekamen sehr deutlich mit, dass selbst die Biologielehrerin Hildegard Stengel von ihren Kollegen aus den MINT-Fächern eher belächelt wurde. Von der Studienprofessorin für Französisch, Therese Hartmann, ganz zu schweigen. Französisch, wofür sollte das denn gut sein? Auch die Sportlehrer liefen mit stärker stolzgeschwellter Brust umher als die Zeichenlehrer. Schüler spüren sehr genau, wie Lehrer über ihre Kollegen und deren Fächer reden. Ich liebte jene Lehrer, über die leicht spöttisch gewitzelt wurde.

Es ist keine Überraschung, dass sich die institutionelle Nachfolgerin dieser Schule sehr bald nach meinem Abitur 1965 in Max-Planck-Gymnasium (MPG) umbenannte und bis heute stolz darauf ist, dass Rudolf Mößbauer, Nobelpreisträger für Physik aus dem Jahr 1961, diese Schule besucht hatte. Eine einschneidende Änderung erkenne ich auf der aktuellen Homepage der Schule. Im Schuljahr 1980/1981 besuchten erstmalig auch Mädchen die 5. Klasse des MPG, also nach der heutigen Zählung die 10. Klasse. Zugleich stelle ich fest, dass der Leiter dieser Anstalt, Karl Thiele, genau zeitgleich mit mir an dieser Schule wirkte. Er als Leiter, ich als Schüler. Zum Beginn des Schuljahres 1955/56 hatte er die Leitung der Schule übernommen, ich begann im selben Schuljahr mit der Klasse 1d. Thiele trat im Juli 1965 in den Ruhestand, und ich absolvierte die Reifeprüfung im Juni 1965. Das Reifezeugnis vom 20. Juli 1965, unterschrieben vom

Schulleiter Thiele, notiert unter »Bemerkung«: »Er zeigte großes Interesse für den literarischen Bereich. Seine Mitarbeit an der Schülerzeitung und seine Tätigkeit als Schulsprecher verdienen Anerkennung.«

Was meine Mutter dazu veranlasst hatte, mich ausgerechnet auf eine Schule zu schicken, in der jene Fächer, in denen ich erwartungsgemäß keine guten Noten erreichen würde, derartig betont wurden, ist mir noch heute ein Rätsel. Dachte sie, dass Latein und Altgriechisch für mich schwerer als Englisch und Französisch sein würden? Oder dass man mit modernen Sprachen beruflich mehr anfangen könne? War ihr bewusst, dass ich durch ein Martyrium der sadistischsten Momente in den Fächern Mathematik, Physik und Turnen gehen würde?

Scham und Angst, statt Freude am Kombinieren und an Bewegung, sollten systematisch hervorgerufen werden. Das Kommando im Mathe-Unterricht von Dr. Ernst Reger – »Käsler an die Tafel« – führte zu mindestens ebenso demütigenden Szenen wie das Kommando »Das Tau hochklettern« im Sportunterricht des Walter Dietz, der den Bock-Sprung und den Doppelbarren als Folterinstrumente liebte. Der Herr Oberstudiendirektor Dr. Konrad Hacker (Mathematik, Physik) meinte es ernst, als er zu mir vor der Klasse sagte: »Es verunglücken und sterben immer die Falschen im Straßenverkehr.« Sie seien auf ewig verflucht, diese sadistischen Quäler! Man kann nur hoffen, dass solche Praktiken in heutigen Schulen nicht mehr existieren. Oder, sollten sie vorkommen, entschieden sanktioniert werden.

Das Abiturzeugnis dokumentiert meinen Leidensweg. Religionslehre: sehr gut; Deutsch: sehr gut; Sozialkunde: sehr gut; Kunsterziehung: sehr gut; Musik: sehr gut. Alles Fächer, die nicht wirklich wichtig waren. Mathematik: mangelhaft; Physik: ausreichend; Chemie: befriedigend. Als wir die schriftliche Mathematik-Klausur in der Turnhalle schrieben, kam der Schulleiter Thiele persönlich an meinen Tisch: »Na, Käsler. Wird's denn werden?« Es wurde, aber ein zweites Mangelhaft hätte Durchfallen bedeutet. Und so bekam ich dann doch die Befähigung zum Studium an einer Hochschule des Bundesgebietes zuerkannt.

Aber, so weit sind wir in dieser Geschichte noch lange nicht. Wir haben gerade erst mit der Oberschule begonnen. Schon das erste Zeugnis dokumentiert, dass es dort anders zuging als in der Volksschule: »Der eifrige Schüler erzielte im ganzen noch befriedigende Ergebnisse. Sein Betragen war ordentlich.« Nur in der Kunsterziehung erzielte ich die Note gut, ansonsten durchgehend befriedigend, in Mathematik ausreichend. Der Klaßleiter Dr. Alfred Schopf, Studienrat für Deutsch, Geschichte und Englisch, war gewiss ebenso unzufrieden wie der Schüler Käsler.

Wie erging es dem 13-Jährigen außerhalb der Schule? Das für ihn und seine Mutter Entscheidende war, dass sie nun in einer richtigen Wohnung lebten, nicht mehr in der Mansardenwohnung ohne fließendes Wasser und eigenes Klo. Nun gab es eine Küche mit fließendem Wasser und einem richtigen Herd, es gab ein Wohnzimmer und ein Schlafzimmer.

EK: »Kannst du dich erinnern an unser gemeinsames Schlafzimmer?«

DK: »In der Floßmannstraße 21? Nicht mehr sehr gut. Erstaunlicherweise kann ich mich an den Blick nach draußen viel besser erinnern als an das Zimmer selbst. Da waren so Obstbäume davor. Und im Schlafzimmer, standen da die beiden Ehebetten eigentlich nebeneinander?«

EK: »Ja. Erst später, vielleicht so zwei Jahr später, habe ich sie dann auseinandergestellt, und das Nachtkästchen dazwischen.«

DK: »Und ich schlief ab dann in der Ecke?«

EK: »Ja. Da hast du da oben dein Bücherbord angebracht und die ganzen Bücher hingetan.

Die Sehnsucht des Einzelkindes nach dem Seelenzwilling

An dieser Stelle des Interviews kam das Gespräch auf eines der Bücher in jenem Regal über dem Bett des Buben: *Siebensohn* von Paul Alverdes. Dieses Buch scheint meine Mutter bis zum Jahr 1980 bei sich verwahrt zu haben. Erst nun nahm ich das Buch erneut in die Hand.

Von Anfang an: Bücher und Pferde als Lebensthemen. Das Bubenbett links neben dem Mutter, 1959

Lieblingslektüre eines einsamen Jungen: das illustrierte Kinderbuch »Siebensohn« von Paul Alverdes

EK: »Da hast du da oben dein Bücherbord angebracht und die ganzen Bücher hingetan. Und da war dieses Buch auch dabei. Das war dir besonders wichtig. Ich kann ich mich jetzt an die Geschichte überhaupt nicht mehr erinnern. Das willst du jetzt mitnehmen?«

DK: »Das nehme ich jetzt mit, ja. Von vorne kann ich mich auf einmal wieder erinnern.«

EK: »Ich möchte gerne noch mal kurz reinschauen. Das ist so süß. Das war dein Buch Nummer 13. Du hast ja deine Bücher immer nummeriert.«

DK: »Ich erinnere mich noch sehr gut.«

EK: »An den *Siebensohn*? Warum habe ich das eigentlich nicht mal selbst gelesen? Ich hätte doch Zeit genug gehabt.«

DK: »Nun ist es zu spät. Nun nehme ich es mit.«

EK: »Du kommst doch momentan gar nicht dazu, den *Siebensohn* zu lesen, oder? Dann kann ich das doch machen.«

DK: »Nein. Jetzt hast du es lange genug gehabt.«

EK: »Das verstehe ich überhaupt nicht. Dass ich das in all den Jahren nicht einmal gelesen habe.«

DK: »Jetzt wird es auch nichts mehr. Das ist mein Buch, mein Buch Nr. 13.«

EK: »Gibst du es mir nochmal zum Lesen?«

DK: »Vielleicht mal irgendwann. Jetzt will ich das lesen.«

EK: »Also, das verstehe ich gar nicht.«

DK: »Was verstehst du nicht?«

EK: »Dass ich das nicht gelesen habe. In all den Jahren.«

Warum widme ich diesem Buch einen eigenen Abschnitt? Weil es eine Geschichte erzählt, die mich seit meiner frühen Kindheit umgetrieben hat. In gewisser Weise tut sie das bis zum heutigen Tag. Sie handelt von Verlust. Von Sehnsucht. Vom Suchen. Vom Finden.

Auf 32 Seiten schildert der deutsche Schriftsteller Paul Alverdes die Geschichte eines kleinen Jungen, der seinen Zwillingsbruder verloren und sehr viel später wiedergefunden hat. Alverdes hatte sich im August 1914 als 17-jähriger Gymnasiast freiwillig als Soldat gemeldet, wurde bei seinem Einsatz an der Somme schwer verletzt, studierte als Kriegsversehrter Germanistik und Kunstgeschichte in München, wurde im Juli 1921 mit einer Dissertation über den Pietismus promoviert und arbeitete als freier Schriftsteller. Seine Romane und Erzählungen sind geprägt von den eigenen Erfahrungen der Brutalität des Ersten Weltkrieges, wobei er dessen Sinnhaftigkeit nicht in Frage stellte, sondern eher daran glaubte, dass der Krieg eine positive Verwandlung der Reifung eines Menschen bewirkt. Durch die

Mitherausgeberschaft der von ihm und Karl Benno von Mechow herausgegebenen Zeitschrift *Das Innere Reich* geriet Alverdes in Opposition zur Literaturpolitik des Nationalsozialismus, ohne offenen Widerstand zu propagieren. Nach 1945 veröffentlichte Paul Alverdes vor allem Kinderbücher und Hörspiele und erzählte in seinem letzten Roman *Grimbarts Haus* (1949) von einem Vater, dessen vier Söhne im Krieg getötet werden, worüber der Vater den Verstand verliert.

Wie das Buch *Siebensohn* in meinen Besitz kam, weiß ich nicht. Ich schlage es auf, meine Ausgabe trägt als Impressum: »Erschienen 1948 im Südwestverlag Konstanz«. Die »Direction de l'Education Publique« der französischen Besatzungsmacht hat der Veröffentlichung das »Visa No. 2189/E« erteilt. Wie alt ich war, als ich es zuerst gelesen habe, weiß ich nicht. Die Illustrationen stammen aus der Feder von Beatrice Braun-Fock, einer nicht unerfolgreichen Künstlerin auf dem Gebiet der Kinderbuchillustration. Sie war die Ehefrau des deutschen Journalisten und Münchner Zeitungswissenschaftlers Hanns Braun, dem Verfasser des Spruches auf dem Münchner Siegestor: »Dem Sieg geweiht – Vom Krieg zerstört – Zum Frieden mahnend.«

Worum geht es in diesem Buch? »Auf dem Berge über der Stadt lag das Singerleinhaus«, und in diesem Haus lebten die sieben kleinen »Singerlein«. Sieben Brüder, die keine Eltern mehr hatten, um die sich nur noch ihre »alte Kinderfrau« kümmerte, die »Gretel-Pastetel«, die sehr viel weinte über das Schicksal der elternlosen Kinder. Es waren drei Paare Zwillingsbrüder unterschiedlichen Alters. Sechs Buben, die sich auch beim Spazierengehen immer bei den Händen fassten.

»Zuletzt aber erschien noch einer. Der kam allein gegangen. Das war das siebente Brüderchen, und von allen war es das allerjüngste.

Den führte niemand an der Hand, denn er hatte als einziger keinen Zwillingsbruder mehr. Darum hatte er seine Hände meistens in den Hosentaschen stecken. Weil er aber das siebente Söhnlein war, so wurde er Siebensohn geheißen.«

Nach mancherlei Stationen jedenfalls findet Siebensohn sein Zwillingsbrüderchen:

»Als Siebensohn aber in den Brunnen spähte, da deuchte ihm, als erblicke er sein eigenes Spiegelbild. Doch war es wirklich das Brüderlein, das ihm entgegenschaute, dicht unter der gläsernen Flut. Es war so groß geworden wie er selber und hatte auch so dickes, schwarzes Haar. Es lächelte und reckte ihm die Hand entgegen. Wie ein Rosenblättchen, das auf dem Wasser schwimmt, war es anzusehen. Da rührte Siebensohn sie an, und das Brüderchen schwebte empor und stieg aus dem Brunnen heraus. ›Brüderlein‹, sagte es mit heller Stimme, als es draußen stand, und machte die Arme weit auf. ›Brüderlein auch‹, sagte Siebensohn und fiel ihm um den Hals. Da war die Freude groß, als die Singerlein ihr Brüderchen wieder hatten. Sie stellten sogleich sein Bett wieder neben Siebensohns Bett, darin mußte er schlafen, denn er war nun doch müde von dem weiten Weg.«

Was hat den sechsjährigen Sohn der Pasinger Kriegerwitwe an diesem Buch derart gepackt, dass mich diese Geschichte auch noch siebzig Jahre später anrührt? Das ist nicht schwer zu entschlüsseln: Es ist das Motiv der Suche nach dem anderen Ich, dem Spiegelbild. Dass Einzelkinder diesen Wunschtraum nach einem Geschwister häufig haben, ist banal. Auch das Wissen um die Tatsache, dass das Leben von Geschwisterkindern zuweilen grässlich sein kann, zerstört diesen Traum nicht.

Dabei war es nicht die Sehnsucht nach einem Geschwister, auch wenn ich als Kind lange den Wunsch nach einer älteren Schwester hegte. Mit der Pubertät kam der Wunsch nach einer Partnerin, die mein Zwilling sein würde: wortloses Verstehen, im Gleichklang Singen, nebeneinander Schlafen, synchrones Träumen. Und es würde nicht meine Mutti sein!

Teilen alle Menschen diese Sehnsucht nach dem ultimativen Pendant, unabhängig vom Geschlecht des anderen? Die beste Freundin, der beste Freund, der wahre Mann, die wahre Frau? Dieses Leitmotiv: »Es gibt sie. Die eine Liebe. Gib nicht auf. Eines Tages wirst du sie/ihn finden. Du weißt doch, was du suchst, was du brauchst.« Jenen Menschen finden, mit dem man auf Augenhöhe singen und eine gemeinsame Lebensweise entwickeln kann. Jener Mensch, mit dem man Hand in Hand durch das Leben geht. Für immer.

Verfolgte mein Vater auch diesen Wunschtraum? Und suchte und suchte? Deswegen dieser Gesprächsbeginn meiner Mutter: »Weiber immer alles… so viele Frauen… immer war wieder 'ne andere.« Einige Menschen suchen und finden schnell und bleiben dabei. Einige suchen und suchen und geben auf. Einige geben nicht auf und suchen weiter und weiter. »Die bessere Hälfte« ist so eine Redewendung, dabei markiert sie eine Rangordnung von besser und weniger gut. In der Reinform des Traums geht es um die gleichwertige Hälfte, weder besser noch schlechter. Das Motiv ist geläufig. Yin und Yang. Das platonische Kugelwesen, dessen zwei Kugelhälften zu einem einzigen Körper werden, der erst so das Wesen als Ganzes formt.

In dem Roman *Die unerträgliche Leichtigkeit des Seins* von Milan Kundera gibt es diese schöne Passage: »Damals war es Tomas noch nicht klar, dass Metaphern gefährlich sind. Mit Metaphern spielt man nicht. Die Liebe kann aus einer einzigen Metapher geboren werden.« Die Idee, dass es für jeden Menschen jene Ergänzung, Vervollkommnung gibt, die die Vereinzelung aufhebt, und dass es nur darauf ankommt, den/die Eine/n zu finden, unter den Milliarden Menschen, die es auf diesem Planeten aktuell gibt – ist das eine gefährliche Metapher, die unser aller Leben vergiftet? Weil es diesen EINEN gar nicht gibt, und wir nur einem Trugbild hinterherlaufen, einer Fata Morgana? Und jedes Mal, wenn wir glauben, wir sehen das Wasser der Oase am Horizont glitzern und unser Durst wird endlich gestillt werden, entpuppt sich dieser Glaube erneut als Irrglaube?

»Siebensohn, wo bist Du?«, als ewiger Schrei, der niemals die ultimative Antwort findet, der niemals beantwortet werden wird mit dem Ruf »Hier bin ich«.

Manche Kinderbücher sind gefährlicher als jene, in denen Gewalt und Sex herrschen. Wunschträume können vergiften, ein Leben lang. Oder sie helfen dabei, auf der Suche zu bleiben. Nicht aufzugeben.

Emotionaler Missbrauch und Affenliebe

Die 70-jährige Mutti und der 36-jährige Sohn blättern im Fotoalbum. Gemeinsam betrachten sie das Bild eines siebenjährigen Jungen, der einen Dackel an der Leine hält.

DK: »Das finde ich ein ausgesprochen rührendes Bild von mir.«

EK: »Das ist ja auch süß.« [*lacht*]

DK: »Ich kann mich genau erinnern. Dabei können wir zum Thema kommen, dass ich zu diesem Hund eine ganz intensive Beziehung hatte.«

Immer gewünscht,
nie bekommen:
ein eigener Hund

EK: »Ja?«

DK: »Das war mein Ein und Alles. Ich glaube, dass ich ab da diesen Wunsch ganz stark hatte: Ich möchte auch einen Hund. Kannst du dich daran noch erinnern?«

EK: »Ja. Und dann haben wir wahrscheinlich das mit dem Fridolin [ein blauer Wellensittich] angefangen. Weil ich sagte, einen Hund können wir nicht haben. Sicherlich war das dann der Grund, dass der Fridolin kam.«

DK: »Ich kann mich nur erinnern, dass ich mir seit meiner Kindheit immer, von Geburtstag zu Weihnachten und von Weihnachten zu Geburtstag, einen Hund gewünscht habe.«

EK: »Ja, aber das wäre ja unmöglich gewesen. Und drum kamen wir eben zu dem Wellensittich. Stelle dir mal vor, dann wäre ja was fällig gewesen mit der Frau Sacks. Um Gottes willen. Ich habe ja auch immer als Kind so an meinem ›Waldmann‹ gehangen, in Goldschau, dem kleinen Zwergdackel. Das war ja auch mein Ein und Alles. Immer wenn ich aus Droyßig kam nach Hause, dann sprang der hoch. Vor lauter Glück, dass ich nun wieder da war.«

DK: »Ich glaube halt, dass das ganz viel mit meiner damaligen Situation zu tun hatte. Auch wenn du sagst, dass ich nichts mitbekommen habe. Und ein ganz happy Kind gewesen sei. Ich glaube schon, dass ich im Kern ein recht trauriges Kind gewesen sein muss. Wenn ich mir manche dieser Fotos anschaue, wenn man so die Schulbilder anschaut: Ich glaube schon, dass ich ziemlich viel traurig war.«

EK: »Ja, sicher. Ich meine, das überträgt sich ja auch. Ich war ja auch nicht immer gerade lustig. Und du hast ja immer gesehen, wie ich mich geplagt habe. Dass ich, dass wir immer über die Runden kamen. So spurlos geht das an keinem Kind vorüber.«

DK: »Da kann ich gleich was einbringen, was ich mittlerweile gelesen habe. Nämlich *Siebensohn*. Du fragtest mich das letzte Mal: ›Erzähle mir wenigstens die Geschichte, um die es da geht.‹ Das ist eine schöne Geschichte. Ich war wirklich beeindruckt von dem kleinen Jungen, dessen Eltern gestorben sind. Und der hat sechs Geschwister, daher der Name. Aber diese Geschwister sind immer zwei Brüder. Also es gibt ein erstes Zwillingspaar, ein zweites Zwillingspaar, und so weiter.«

EK: »Ach ja, jetzt kann ich mich auch erinnern.«

DK: «Die sind also immer gleich alt, sechs Buben, und er ist allein. Und warum ist er allein?«

EK: »Ist sein Geschwisterchen gestorben? Da war halt kein Zwilling mehr.«

DK: »Na gut, dann erzähle ich dir die Geschichte weiter: Siebensohn hatte mal ein Brüderchen. Aber das Brüderchen ist verschwunden.«

EK: »Och.«

DK: »Genau. Das ist eine traurige Geschichte. Und Siebensohn ist ganz allein.«

EK: »Ja, wo war es denn, das Brüderchen?«

DK: »Deswegen schläft er auch immer allein. Die anderen, die sind immer zu zweit und schlafen Hand in Hand. Und Siebensohn ist immer allein. Siebensohn möchte aber wissen, was aus seinem Brüderchen geworden ist, wo es denn geblieben ist. Und nun kommt was zweites dazu: Die heißen ›Die sieben Singerlein‹, diese sieben Buben da. Und das liegt daran, dass diese Zwillingspaare immer ganz schön am Abend zusammen singen. Und das ist so schön, dass alle Leute darauf ganz friedlich werden, die das hören. Nur Siebensohn ...«

EK: »Aber, der kann doch auch mitsingen.«

DK: »Siebensohn hat das am Anfang versucht. Aber er sang so schrecklich und hatte so 'ne raue Stimme, dass die nicht mehr haben weitersingen können. Dann aber gesagt haben, er soll aufhören. Und da sitzt Siebensohn, der sowieso allein ist, immer allein daneben und hört zu. Und schläft alleine ein und geht alleine und ist überhaupt viel alleine. Allerdings, und das ist halt gut bei Märchen, dass sich das dann immer zum Positiven wendet.«

EK: »Findet er sein Brüderchen?«

DK: »Ja.«

EK: »Ehrlich?«

DK: »Ja.«

EK: »Wo denn?«

DK: »Eines Tages kommt der Mann im Mond in den Garten, in dem die wohnen. Und Siebensohn fragt den Mann im Mond, er sähe doch so viel und ob er nicht sein Brüderchen gesehen hätte. Und der sagt, ›ja, das habe ich gesehen. Dein Brüderchen ist vor vielen Jahren mal in den Brunnen gefallen und dann hat ein Wassergeist Dein Brüderchen mitgenommen und er ist jetzt bei irgendeinem Wassergeist.‹ Und dann kommt eine tolle Story, nämlich dass Siebensohn seine sechs Brüder dazu bringt, nicht mehr zu singen.«

EK: »Warum denn das?«

DK: »Weil in dem Garten, in dem die wohnen, auch so ein Wassergeist wohnt. Und der erfreute sich an dem Gesang. Nun singen die nicht mehr, und der Wassergeist wird ganz böse. Und Siebensohn sagt ihm, ›wir singen wieder, wenn du mir hilfst mein Brüderchen wiederzubekommen‹. Na gut, ich kürz das ab, das gelingt auch. Dieser Brüll, so heißt der, sorgt dafür, dass sein Zwillingsbruder wiederkommt. Und dann kommt eine große Versöhnung. Und nun singen sie alle acht.«

EK: »Na, wie schön.«

DK: »Und der Mann im Mond ist auch ganz glücklich, und alles ist wieder in bester Butter.«

EK: »Das ist ja eine süße Geschichte.«

DK: »Wenn man nur das Happy End anschaut. Davor ist es eine sehr traurige Geschichte. Du hast gesagt, das war meine Lieblingsgeschichte.«

EK: »Ja. Du warst glücklich, wie wir dann in der Floßmannstraße 21 unbedingt dein Bett neben mein Bett stellen konnten. Und jeden Abend hast du mir dann die Hand gegeben und wir sind zusammen, Hand in Hand, eingeschlafen. Das vergesse ich nie. Das waren meine schönsten Stunden. Ich bin auch schon immer früh ins Bett deshalb gegangen.«

DK: »Ich kam jetzt durch den Hund drauf.«

EK: »Dass du eben jemanden haben wolltest.«

DK: »Genau.«

EK: »Ich hätte dir ja auch gerne ein Brüderchen geschenkt. Ich sagte ja, mein Wunsch war immer, eine Familie zu haben. Und was ist? Hat sich nichts erfüllt. Das heißt, das kann man nicht sagen. Aber *das* hat sich nicht erfüllt. Wenn ich mir heute so die Ehen anschaue. Ich glaube, das, was ich mir vorgestellt habe, wie so was sein kann, das gibt es einfach nicht. Dazu sind die Menschen alle viel zu verschieden.«

DK: »Ja, das weiß ich auch nicht. Jedenfalls weiß ich, dass ich gerne jemand gehabt hätte. Und wenn es wenigstens ein Hund gewesen wäre.«

EK: »Aber, Dirk, es gibt Kinder, die haben weder Vater noch Mutter. Das darf man auch nicht vergessen.«

DK: »Das ändert aber doch nichts daran, dass ein Kind eine solche Sehnsucht danach hat.«

Wollte meine Mutter von diesem Thema ablenken, als sie unvermittelt die Aufmerksamkeit auf eine eingeklebte Straßenbahnfahrkarte von Augsburg lenkte? Die Schrift sagt: »Besuch bei Wredes.«

EK: »Hier, übrigens, diese Wredes, das sind Freunde von deinem Vater.«

DK: »Wer war das?«

EK: »Auch ein Versicherungskaufmann.«

DK: »Ich kann mich an jene Straßenbahnfahrt genau erinnern. Du hast diese Geschichte schon so oft erzählt. Erzähl nochmal. Was war da?«

EK. [*lacht*] »Du saßt auf meinem Schoß. Wir haben uns unterhalten.«

DK: »Mit wem?«

EK: »Wir zwei unterhielten uns. Und da hinter uns oder neben uns sagte ein Ehepaar: ›Wir beobachten schon so lange Ihren Jungen und es ist ja so nett, dass Sie so viel Spaß haben. Und der hat ja so einen wunderbaren Hinterkopf. Sie werden sehen, das wird noch ein ganz gescheiter Sohn.‹ Ja, daran kann ich mich genau erinnern. Der Hinterkopf von dir hat ihnen so imponiert. Gut, nicht?! Wenn ich das jemanden erzählt hätte, damals, da hätten sie gesagt: ›Na ja, die spinnt leicht. Vollkommen wahnsinnig mit ihrem Kind.‹ Wie diese junge Frau mal zu mir gesagt hat: ›Affenliebe‹. Ich sagte, das macht aber nichts, ich liebe meinen Sohn.«

Was ich von meiner Mutter habe

Es ist Mittwoch, der 1. Juni 2022. In der heutigen Ausgabe der Frankfurter Allgemeinen Zeitung erscheint ein Interview mit der forensischen Psychiaterin Nahlah Saime unter der Überschrift »Ohne Liebe wachsen Täter heran«. Es geht um die Frage, warum manche Menschen ihren Mitmenschen Furchtbares antun. Die Ärztin bezeichnet diese Frage als geschichtsvergessen: »Spätestens seit der Shoa ist doch bekannt, dass völlig ›normale‹ Menschen tagsüber furchtbare Verbrechen begingen und abends, befriedigt von ihrer Pflichterfüllung, zu Hause bei der Familie saßen.«

Und dann skizziert sie ihre Rucksack-Theorie: Jeder Mensch erhält mit der Geburt eine Art Rucksack, dessen Inhalt er sich nicht aussuchen kann: genetisch bestimmtes Aussehen und physische Verfasstheit, also zum Beispiel Erregbarkeit oder Temperament. Dann soziokulturelle Faktoren, wie die emotionale Reife der Eltern, deren Bildungsgrad und soziales Milieu, sowie epigenetische Faktoren, also der Einfluss der Umwelt auf die Aktivität bestimmter Gene. Das ist der Werkzeugkasten für die Bewältigung des Lebens. Im Laufe der Zeit kommen Erfahrungen und Erlebnisse in den Rucksack dazu. Und je nachdem, wie die eigene Grundausstattung ist, kommt man mit den Herausforderungen des Lebens besser zurecht oder nicht. Man kann an seinem Gepäck zerbrechen – im Leben scheitern, kriminell werden. Oder man freut sich über sein Gepäck und setzt dessen Inhalt so ein, dass man die Ziele erreicht, die man sich selbst gesetzt hat.

Was steckt in meinem Rucksack? Mein genetisch bestimmtes Aussehen war mir durch zwei »rassereine Arier« mitgegeben worden. Vielleicht auch das Temperament. Meine physische Verfasstheit als Kind war durch die materielle Kargheit der Verhältnisse nicht sonderlich stabil. Die emotionale Reife und der Bildungsgrad meiner Mutter waren bescheiden: Im Grunde genommen wollte sie das Leben einer Hausfrau führen, kein selbständiges Leben.

Aber nun, nachdem die beiden Männer, von denen sie gehofft hatte, dass sie sie begleiten und sicher auch führen würden, aus ihrem Leben verschwunden waren, blieb ihr gar nichts anderes, als selbstständig ihr eigenes Leben zu gestalten. Und das Leben ihres einzigen Kindes zu formen. Das soziale Milieu wurde bestimmt durch die Erinnerungswelten ihrer Eltern, was nur wenig mit den tatsächlichen Verhältnissen in materieller Hinsicht zu tun hatte. Das focht weder ihre Eltern noch sie selbst an. Es war das Bewusstsein – »wir sind wer« – , welches das mentale Milieu bestimmte. Sie wollte sich nicht definieren lassen durch das kärgliche Sein einer armen Kriegerwitwe in München-Pasing, mit einem unehelichen Sohn eines verheirateten SS-Mannes, der sie verlassen hatte.

Hatte ich eine schlimme Kindheit? Nein, nicht im Geringsten. Auch deswegen habe ich – bisher jedenfalls – keine Kapitaldelikte begangen. Ich wurde kein maligner Narzisst, mein gesunder Narzissmus hat geholfen, mich positiv zu erleben und einen funktionierenden Abgleich der eigenen Fähigkeiten mit der Realität hinzubekommen. Ich weiß, dass mir andere Menschen in vielen Dingen überlegen sind. Ich möchte kein anderer sein als der, der ich (geworden) bin. Und dabei habe ich auch ein Quäntchen Glück gehabt, denn ich glaube, dass meine Mutter in Gefahr stand, in mir vor allem eine Ich-Erweiterung zu sehen.

Meine Mutter spiegelte sich fraglos in mir. Ich sollte jene Ziele erreichen, die sie nicht erreicht hatte. Die materiellen Nachkriegsbedingungen ließen es nicht zu, dass die Distanz zwischen Wunschfantasien und sozialer Wirklichkeit zu groß wurden. Aber dass ich eine zugewandte und liebevolle Kindheit erleben durfte, steht für mich fest. Mag es von außen als Affenliebe, als übertrieben starke Zuwendung an den vaterlosen Jungen, gesehen worden sein, er wurde kein kaltherziger Mensch.

Die liebevolle Zuwendung durch den Großvater half, die Lücke der väterlichen, der männlichen Erziehung ein wenig zu schließen. Auch darum war der Tod dieses alten Mannes eine schmerzliche Erfahrung, auch noch für den 18-jährigen Oberschüler. Aber der machte dann bald Abitur. Und studierte und absolvierte. Was keiner seiner Vorgänger gemacht hatte! Weder der Rittmeister Mahrenholz noch der Unteroffizier Käsler, noch der Untersturmführer Rolf. Keiner davon hatte ein vollwertiges Abitur!

Was also habe ich von meiner Mutter? Zuallererst die Programmierung auf eine Zweierbeziehung. Vor allem mit einer Frau. Ich und eine Frau mir gegenüber oder neben mir. Zu Hause, am Tisch, im Bett, auf Reisen. Das wurde das biografische Programm.

Die Lebensform Familie – Vater, Mutter, Kind(er) – kannte ich nicht wirklich. Ich lebte sie zwar immer wieder, aber niemals länger als sieben Jahre. So, wie der Traum meiner Mutter nicht in Erfüllung ging, tat er das für mich auch nicht. Die Verwirklichung der literarischen Erfindung der ehrbaren bürgerlichen Kernfamilie war bei meiner Mutter schon durch die Unehelichkeit ihres Sohnes nicht mehr realisierbar geworden. Hätte sie rechtzeitig einen neuen Ehemann und Vater für ihren Sohn gefunden, wäre das vielleicht noch heilbar gewesen. Ihre jüngere Schwester hat das realisiert, sie nicht.

Vermacht hat mir meine Mutter die Idee, dass man alles dransetzen muss, um nicht sozial abzusteigen. Als die Existenz der landwirtschaftlichen Bourgeoisie, die die Lebensformen der adligen Grundherrschaft imitierte, durch die Misswirtschaft ihres Vaters ruiniert worden war und die Gefahr des Niedergangs in das Kleinbürgertum drohte, wurde durch das Selbstbewusstsein und den Habitus signalisiert, dass man es dennoch schaffen würde. Man würde sich keinesfalls unterkriegen lassen. Meine Mutter vermittelte ihrem Sohn das Programm »Aufstieg durch Bildung«. Auch wenn sie mir dabei nicht helfen konnte, schon weil es ihr an formaler Bildung fehlte, so ermutigte meine Mutter mich doch nachdrücklich, jenen Weg zu gehen, den viele Bildungsaufsteiger in den 1960er Jahren in Westdeutschland gegangen sind.

Die Welt des Großbürgertums mit Kindermädchen, Hauslehrerinnen und Klavierunterricht war für das Familiensystem Mahrenholz mit dem Beginn der Nazi-Herrschaft endgültig verloren gegangen. Der erstgeborene Sohn versuchte, im neuen System zu reüssieren, mit bescheidenem Erfolg. Die älteste Tochter verlor den geliebten ersten Mann im Krieg und den zweiten geliebten Mann in den Nachkriegswirren durch dessen Unfähigkeit – oder Unwilligkeit – zu gelebter Treue.

Der Nachkomme Dirk bekam als Mitgift den Glauben an die eigene Leistungsfähigkeit. Die gesellschaftliche Position bestimmte sich, so die vermittelte Idee, nicht mehr durch die familiale Herkunft, sondern durch persönliche Fähigkeiten. Es ging darum, etwas aus sich zu machen. Das bürgerliche Familienmodell bot keinen Halt, es ging allein um die individuelle Leistung. Erben war keine Option, es gab nichts Materielles zu vererben. Der Erfolg musste selbst und allein erarbeitet werden. Aber falls man es geschafft haben sollte, war der Triumph umso größer. Man musste niemandem danken. Allenfalls den gesellschaftlichen Rahmenbedingungen.

Ich hatte das Glück, in jener westdeutschen Gesellschaft aufzuwachsen, die noch vor der Reform der gymnasialen Oberstufe stand. Wer wie ich im Jahr 1965 sein Abitur an einer staatlichen Oberrealschule in Bayern ablegte, kannte noch nicht das System der Leistungskurse, mit denen man sich von den ungeliebten – weil subjektiv schweren – Fächern verabschieden konnte.

Die damalige Bildungspolitik machte jenes Versprechen wahr, von dem Bundeskanzler Willy Brandt im Jahr 1969 in seiner ersten Regierungserklärung sprach:

»Wir dürfen keine Gesellschaft der verkümmerten Talente werden. Jeder muss seine Fähigkeiten entwickeln können. Dabei gilt es insbesondere, das immer noch bestehende Bildungsgefälle zwischen Stadt und Land abzubauen. Ich bin sicher, dass wir auf diese Weise beträchtliche Leistungsreserven unserer Gesellschaft mobilisieren und die Chancen jedes Einzelnen verbessern können.«

6 Reise noch weiter zurück

Hochzeitsgedicht von 1940

Um zu verstehen, wie meine Mutter zu jenem Menschen wurde, der sich auch von den schlimmsten Schicksalsschlägen nicht unterkriegen ließ, reisen wir zurück in ihr Leben vor ihrer Verwitwung. Dafür steige ich mit einem Text ein, den meine Tante Ruth, die jüngere Schwester meiner Mutter, zum Hochzeitstag ihrer 30-jährigen Schwester verfasste:

»Hochzeit wird gefeiert heut,
aber wißt Ihr auch Ihr Leut',
wer das Emmylinchen ist,
die als Braut man froh begrüßt?

In dem schönen Schlesierland
ihre kleine Wiege stand.
Und aus Schlesiens Gauen kam
später auch der Bräutigam.
Hat am End' als Baby schon
sie geschaut nach Käslers Sohn?
Doch nicht lange blieb man dort
und begab sich weiter fort.

Goldschau ist der Ort benannt,
wo die neue Heimat stand;
wo die gute Ernestine
und auch Zimmermanns Pauline
und auch andere waren bedacht,
daß kein Unfug wurd gemacht.«

Eingeklebt in das Fotoalbum sind Bilder, die einige der geschilderten Szenen illustrieren. Ernestine, verantwortlich für den Schweinestall, war die »Schweinefrau« auf dem Rittergut Goldschau, und Pauline Zimmermann war die erste Kinderfrau. Fotos zeigen meine Großmutter mit drei Kleinkindern. Der Junge trägt eine militärisch aussehende Mütze und einen Matrosenanzug, das ältere Mädchen, meine Mutter, trägt eine weiße Schürze über dem Kleid und halbhohe Schnürstiefel. Man sieht zwei kleine Mädchen mit Puppenwagen, sie tragen breitrandige, helle Sonnenhüte:

»Puppenspielen ist sehr schön,
wie auf diesem Bild zu sehn.
Doch sehr schön die Zeit verweht,
bis es in die Schule geht.
Leider muß man ja gestehn,
lernen ist nicht immer schön.
Aber noch bedeutend schlimmer
ist für jene Frauenzimmer,
die als Lehrerin benannt,
allen Kindern wohl bekannt.
Emmyli, der böse Tropf,
tanzte vielen auf dem Kopf;
die sodann nach bittrem Leiden
ewig nun von dannen scheiden.«

In den schriftlichen Erinnerungen meiner Großeltern tauchen alle hier nur angespielten Etappen auf. Geburt des Erstgeborenen, Hans Mahrenholz, im Februar 1909 in Karlsdorf; Geburt meiner Mutter am 23. November 1910, ebenfalls in Karlsdorf; Geburt meiner Tante Ruth im Mai 1911, schon in Halle. Dann Rittergut Goldschau. Nach Einschulung in der dortigen Dorfschule Unterricht durch häufig wechselnde Hauslehrerinnen. Nach dieser, aus heutiger Sicht, recht fragmentarischen Schulzeit wurde meine Mutter erst nach Droyßig in das dortige evangelische Lehrerinnenseminar geschickt und anschließend in ein Mädchenpensionat in Dresden. Die Fotos zeigen Mädchen mit Kochmützen und Schürzen. Damit war die Ausbildung abgeschlossen. Bei meiner Mutter folgte – untypisch – eine eigenständige Berufstätigkeit:

»Und der nächste Weg führt sie
in die große Stadt Berlin.
Arbeit in der ›Buferei‹
bringt manch nettes Nebenbei.
Mit dem Segelflugzeug gelt,
fliegt sie selber durch die Welt
nach so manchem schönen Ort.
Seht, auch Fritz erscheinet dort.
Wie sie da so würdig sitzt
und bei den Modellen schwitzt.«

Auf dem Foto unter dieser Strophe sieht man eine junge Frau, die an einem großen Tisch sitzt. Vor ihr liegen lange Papierrollen, an der Wand hinter ihr hängt das Gerippe des Flügels eines Segelfliegers und ein Holzpropeller. Was war geschehen?

Das Konzept der höheren Tochter, welches wie selbstverständlich für meine Mutter und ihre Schwester vorgesehen war, sah keinerlei Erwerbstätigkeit vor. Nach einer Schulzeit, die ganz wesentlich durch Hauslehrerinnen bestritten wurde, folgte eine anspruchslose Ausbildung in Hauswirtschaft, Französisch und Klavierspielen. Das eigentliche Ziel solcher Frauenleben war eine standesgemäße Heirat, viele Kinder, ein Leben als liebevolle Ehe- und Hausfrau mit Personal in hoffentlich schöner, eher ländlicher Umgebung.

Für meine Mutter hatte es planmäßig angefangen. Werner Haddenbrock sollte der Auserwählte sein. Sogar eine Verlobung war schon annonciert worden, die Weichen schienen richtiggestellt. Dann jedoch kamen Schwester Ruth und die geschwätzige Schweinefrau Ernestine dazwischen:

EK: »... meine liebe Ernestine, die mich ja sehr ins Herz geschlossen hatte, die hat dann eines schönen Tages zu mir gesagt, dass der Werner Haddenbrock absolut nicht der richtige Mann für mich wäre. Denn der hätte dieses und das mit meiner Schwester Ruth.«

DK: »Und dann?«

EK: »Der kam dann nachher auf ein Gut als Administrator, also ging weg von Goldschau auf ein Gut, wo wir hätten hinheiraten sollen. Und da hat dann die Ernestine zu mir gesagt: ›Also, hör mal zu. Soundso ist es. Das würde ich mir ganz schwer überlegen.‹ Und da habe ich dann – ich kann mich noch genau erinnern – auf der Freitreppe ganz oben gestanden. Wie man halt so war, mit 18 Jahren, romantisch. Da habe ich mir Hammer und Zange geholt, den Ring abgezogen und auseinandergehauen. Ich habe ihn in einen Briefumschlag gesteckt, an meinen Verlobten geschickt. Und geschrieben: ›Aus – Amen – Schluß. Ich will nicht mehr.‹ So war ich und so bin ich.

Und nun ging die Sache natürlich rund. Da kam er, der Werner. Es wäre nichts gewesen und es ist auch nichts. Und dann habe ich natürlich meine Eltern zur Rede gestellt und meine Schwester. Von diesem Keim aus ist ja das ganze Verhältnis zu meiner Schwester so schlecht geworden. Ich habe mit ihr jahrelang nicht mehr gesprochen. Über diese Gemeinheit.«

DK: »Ist ja 'ne dramatische Angelegenheit. Was kam dann?«

EK: »Dann hat der Opa sich Ruth vorgeknöpft und hat sie befragt. Und das arme Rullakind wurde natürlich in Schutz genommen. Sie ist verführt worden. Großes Drama: ›Sie ist unschuldig.‹ An dem ganzen Drama war der Werner Haddenbrock schuld. Dann zogen wir nach Berlin. Dann spielte sie es herunter, und ich habe versucht, wieder mit meiner Schwester zu reden.

Als ich dann später mit dem Fritz befreundet war, habe ich mich eines schönen Tages mit ihm bei Wertheim verabredet. Und welch ein komischer Zufall. Ich finde mich pünktlich bei Wertheim ein, mein Fritz kommt auch. Wir gehen ein Stück die Leipziger Straße runter. Wer begegnet uns, kommt uns entgegen? Ich habe gedacht, ich werde nicht mehr: Werner Haddenbrock.«

DK: »Und nun?«

EK: »Wir sind ein ganzes Stück weitergegangen. Dann habe ich zum Fritz gesagt: ›Du, das war mein ehemaliger Verlobter eben.‹ Dann sind wir kurz stehengeblieben und haben uns umgedreht. Da stand der auf der anderen Seite und schaute sich auch nach uns um. Dann habe ich gesagt: ›Komm, wir gehen jetzt weiter, mit dem will ich nichts zu tun haben.‹«

Anstatt als Gemahlin des Werner Haddenbrock auf einem Gut irgendwo in Mitteldeutschland zu sitzen und dem Personal Anweisungen für die abendlichen Gäste und die Versorgung der Kinder zu geben, beugt sich Emmy Mahrenholz nun in Berlin über Pläne von Segelflugzeugen. Auf die Frage des interviewenden Sohnes – »Was musstest du da eigentlich machen?« – lautete die Antwort: »Na – Propaganda. Hier, das sind die ganzen Pausemodelle von den Segelflugzeugen.«

Wer heute Modelle von Segelflugzeugen allein für Kinderkram hält, weiß nicht, worum es dabei in den 1930er Jahren in Deutschland ging. Fliegen war in jener Zeit noch für die meisten Menschen unmöglich. Der weltweit erste bemannte Motorflug lag gerade erst drei Jahrzehnte zurück. Dass das technisch möglich geworden war, steigerte die Faszination der Menschen überall auf der Welt, auch in Deutschland.

Die Nazis wussten diese Begeisterung für das Fliegen geschickt zu nutzen bei ihren Bemühungen, vor allem junge Menschen an ihre Ideologie zu binden. An vielen Orten bildeten sich Flugzeugbaugruppen, bei denen die Mitgliedschaft in der Flieger-Hitlerjugend Voraussetzung war. Die Nazis förderten Modellbau, Modellfliegen, sie organisierten Wettbewerbe auf lokaler Ebene bis hin zu Reichsmeisterschaften. Die Rhönwettbewerbe waren Großveranstaltungen mit bis zu 300 Teilnehmern. Für alle solche Aktivitäten brauchte es Flugzeugmodelle. Und diese wurden unter anderen beim Flugmodellversand Bufe in Berlin-Lichterfelde hergestellt und von dort verkauft. Und dafür musste Propaganda – heute sagen wir Werbung – gemacht werden. Dafür musste auf Messen gefahren und an Wettbewerben teilgenommen werden. Und alles das machte meine Mutter in Berlin.

Mit Stolz in der Stimme berichtete sie davon, dass die Erprobungsfliegerin Hanna Reitsch mehrfach zum Stand von Frau

Bufe gekommen war. Im März 1941 wurde Reitsch durch Adolf Hitler persönlich das Eiserne Kreuz II. Klasse verliehen, im Beisein des Oberbefehlshabers der Luftwaffe, Hermann Göring. Im Jahr 1943 bekam sie das Eiserne Kreuz I. Klasse verliehen, als einzige Frau in der deutschen Geschichte. Hanna Reitsch war die einzige Frau, die am Flugwettbewerb auf der Wasserkuppe am 27. August 1936 teilnahm, und dabei die Glückwünsche des Reichsluftsportführers, des damaligen Oberst Alfred Mahnke – späteren Generalleutnants –, entgegennahm. Ob meine Mutter die Prominente Reitsch dort erlebte, weiß ich nicht. Immerhin hatte sie meine Mutter »am Stand« begrüßt, an welchem Ort auch immer!

Ich blättere durch ein Album, das Fotos aus den Jahren 1934/35 versammelt. Unter dem durchsichtigen Papier mit dem Muster von Spinnweben sieht man Bilder von der Deutschen Luftfahrt-Ausstellung in der Stadthalle Hannover im März 1934. Man sieht marschierende junge Männer in Uniform. Man sieht Segelflugmodelle, die auf die Wasserkuppe in der Rhön geschleppt werden, man sieht Segelflugzeuge, die vor und in der Hermann Göring-Halle stehen. Es gibt Fotos von der Dela in Breslau im August 1934, von der Modellbaugruppe Breslau und vom Pfingstfest 1935 auf der Wasserkuppe. Man sieht viel Hakenkreuze auf den Uniformen und den Flugzeugen.

Wie wir aus den Erinnerungen meiner Großmutter erfahren werden, musste das Rittergut Goldschau zum 1. April 1930 »abgegeben« werden. Nach kurzen Zwischenstationen fand die Familie Mahrenholz eine Wohnung in Berlin-Schlachtensee. Der Familienvater arbeitete – durch Vermittlung seines einflussreichen Schwagers, Max Palm, inzwischen Präsident der Preussag in Oberschlesien – als Landwirtschaftlicher Sachverständiger bei der Industriebank in Berlin, seine Frau blieb

Hausfrau und Mutter. Die älteste Tochter arbeitete beim Flugmodellversand Bufe und wohnte bei den Eltern. Ab nun musste die »höhere Tochter aus gutem Hause« erwerbstätig sein, zumindest so lange, bis sie geheiratet worden war.

Berlin in den 1930er Jahren

Während ich an diesem Text schreibe, begann ich erneut, die Kriminalfernsehserie *Babylon Berlin* zu sehen. Die Erzählung spielt in genau zu jener Zeit, in der meine Großeltern und ihre Tochter Emmyli in Berlin-Schlachtensee lebten.

Die Serie zeigt, wie sich durch die zunehmenden wirtschaftlichen Umwälzungen die allmähliche Radikalisierung der rechten und linken Organisationen das Scheitern der Weimarer Republik abzeichnet. Der aus Köln gekommene Polizeikommissar Gereon Rath leidet unter einer schweren posttraumatischen Belastungsstörung, ausgelöst durch seine Erfahrungen im Ersten Weltkrieg, die zum sogenannten Kriegszittern führt. Die junge Stenotypistin Charlotte Ritter, die dem Kommissar Rath zuarbeitet, verdingt sich nebenbei als Prostituierte im Moka Efti, einem turbulenten Nachtclub in Berlin, wo auch sie leidenschaftlich tanzt.

Hat meine 19-jährige Mutter, die in eben dieser Zeit ebenfalls als Stenotypistin in Berlin arbeitete, jemals diese Welt des modernen Tanzes und der rauschhaften Feste erlebt? Wusste sie überhaupt von dieser Welt, nur wenige Kilometer von ihrem Wohnort entfernt?

Hat die Familie Mahrenholz den »Blutmai«, die Mai-Unruhen vom 1. bis 3. Mai 1929 in Berlin, mitbekommen? Bei denen die Polizei brutal gegen nicht genehmigte, von der KPD organisierte Demonstrationen vorging, wodurch 33 Zivilisten getötet sowie zahlreiche Demonstranten und Unbeteiligte verletzt wurden? Wie wurden diese Ereignisse am abendlichen Esstisch diskutiert? Wie politisch war diese Familie? Ich weiß es nicht.

Emmyli und Fritz

Nicht nur, dass meiner Mutter die Arbeit beim Flugmodellversand offensichtlich Freude bereitete. Eine viel größere Freude bescherte ihr gewiss die Tatsache, dass sie dabei einen drei Jahre jüngeren Mann kennenlernte: Fritz Wilhelm August Käsler, geboren am 4. Februar 1913 in Berlin-Reinickendorf. Auch davon berichtet das Hochzeitsgedicht der Schwester:

»Seit der Zeit nun ward beschlossen,
Amor hat ins Herz geschossen.
Und voll Trauer nun die beiden,
wieder voneinander scheiden.
Über die vergangenen Zeiten,
wißt Ihr selber ja Bescheid.

Vergangen sind nun sieben Jahr,
heute wird getraut das Paar.
Heut an diesem Freudentag,
ist vergessen alle Plag.

Wilhelm Busch, der weise Mann,
setzt sein Schlußwort hintenan:

›So, jetzt haben sie ihre Ruh!
Schwapp – man zieht den Vorhang zu.‹«

Worüber die Hochzeitsgäste Bescheid wussten, und warum »alle Plag« vergessen werden sollte bei dieser Kriegstrauung am 23. März 1940 im Standesamt Berlin-Steglitz, war die Tatsache, dass Emmy Mahrenholz mehr als sieben Jahre auf die Zustimmung ihres Vaters, meines Großvaters, zur Heirat mit Fritz Käsler warten musste.

Denn in den Augen des Herrn Rittmeisters a.D. war der Zahntechniker und Unteroffizier Fritz Käsler nicht der Geeignete für seine älteste Tochter, die gerade mal zwanzig Jahre alt war, als die Familie nach Berlin gezogen war. Eigentlich hätte es ein Graf sein sollen. Oder ein reicher Industrieller, wie ihn ihre Freundin Nora in Mailand gefunden hatte.

In den Gesprächen mit meiner Mutter wurde vor allem ein Motiv überaus deutlich: Sie wollte endlich weg von ihren Eltern. Sie wollte ein eigenes Leben führen. Sie wollte einen Ehemann. Und der einfache Wehrmachtssoldat Fritz Käsler war derjenige, den sie liebte.

EK: »Ich habe mir jetzt auch schon mal Folgendes überlegt. Weil doch der Fritz deinem Großvater nicht recht war. Weil der eben nichts war. Aber weil wir uns ja wirklich liebhatten und zusammenbleiben wollten, hätte er sich ja fast zur Waffen-SS gemeldet. Weil er dann gemeint hat, er kommt schneller vorwärts. Denn er war ja eigentlich Dentist – also Zahnarzt.«

DK: »Mutti! Er war Zahntechniker.«

EK: »Zahntechniker, stimmt. Stell dir mal vor, wie mir es dann gegangen wäre. Ich hätte doch meiner Ansicht nach keine Versorgung bekommen, wenn er als Waffen-SS gefallen wäre. Das glaub' ich nicht! Es ist doch eigentlich noch ein Segen, dass er diesem entgangen ist. Weil er immer gemeint hat, er kommt dann eher vorwärts und wird schneller Offizier.«

Aber nicht nur mein Großvater entpuppte sich als Hindernis für diese Eheschließung:

EK: »Und außerdem musste man ja damals, um den Fritz heiraten zu dürfen, sich untersuchen lassen.«

DK: »Wie, ›untersuchen‹?«

EK: »Da hat mir der Arzt, weil er wusste, dass wir schon sieben Jahre aufeinander warten, aus menschlichen Empfindungen die Bescheinigung gegeben, dass ich ehetauglich bin. Das nannte sich so. Weil meine ganzen Geschlechtsteile vollkommen wie bei 'nem Kind waren. So hat der mir das erklärt. Ich war nicht richtig entwickelt.«

DK: »Wieso? War der Fritz denn dein erster Mann?«

EK: »Mit dem ich geschlechtlich zusammen war?«

DK: »Ja.«

EK: »Ja, bestimmt. So wahr ich hier sitze.«

DK: »Und wie alt warst du da?«

EK: »21. Und mit 29 habe ich dann geheiratet.«

DK: »Ihr habt sieben Jahre lang gewartet auf die Heirat?«

EK: »Ja, und dann haben wir uns auch noch ein Jahr ganz getrennt wegen meinen Eltern. Weil sie uns das Leben so schwer gemacht haben. Dass der Fritz gesagt hat, das halten wir nicht durch. Wir trennen uns jetzt ein Jahr. Und dann haben wir am 23. März 1940 geheiratet. Ich glaube, von 1938 zu 1939 waren wir getrennt. Und dann kam der Krieg. Dann kam Polen.«

DK: »Und wo warst du in der Zeit? In Berlin?«

EK: »Ja. Und er war in Neuruppin. Der war ja in der Ausbildung, bei der Wehrmacht. Der war ja nichts weiter als ein ganz einfacher Gefreiter. Und deshalb hat er damals immer gedacht, ob er sich zur Waffen-SS meldet, damit er vorankommt. Damit wir heiraten können.«

DK: »Und wann ist er dann gefallen?«

EK: »Am 14. Mai 1940. Sechs Wochen war ich glücklich verheiratet. Wahnsinn! Da habe ich so viel geweint, Dirk. Tag und Nacht. Und auf einmal konnte ich nicht mehr sehen, weil ich so viel geweint habe. Und dann haben natürlich die Eltern großes Theater gemacht. Dann haben sie es bereut und bedauert, dass sie uns das Leben so schwer gemacht haben, dann schon. Ich wünsch' das niemandem, mein lieber Dirk.«

DK: »Wer war denn da die Hauptwiderstandskraft?«

EK: »Vati.«

Im Grunde wiederholte mein Großvater mit seinem Verhalten genau jene Qualen, die er selbst bei seinem Werben um meine Großmutter durchgemacht hatte. War es damals der junge Landwirt Mahrenholz, der dem Bankier Palm für seine Tochter Elisabeth nicht gut genug war, so war es nun der Unteroffizier Käsler, der dem Herrn Rittmeister a.D. nicht gut genug für seine Tochter Emmy war.

EK: »Ich wollte ja immer weg von meinen Eltern. Ich wollte immer weg.«

DK: »Kannst du dich denn an eine Situation erinnern, in der du dich deinem Vater in die Arme hättest werfen können? Der dich dann in den Arm genommen und dir geholfen, dich getröstet hat?«

EK: »Nee. Und wie dann der Fritz gefallen war und ich dann weinend in die Richard-Wagner-Straße in München-Pasing kam, da habe ich schon empfunden, dass sie ein schlechtes Gewissen hatten, dass sie uns das Leben so schwer gemacht haben. Sie waren erschüttert und auch sehr traurig. Aber ich hatte das Gefühl, sie trauern nicht wirklich mit. Ich hatte mehr das Gefühl, sie haben ein schlechtes Gewissen.«

DK: »Sie haben nur an sich gedacht?«

EK: »Ja. Was sie uns durch ihre Einstellung zugefügt haben! Und wäre ich leichtsinnig gewesen und wir hätten keine Verhütungsmittel genommen, sondern hätten einfach gesagt, wir bleiben beisammen, wir heiraten jetzt einfach und wir wollen ein Kind, wir wollen eine Familie sein, das wäre besser gewesen.«

DK: »Und warum hast du es nicht gemacht?«

EK: »Weil ich das unmöglich fand, nicht verheiratet zu sein und ein Kind zu haben.«

DK: »Und warum habt ihr nicht geheiratet?«

EK: »Weil wir kein Geld hatten. Der Fritz war ja nichts.«

DK: »Du hast doch gearbeitet. Und er hat auch was bekommen.«

EK: »Für uns war das einfach undenkbar. Ich habe immer gespart, bin in kein Café gegangen. Wenn wir beisammen waren, haben wir wunderschön getanzt. Er hatte mir ja immer die Kleider entworfen. Wunderschönes Taftkleid, Tüll obendrüber und unten Taft. Das war ein ganz weites Kleid, unten war so 'ne Schluppe. Er konnte ja so gut zeichnen und hatte so viel Sinn für Schönheit. Wenn wir tanzten, dann musste ich in diese Schluppe greifen und nach oben ziehen. Das Kleid war ganz weit und alles so durchsichtig. Dann hatte ich noch so ein hellblaues Organzakleid, so mit Weiß drin, und großen Puffärmeln. Der Fritz war immer für Puffärmel. Wir haben immer gespart. Ich habe jede Mark zurückgelegt. Ich hatte schon eine wunderbare Aussteuer.«

DK: »Und warum habt ihr dann nicht geheiratet?«

EK: »Weil wir meinten, wir haben kein Geld. Von was denn, mit was?«

DK: »Was brauchtest du denn zum Heiraten?«

EK: »Das frage ich mich heute auch. Warum haben wir eigentlich nicht geheiratet? Weil wir eben nichts hatten. Und der Fritz, der war ja nichts. Wenn der zu uns kam, dann hat ihn dein Großvater immer so von oben bis unten gemustert. Was meinst du, was das für einen jungen Mann ausmacht? So ungefähr: ›Was wollen sie denn mit meiner Tochter? Das ist 'ne Gräfin. Wenn sie ein Graf wären, dann wären Sie vielleicht recht.‹ Was meinst du, wie das auf so 'nen jungen Mann wirkt?«

DK: »Das hättet ihr ja einfach doch machen können.«

EK: »Das wollten wir nicht. Wir wollten schon beide Kinder haben.«

DK: »Sieben Jahre, Mutti!«

EK: »Sieben Jahre haben wir aufeinander gewartet. Was meinst du, was das immer für 'ne Qual war, wenn wir beisammen waren? Immer diese Angst. Wenn dann immer wieder alles in Gang war. Dann war es ja gut. Aber – Hangen und Bangen immer – von einem Monat zum anderen. Und jung, zweiundzwanzig Jahre war ich alt.«

DK: »Und dann habt ihr letzten Endes doch geheiratet, gegen den Willen deiner Eltern.«

EK: »Ja, genau. Da haben wir nicht mehr gefragt. Wie wir uns dann getroffen haben, nach dem Jahr der Trennung. Da war in der Zwischenzeit der Polenfeldzug gewesen. Er kam ja, Gott sei Dank, wieder. Dann haben wir uns im Berliner Tiergarten getroffen. Da gab es so ein schönes Restaurant, gleich vor so 'nem See. Da brachte er schon die Verlobungsringe mit. Wir haben niemanden gefragt.«

DK: »Und da war sogar schon ein Kind unterwegs?«

EK: »Nein, da noch nicht.«

DK: »Erst als ihr geheiratet hattet?«

EK: »Ja. Das habe ich ihm ja noch rausgeschrieben, an die Front. Dass ich glaubte, schwanger zu sein. Und da hat er noch geschrieben: ›Also für Nachwuchs habe ich ja gesorgt.‹«

DK: »Und zwei Monate später ist er tot. Hast du da nicht mal 'ne Wut auf deine Eltern gehabt?«

EK: »Ach. Wir hatten uns beide gesagt, wir schreiben uns nicht, gar nichts. Und wenn das Jahr um ist, und wir sind der Überzeugung, dass wir wieder beisammen sein wollen, dann treffen wir uns. Er war so stolz, dass er eine so eine schöne Ausgehuniform hatte. Damit hat er mich überrascht. Das war kurz vor Pfingsten, da war es immer so schön in Berlin. Wir gingen in den Zoo, da war schönes Konzert. Da ging jeder hin mit seinen Broten, bestellte sich nur was zum Trinken. Und da hat er mir erzählt: ›Zu Pfingsten komme ich, da habe ich was ganz Besonderes an.‹ Ich sage: ›Was denn?‹ ›Was in Rosa und Hellgrün, und auch Weiß ist drin.‹ Da habe ich bei mir gedacht, um Gottes willen, was ist denn jetzt passiert. Und so war damals diese Extrauniform. Da wäre ich natürlich nie auf den Gedanken gekommen. Ich sah ihn schon in irgend solchem Hemd in diesen Farben. Ich konnte mir das gar nicht vorstellen, weil er ja so konservativ war. Und da stand er dann vor mir, strahlend mit seinen großen blauen Augen. Siehst du, Dirk, eigentlich dürfte ich ja gar nicht traurig sein. Wer weiß, wie der Alltag geworden wäre? Denn das ist ja nicht immer so romantisch. Es kann ja nicht immer Sonnenschein sein.«

Sterben in Belgien

Die abenteuerliche Geschichte vom belgischen Partisanen, der mit der Handgranate auf den Panzer von Fritz Käsler sprang, hält der Lektüre der mir hinterlassenen Papiere nicht stand.

Die tatsächlichen Ereignisse an jenem 14. Mai 1940 bei Dinant, dieser Stadt in der belgischen Region Wallonien direkt am Flussufer der Maas, waren viel banaler. Der Brief eines Hauptmann Höhn vom 17. Mai 1940 an meine Mutter und der Brief des engen Freundes von Fritz Käsler, seinem Kameraden Joachim Messner, in der gleichen Einheit berichten:

Kriegstrauung meiner Mutter Emmi Mahrenholz mit Fritz Käsler im März 1940, zwei Monate später ist sie Kriegerwitwe

»Fritz wurde mit seinem Kampfwagen am 14.5.1940 morgens mit Uffz. Zander und dessen Kampfwagen zusammen zu einer anderen Division abgestellt, um einen Angriff jenseits der Maas bei Dinant zu unterstützen. Der Wagen von Fritz bekam an einer Waldspitze nördlich der Ortschaft Onhaye (etwa 4 km westsüdwestlich Dinant) einen Paktreffer [Panzerabwehrkanone], wodurch Fritz sofort ohne Schmerzen tödlich getroffen worden ist. Der Gefreite Sänger, der Fahrer des Wagens, bootete sich aus, und brachte sich in Sicherheit. Sänger versuchte nun Fritz mit Angehörigen einer Nachrichten-Abteilung aus dem Wagen zu bergen, während der Wagen noch 7 weitere Treffer erhielt, gelang es ihnen, Fritz aus dem Wagen zu heben und auf den Heckpanzer zu legen. Da der Wagen ständig unter feindlichem Feuer lag, mussten sie die Bergung unterbrechen und Deckung suchen. Der Panzerkampfwagen bekam dann einen Artillerie Volltreffer, wodurch er vernichtet wurde. Sänger und die Nachrichtenleute beerdigten dann Fritz an derselben Stelle. Das Ganze muss sich etwa gegen 11 Uhr abgespielt haben.«

Das Fotoalbum, das meine Mutter für ihre eigene Mutter anlegte, versammelt Bilder, Postkarten und Briefe aus der Zeit nach November 1939. Man sieht Fotos von der standesamtlichen Kriegstrauung am 23. März 1940 vor dem Preußischen Standesamt Berlin-Steglitz, von der kirchlichen Trauung am selben Tag – Trauspruch: »dienet einander …« – und vom festlichen Mittagessen im Haus der Brauteltern in Berlin-Schlachtensee, Lagardestraße 15. Vor dem Standesamt stehen der Brautvater und der Adoptivvater des Bräutigams in Mänteln, beim Mittagessen sieht man die beiden Herren im Frack, die sonstigen Männer in Uniform. Die schwarze SS-Uniform mit Hakenkreuzbinde des Bruders der Braut neben den Wehrmachtsuniformen der sonstigen Herren fällt auf.

Die nächsten Einlagen sind eine retournierte Postkarte in der Schrift meines Großvaters vom 17. Mai 1940, adressiert an die Feldpostnummer 33871, und ein Brief an dieselbe Adresse vom 20. Mai 1940. Beide Schriftstücke tragen den handschriftlichen Vermerk in roter Bleistiftschrift: »gefallen für Großdeutschland.« Unter der eingeklebten Landkarte von Dinant und seiner Umgebung zeigen die Fotos im Album ein aufgeschüttetes Grab mit einem Holzkreuz, an dem die Mütze des Panzerfahrers Uffz. Käsler hängt.

Unter einer Sammlung von Briefen Fritz Käslers an seine Schwiegereltern Mahrenholz klebt ein kleiner Zettel:

»März 38 = Ostmark
Oktober 38 = Sudetenland
März 39 = Protektorat
September 39 = Polen«

War Fritz Käsler überall dort im Einsatz? Ich weiß es nicht, es spielt keine Rolle für mich.

Das nächste Foto zeigt meine Mutter in langem schwarzen Mantel, schwarzen Strümpfen und schwarzen Schuhen an einem Wasser stehend.

Auf der folgenden Seite sieht man Fotos vom Heldengedenktag 1941 beim Kriegerdenkmal vor dem Bayerischen Armeemuseum im Münchner Hofgarten. Dieses Denkmal für den Unbekannten Soldaten, das für die im Ersten Weltkrieg gefallenen Münchner Soldaten von Bernhard Bleeker in rotem Marmor ausgeführt und durch den Kronprinzen Rupprecht von Bayern, dem Sohn des letzten bayerischen Königs, 1924 eingeweiht worden war, wurde in den Jahren meiner frühen Kindheit das Ziel einer alljährlichen Pilgerfahrt von Pasing in die Stadt.

Jeden Volkstrauertag, zwei Sonntage vor dem Ersten Advent, fuhren die Kriegerwitwe Käsler und ihr Sohn Dirk dorthin. Und immer wurde der Heldentod des »Vati« betrauert. Und die Mutti musste sehr viel weinen. Die Inschrift im Inneren des Denkmals – »sie werden auferstehen« – tröstete sie nicht.

Noch heute erinnere ich mich an die Trauermusik der Blaskapelle, an die marschierenden uniformierten Männer und die lauten Kommandos. Es müssen Polizisten gewesen sein, denn die Bundeswehr entstand erst im Jahr 1956, da war ich bereits zwölf Jahre alt. Ich war sehr viel jünger, als ich jedes Jahr in jenen kalten Novembertagen bei diesem Gruseldenkmal stand. Ich erinnere mich an die unheimliche Stille beim Lied »Ich hatt‹ einen Kameraden«. Und an das laute Schluchzen der Mutti.

Todesanzeige

Nur zwei Monate, nachdem sie ihn am 23. März 1940 in Berlin geheiratet hatte, fällt der Ehemann meiner Mutter, der 27-jährige Unteroffizier Fritz Käsler, in Belgien. Jener Mann also, auf den sie sieben Jahre gewartet hatte und den sie immer wieder mehrere Monate nicht gesehen hatte, da er im Kriegseinsatz war. Nachdem sie durch diese seelische und körperliche Erschütterung eine Fehlgeburt erlitten hatte, zieht die dreißigjährige Emmy Käsler, geborene Mahrenholtz, im Sommer 1940 von Berlin nach München. In die Nähe ihrer Eltern, die erst ein Jahr zuvor von Berlin in die »Stadt der Bewegung« umgezogen waren.

Die Todesanzeige lautete:

Am 14. Mai 1940 fiel bei der Erzwingung des Maasüberganges bei Dinant mein über alles geliebter, lebensfroher Mann, mein einziger Bruder und Schwager, unser lieber Pflegesohn, unser guter Schwiegersohn

Fritz Käsler

Unteroffizier in einem Panzerregiment
Teilnehmer am Polenfeldzug
Inhaber des Panzerkampfwagenabzeichens

Er kämpfte und starb für Führer und Großdeutschland!

Berlin und München

In stolzer Trauer:

Emmyli Käsler, geb. Mahrenholtz

Heinz Habermann und Frau Dorle, geb. Käsler

Heinrich Lohmüller und Frau Hedwig, geb. Käsler

Hans Mahrenholtz und Frau Elisabeth, geb. Palm

7 Der Vater stirbt endgültig

Die Halbschwester sagt ab

Zum Abschluss dieser Schreibsuche nach meinem Vater glaubte ich, doch noch eine Möglichkeit gefunden zu haben, ihn wenigstens indirekt kennenzulernen. Zu Beginn des Jahres 2022, als ich noch mitten im Schreiben steckte, war es mir gelungen, meine Halbschwester ausfindig zu machen. An ein erstes Telefonat am 8. Juni 2022 schloss sich ein kurzer Austausch von E-Mails und WhatsApp-Nachrichten an. Für den 17. Juli 2022 verabredeten wir ein Treffen in München, sie hatte den Bayerischen Hof als Treffpunkt vorgeschlagen.

Zehn Tage vor diesem Termin kam die Absage, per WhatsApp. Sie schrieb, sie fühle sich bedrängt. Meine Ansprüche an ein solches Treffen empfinde sie als zu fordernd. Sie habe das Gefühl, es ginge mir nur um mich selbst, und nicht um sie. Und rein um die Vergangenheit, und nicht um die Gegenwart. Ich antwortete:

»Deine Absage unseres Treffens betrübt mich. Es stimmt, dass es mir – nach jahrzehntelanger Suche nach meinem leiblichen Vater – um mich selbst geht. Und nicht um Dich. Um das Aufarbeiten einer traumatischen Verletzung. Menschen, die Vater und Mutter hatten, können das vermutlich nicht verstehen.

Gefragt hätte ich Dich, was Deine ersten Erinnerungen an unseren (!) Vater sind. Überhaupt, was für ein Mensch er war, wie Du ihn beschreiben würdest. Wie Deine Kindheit und Jugend mit diesem Mann waren. Und das auch, um mir ausmalen zu können, wie es gewesen wäre, wenn er bei meiner Mutter und mir geblieben wäre.

Zugleich im Bestreben, ihn vielleicht (ein wenig) anders, ›besser‹ wahrzunehmen als wie ich ihn allein durch die Erzählungen meiner Mutter und die vielen Dokumente ›kenne‹.

Es grüßt Dich,

Dein (Halb)Bruder Dirk«

Die Antwort kam prompt, sie schrieb, dass sie verstehe, dass es schmerzlich für mich gewesen sei, ohne Vater aufzuwachsen, sie aber keinen Vorteil darin erkennen könne, wenn sie mir von ihrer schönen Kindheit berichten würde. Sie wolle sich ihre Erinnerung an unseren Vater nicht schlecht reden lassen. Es sei jedenfalls besser, die ewig alten Zeiten ruhen zu lassen.

Es sah so aus, als ob mir allein jene spärlichen Angaben bleiben würden, die sich aus den wenigen Telefonaten ergaben. Meine Halbschwester erlebte, so sagte sie, eine schöne Kindheit in die Wirtschaftswunderzeit hinein. Unser Vater sei ein Ästhet gewesen, immer sei er sehr gepflegt aufgetreten. Eigentlich wollte sie Innenarchitektin werden. Ihr Vater bestand jedoch auf einer kaufmännischen Lehre. Schon weil sie ohnehin bald heiraten würde. Im Alter sei er ein zerrissener Mensch geworden. Nachdem ihm eine Frankfurter Geliebte, der er eine Wohnung geschenkt hatte, die Verbindung aufkündigte, unternahm er zwei erfolglose Suizidversuche. Dann zog er mit Ehefrau und Tochter nach München, wo er starb und beerdigt wurde.

Beim Nachdenken über diese Absage wird mir klar, dass meine Halbschwester sich vor einem sehr großen, bösartigem Schmerz zu schützen sucht. Vielleicht ahnt sie die Abgründe. Niemand trägt Verantwortung für die eigenen Eltern, alle Menschen müssen mit ihren Verletzungen leben. Es gilt jedenfalls, die eigenen Kinder zu schützen.

Die Kiste der Pandora

Erst nachdem das Treffen mit meiner Halbschwester geplatzt war, öffnete ich jene Kiste, von der bereits die Rede war. Seit dem Tod meiner Mutter vor über dreißig Jahren hatte diese Sammlung alle meine Umzüge mitgemacht. Irgendwann muss ich sie schon einmal geöffnet haben, denn ganz oben lag ein handschriftlicher Zettel mit knappen Überschriften wie: »Fotoalben 1939–1942 (Hellbeige)«, »Skiurlaub mit Fritz Käsler«. Nun, im Juli 2022, erst nach der Absage der Halbschwester, breite ich den kompletten Inhalt auf dem Boden meines Arbeitszimmers aus. Der Geruch von altem Papier verbreitet sich.

Ich öffne einen grünlichen Aktenordner. In der Handschrift meiner Mutter steht auf seiner Vorderseite »Dirk«. Es ist wie der Ruf meiner Mutter aus dem Grab: »Lies das!«

Die ersten fünf Seiten sind die maschinenschriftliche Abschrift eines Briefes von »H. Rolf, Bad Polzin, SS-Mütterheim« an dessen Ehefrau vom 18. August 1943. Wer mag diese Abschrift gemacht haben? Meine Mutter? Immerhin waren meine Eltern zu diesem Zeitpunkt bereits seit einem halben Jahr zusammen, und sie war Schreibkraft beim Lebensborn.

»Liebe xyz,
es ist keine Böswilligkeit, wenn ich bis heute damit zögerte, Dir für mein Verhalten während der letzten Monate endlich eine Erklärung zu geben. Du wirst mich umso besser verstehen, nachdem es sich um die entscheidende Frage unserer weiteren Gemeinschaft handelt. Seit nunmehr fast 1 Jahr versuche ich Klarheit in meinen Entschlüssen zu erhalten um dementsprechend handeln zu können. Ich bin inzwischen zu der Überzeugung gekommen, dass eine Fortsetzung unserer Ehe nicht mehr möglich ist, soll nicht diese Gemeinschaft für alle Beteiligten zu einer Qual und Last werden.«

Liest man die gesamten fünf Seiten – einzeiliger Abstand – so erkennt man, dass der Brief an dieser Stelle hätte enden können. Langatmig wird die Geschichte einer Beziehung zwischen einem Mann und einer Frau rekapituliert. Insgesamt drei Kinder wurden geboren (1938, 1939, 1943). In seinem Antrag auf Festsetzung der Beihilfe vom 7. Juni 1944 gibt der Antragsteller sogar an, dass er als Geschäftsführer für den Unterhalt von fünf Kindern zu sorgen habe: Vor den drei ehelichen Kindern führt er einen Jürgen an (geboren 1937). Meinen Namen konnte er noch nicht eintragen, denn ich sollte erst vier Monate später geboren werden. Vorsorgehalber beantragte er dennoch die Beihilfe auch für sein fünftes Kind. Es geht aus den Unterlagen nicht hervor, ob die Beihilfe auf das Konto Nummer 772298 bei der Bank der deutschen Arbeit, München tatsächlich überwiesen wurde.

Der lange Brief an seine Ehefrau macht unmissverständlich klar, dass der Verfasser sie auffordert, einer Scheidung zuzustimmen. Er verweist auf ihr Misstrauen ihm gegenüber, seit sie aus seiner Post »den Brief einer anderen Frau« an sich genommen und ihm das verschwiegen hätte. War das ein Brief meiner Mutter? Nach seiner Rückkehr aus Karelien und der Abkommandierung zum Standesamt-Lehrgang nach Dachau und anschließender Versetzung zum Lebensborn hatte er offensichtlich erreicht, dass seine Frau mit den drei Kindern im Lebensborn-Heim in Steinhöring untergebracht worden war. Da aber weder zu seiner Frau noch zu seinen Kindern »jenes Empfinden in dem Maß vorhanden war, wie ich mir das als Vater eigener Kinder immer vorgestellt habe«, sei es nun an der Zeit, die Ehe zu beenden.

»All die Jahre und Ereignisse, die seit unserer Hochzeit hinter mir liegen, haben mir bis auf den heutigen Tag bewiesen, dass wir zwei so grundverschiedene Menschen sind, die eben für eine Ehe nicht zueinander passen. Es ist heute müßig, hier nach Schuld zu suchen. Es ist keine Schuld da. [...] Es ist absolut nichts Unehrenhaftes, wenn zwei Menschen nicht zueinander passen und demzufolge wieder auseinandergehen. [...] Von mir aus kann ich eine Scheidung unserer Ehe nicht beantragen. Der Antrag dazu kann nur von Dir aus erfolgen.«

Doch so einfach, wie Hubert Rolf es sich gedacht zu haben scheint – vermutlich wollte er zu diesem Zeitpunkt wirklich meine Mutter heiraten –, entwickelte sich die Angelegenheit nicht. Der Brief seiner Frau an den »Lieben Hubert« vom 23. August 1943 macht das sehr klar. »In welche Sackgasse bist du denn da wieder hineingeraten?«, fragt die Frau, die zu diesem Zeitpunkt bereits wieder in Trier lebt. Sie weigert sich nachdrücklich, in eine Scheidung einzuwilligen, denn sie sieht sich selbst auch weiterhin als seine Frau. Und ihn als »lieben Papi« für die drei gemeinsamen Kinder.

Die Frau wehrt sich vehement und beschwört ihre tiefe Liebe zu ihm. Hubert antwortet nicht auf ihre Briefe oder weist ihre Ansprüche rigoros zurück, indem er ihr »kaltlächelnde Berechnung« vorwirft. »Viele Grüße und Heil Hitler«, schließen seine Briefe aus Bad Polzin. Der gesamte Briefwechsel zeugt von einer opportunistischen, feigen, selbstbemitleidenden, hinterhältigen und verlogenen Person. Ich schäme mich, von diesem Mann gezeugt worden zu sein.

»Ich bin nicht schlecht und bin nicht gut«

Die Geschichte entfaltete sich immer schlimmer, wie die gesammelte Korrespondenz zwischen meiner Mutter und meinem Vater ab dem 27. April 1949 bis zum 17. August 1955 belegt.

Meine Mutter scheint jedes Schriftstück aufgehoben zu haben. Es ist insgesamt das Drama einer liebenden, verzweifelten und stolzen Frau, die sich zunehmend um die materielle Versorgung ihres kleinen Kindes sorgen muss. Und um die schriftlichen Äußerungen eines Mannes, der sich mit allen argumentatorischen Tricks aus seiner Verantwortung der von ihm im Stich gelassenen Frau und dem Sohn gegenüber auszuschleichen sucht. Regensburg, Essen, Dortmund, Trier, Koblenz, Mainz, Darmstadt, Frankfurt am Main – die Liste der Adressen scheint endlos zu sein. Ständig klagt er über seine vielen Kopfschmerzen, seine unsicheren beruflichen Aussichten und vor allem über die Schikanen, die seine Ehefrau unternimmt (»sie hat gegen mich ein Versäumnisurteil bekommen«). Vermeintlich anteilnehmend enden die Briefe: »Dich und den Kleinen hoffe ich gesund. Wie war sein Geburtstag? Viele liebe Grüße, Euer Vati.«

In der Weihnachtszeit 1949 gelangt dieser Mann zu einer Selbstwahrnehmung, die er meiner Mutter mitteilt:

»Liebes Mylein,
ich weiß, dass Du inzwischen einige Erkenntnisse gewonnen hast, die Dir ungeheuerlich erscheinen werden. Mein Leben seit Monaten entfernt mich irgendwie immer weiter von Dir fort. Diese Erkenntnis ist auch für mich etwas Unerfreuliches. Soll etwas mit so viel Zuversicht und gutem Willen begonnenes, ein solches Ende finden? Unsere Gemeinschaft ist ja schon seit Jahren auf äußere Formen des Zusammenlebens begrenzt. Dass bei dieser Art Leben vieles gemeinsames zerbricht und bedeutungslos wird, das muss ich zu meiner eigenen Schande eingestehen. Sei gewiss, ich suche selbst seit langem nach einer Erklärung für eine solche Wandlung. Sind die Umstände hier allein der Grund für solche Entwicklungen? Es mag sein, wie es will. Tatsache ist doch, dass es nur noch eine schwache Triebfeder in mir gibt, die mich zu Dir und dem Jungen hinführt. Ist das die Folge der unglückseligen Umstände in München, oder der langen Trennung – oder sind meine Anlagen und die daraus entstehenden Entschlüsse daran schuld? Ich kann nur selbst zu der Feststellung kommen, dass es jedenfalls meiner ganzen Kraft bedarf, um nicht zu vergessen, dass es schon mal anders war, zwischen uns.

Die verschärfte Situation der letzten Wochen mit xyz – erneuter Termin am 19.1.50 – hat in mir eine gewisse Apathie gegenüber dem Ablauf meines Alltags mit sich gebracht. Dass ich kein Ende dieses Kampfes sehe, macht mich oft hart und unempfindlich. Wie soll ich aus solchen Empfindungen heraus zu hoffnungsvolleren Ausblicken kommen. Ich lebe ein Leben was nur dem Augenblick gilt, ohne Frage nach dem Wohin. Ob Du das verstehen kannst? Ich kann es Dir nicht anders begreiflich machen. Du hast den Jungen und darin Deine unerbittliche Aufgabe. Was habe ich? Ich bin ohne Eigenes und überall nur Gast. – Vielleicht ist es mein Schicksal, oft will es mir so scheinen.

Weihnachten steht kurz bevor. Ich komme nicht. Ich will mich nicht selbst belügen, es gibt viele Gründe dafür. Ich hoffe, dass es Ende der Woche noch etwas zu Weihnachten gibt. Bis dahin muss ich warten. Spätestens am Montag den 19.12. erhältst Du noch Geld für Weihnachtsgeschenke. Erfülle Dir Deine und des Jungen Wünsche – ich will Dir die Möglichkeit schenken. Ich besitze nicht die Stimmung und das Gefühl, um mit Liebe schenken zu können, es fehlt mir etwas – die innere Freude und Begeisterung. So bin ich ärmer als ein Armer. – Verzweifle nicht aufgrund des Briefes – ich will nicht lügen. Vielleicht sehe ich das alles nochmal anders. Sei Du und Dirk herzlich gegrüßt von Euerem Vati.«

Am 22. Dezember 1949 schreibt dieser Mann erneut an meine Mutter und bedankt sich für ein Weihnachtspäckchen, das sie ihm geschickt hat: »Ich hatte mir überlegt, ob ich Dir einige Blumen schicken sollte – aber die Ungewissheit, was und wie es dann zu Dir kommt, hielt mich zurück. [...] Ich wünsche Dir und Dirk trotz allem frohe Feststunden, ich werde mit meinen Gedanken bei Euch sein.«

Was die tatsächlichen Gründe waren, die diesen 39-jährigen Mann daran hinderten, ganz zu meiner Mutter und mir zurückzukommen, musste meine Mutter einem Brief entnehmen, den ihr eine Frau aus Essen mit Datum 19. Dezember 1949 schrieb:

»Werte Frau Käseler!
Leider muss ich Ihnen etwas mitteilen, dass alle Ihre Hoffnungen zunichte macht. Ich kenne Ihr Leben von Hubert. Wie ich Hubert kennenlernte, wusste ich nichts von Ihnen, später hat Hubert mir dann alles gebeichtet. Wir sind fast 1½ Jahr zusammen und lieben uns sehr. Da ich nun geschieden bin und wir unser großes Glück

erwarten, muss ich Ihnen leider diese Mitteilung machen. Zürnen Sie Hubert nicht allzu sehr und seien Sie eine tapfere kleine Frau. Wenn Sie Hubert gern noch schreiben, er erhält jede Post ungelesen von mir. Wir haben uns unendlich lieb und großes Vertrauen zueinander. Verzeihen Sie diese Schrift, solche Briefe liegen mir nicht. Freundl. Gruß«

Zehn Tage später antwortet meine Mutter dem »lieben Hubert«:

»Ich hatte mir eigentlich vorgenommen, Dir heute einen ausführlichen Brief zum neuen Jahr zu schreiben und Dir von unserem Leben hier zu erzählen. Aber nun ist es anders geworden. Zuerst danke ich Dir für Deinen Kartenbrief vom 22.12. mit dem Geldgeschenk. Da wir z. Zt ohne Kohlen dasitzen und eine warme Stube mehr wert ist als Blumen, die ja doch nur eine Fata Morgana bedeuten, möchte ich lieber das Geld so anlegen.

Ich möchte weder verurteilen noch urteilen, Dich nur bitten, insbesondere im Gedenken an ›unseren‹ Jungen mir eine Erklärung für den nachstehenden Brief zu geben. Er kam heute bei mir an und lautete ...«

An die Abschrift des Briefes der Frau aus Essen schließen sich diese Sätze an:

»Ich lege Dir u. a. zwei Weihnachtskarten bei. Ich nehme an, dass Du infolge des heutigen Briefes es begreifst, wenn ich meine Zeilen beende. Was wird nur einst ›unser‹ Dirk zu all dem sagen? Ist der obige Brief der Wahrheit entsprechend, so muss ich sagen, dass Dein letzter Besuch insbesondere Dirk gegenüber ein großes Unrecht war. Prosit 1950!«

Die Antwort des Hubert Rolf aus Regensburg vom 12. Januar 1950 dürfte die ehrlichste Selbstdiagnose dieses Mannes und zugleich das deutlichste Dokument eines jämmerlichen Selbstbemitleiders sein:

»Liebes Mylein,
ich erhalte heute Deinen Brief vom 29.12. nach Dortmund gerichtet. Ich weiß, dass ich doch einmal Klarheit geben muß und will mich dem nicht entziehen. Dass Du den Brief doch erhalten hast, der in einem Zustand größter Erregung geschrieben wurde, habe ich bis heute nicht geglaubt. Nun, nachdem also die Dinge gewaltsam einen Weg gefunden haben, kann ich objektiv das sagen, was war und ist.

Als mich der Zufall – oder ist das ein Teil des vorgezeichneten Schicksals – im November 1948 unter schwierigsten Verhältnissen in das Haus bzw. die Wohnung dieser Frau führte, da ahnte ich nicht, dass das der Beginn einer neuen Entwicklung werden würde. Sowohl sie als auch ich hatten daran nie gedacht. Ich war damals ganz einfach froh und dankbar, dass ich ein Dach über dem Kopf hatte. Es ergab sich, dass ich im Laufe der Zeit das schwere Schicksal dieser jungen, im Grunde ihres Herzens guten und anständigen Frau, kennen lernte. Der Mann sitzt zum 2. Mal wegen seiner Leichtlebigkeit und begangenen Betrügereien im Gefängnis. Sie hat 3 Kinder von diesem Mann und hätte alles verziehen, wenn er ihr gegenüber so viel Liebe aufgebracht hätte, als sie brauchte, um allen Opfern gerecht zu werden. So sah es aus, als ich einzog. Ich erlebte dann, dass andere Männer unter dem Deckmantel des Helfenwollens, sich dieser Frau aus egoistischen Gründen näherten. Durch das tägliche Zusammenleben blieb es nicht aus, dass der persönliche Kontakt enger wurde. Die Anständigkeit und selbstlose Hilfsbereitschaft dieser Frau mir gegenüber, andererseits meine Kenntnis von den schweren Verhältnissen – 3 große Kinder täglich ohne Aufsicht, da sie beruflich bis spät abends weg war – ließen mich schnell mehr Einfluss auf die Verhältnisse gewinnen, als beabsichtigt war. Ich wirkte auf die Kinder ein, half nach besten Kräften mit, dass es ein harmonisches Zusammenleben gab. Ich war immer ›zu Hause‹ – was sollte ich ohne Verdienst machen – und so kam unweigerlich der Tag, wo die Beziehungen auch intimer wurden. Das Schicksal wollte es zu allem anderen, dass wir uns auch als Mann und Frau so gut verstanden, dass alles Weitere nur noch eine Folge dieser Tatsache war. Ich kann vor dem Herrgott bezeugen, dass ich immer reinen Herzens war in all meinen Taten. Es war auch nach Monaten des Zusammenlebens – unter Wahrung aller Notwendigkeiten vor den Kindern – noch nicht meine Absicht, eine Trennung der Ehe herbeizuführen, obwohl mein Gefühl ganz der Frau gehörte.

All die schweren Monate – von November 48 bis März 49 – war so diese Gemeinschaft mein Lebensinhalt geworden. Mein Bemühen um mein Weiterkommen ruhte nicht und als dann meine Verhältnisse besser wurden, da war es für mich eine Selbstverständlichkeit, dass ich diesem Menschen auch wirtschaftlich meine Dankbarkeit bewies. – So war das.

Meine schweren Sorgen mit meiner Frau und mit Dir ließen in mir nie den Gedanken aufkommen, dass ich diese Frau von ihrem Manne trennen wollte. Ich gebe ehrlich zu, dass mir in den Stunden körperlicher Gemeinschaft, der Gedanke, diese Frau wieder aufzugeben, nie gekommen wäre. Aber in den Stunden ruhiger Überlegung erschrak ich bei einem solchen Gedanken, die Verantwortung und wirtschaftliche Sorge für all diese Menschen tragen zu sollen. Trotzdem blieb es bis heute immer alles glücklich, obwohl Sorgen und schwere Tage auch in dieser Zeit genügend vorhanden waren. Dann lastete immer wieder Deine und Dirks Anwesenheit auf meinem Herzen. Ich wusste immer, so gut ich es heute weiß, dass ich mit voller Überlegung damals mit Dir gehandelt hatte. Gerade diese eigene Verantwortung hat mich nie losgelassen. Dann kam meine Fahrt nach Süddeutschland und trotz großen Hemmungen sah ich darin die Gelegenheit zur Klärung meiner Lage.

Unser Wiedersehen und Zusammensein in München fand unter widerstrebenden Faktoren statt. Einesteils bedrückte mich Deine schwere Lage und Deine Sorgen und mein Herz litt sehr darunter, auch das ehrliche Empfinden des Jungen griff mich sehr an – andererseits wurde mir klar, daß ich Dir selbst, auch oder gerade bei einem ständigen Zusammenleben nicht mehr treu bleiben würde als Mann! Diese Erkenntnis will ich nicht beschönigen, aber es wäre ein böses Omen für eine gemeinsame Zukunft.

Nach meiner Rückkehr nach Essen wusste ich, dass die Kraft dieser Gemeinschaft stärker ist. – Trotz und alledem habe ich versucht, diese Frau im Hinblick auf die nahende Rückkehr ihres Mannes und im Interesse ihrer Kinder – die mich absolut nicht anerkennen – wieder zu einem Zusammenleben mit ihrem Mann zu bewegen. Vergebens! Diese Frau ist nur Gefühl und würde durch ihr Gefühl zu Grunde gehen. Sie weiß, dass ich sie so wenig heiraten kann wie Dich – und doch ist sie zu Allem fähig. Daher der Brief an Dich. Was wird, weiß ich noch nicht. Jedenfalls bin ich mit diesem Menschen glücklich und kann ihm treu bleiben. Ich hoffe, dass es immer so bleibt. Das Schicksal wird es letzten Endes bestimmen.

Wohin mein Weg noch geht, ich weiß es nicht. Ich bin nicht schlecht und bin nicht gut. So viel Verworrenheit ist in meinem Leben gewesen, dass ich oft ratlos vor mir selbst stehe. Das ist kein Fatalismus, nur die Erkenntnis einer unglücklichen Veranlagung meines Wesens. – Ich will mich nicht entschuldigen, ich stelle nur nüchtern die Tatsachen fest.

So, Mylein, nun kannst Du urteilen und verurteilen. Es steht bei Dir. Auch mein Wesen ist vom Gefühl beherrscht, wobei ich hoffe, dass es immer ein gutes und reines Gefühl sein und bleiben möchte. Es grüßt Dich und Dirk, Hubert.«

Die vorangegangenen Passagen »Die Mutti wird krank, der Vati ist tot« schilderten, dass meine Mutter ab April 1950 an einer nassen Rippenfellentzündung erkrankte. Nach sechs Wochen im Münchner Krankenhaus rechts der Isar wurde sie bis zum September 1950 in Bayerisch-Gmain gesund gepflegt. Welche psychischen Erschütterungen zur schweren Erkrankung meiner Mutter geführt haben, erschließt sich aus den zahlreichen Dokumenten jener Zeit.

Am 12. Mai 1950 schreibt die Mitbewohnerin des Hauses in der Floßmannstraße 36, Else Walzel, einen vierseitigen Brief an meinen Vater, in dem sie diesen über den stationären Aufenthalt meiner Mutter im Krankenhaus informiert und detailliert die mitleiderregende Lage von Emmy Käsler und ihrem Sohn schildert. Der Brief ging an die Adresse jener Frau in Essen, die meiner Mutter umgehend antwortet, von einem Nervenzusammenbruch ihrerseits berichtet und klarmacht, dass sie meiner Mutter auch nicht helfen könne, ungeachtet der Tatsache, dass ihr deren Lage sehr leidtue: »Dirk, der arme Junge.« Die nächste Postkarte der Frau aus Essen an »Frau Käseler« markiert eine dramatische Zuspitzung der Situation: »Ihnen zur Kenntnis folgende Mitteilung. Ich habe H. Rolf wegen mehere [sic!] Vergehen angezeigt.«

Der Brief des von seiner Essener Geliebten Angezeigten aus Regensburg (»Hauptpostlagernd«) an Ruth, die Schwester meiner Mutter, macht klar, was geschehen ist. Nicht nur Frau Walzel auch meine Tante müssen meinem Vater geschrieben haben, wie elend die Lage meiner Mutter geworden war. Er antwortete meiner Tante Ruth:

»Der Inhalt Deines Briefes ist mir mächtig auf die Nieren gegangen. Wenn ich meinem Gefühl nach handeln könnte, würde ich keinen Moment zögern, alles zu tun, um Emmyli und Dirk zu helfen. Soweit ich das unter den augenblicklichen Umständen kann, werde ich es bestimmt tun. [...] Meine sehr gute Stellung in Dortmund habe ich seit Mitte Juni leider eingebüßt. Zum Teil durch meine eigene Schuld und die widrigen Umstände, unter denen ich seit 1945 gezwungen bin zu leben. Die Frau in Essen, bei der ich seit Nov. 1948 wohnte, hat aus Enttäuschung darüber, dass ich nicht länger mit ihr zusammenleben wollte, alle nur erdenklichen Gemeinheiten bei meiner Firma persönlich und durch Briefe vorgebracht, sodass mein Chef eine weitere Zusammenarbeit ablehnte. Wenn man 1½ Jahre mit Menschen zusammenlebt, dann ist es unvermeidlich, dass auch schon mal geschäftliche Dinge besprochen werden. Diese Kenntnis und dazu weitere private Dinge hat sie in Dortmund preisgegeben. Du kannst Dir denken, wie mich dieser Schlag getroffen hat, nachdem ich bereits seit 8 Wochen einen Wagen der Firma erhalten hatte und man mit meinen beruflichen Erfolgen sehr zufrieden war. Es sollte eben nicht sein.«

Der lange Brief endet: »Für Emmyli hoffe ich, dass sie bald wieder gesund ist und mit Dirk zusammenleben kann.«

Ich überspringe viele Schreiben, die zwischen meiner Mutter und meinem Vater hin- und hergingen. Sie handeln zum einen vom ständigen Betteln meiner Mutter um Geld, ausschließlich für Anschaffungen für ihren Sohn. Zum anderen vom unaufhörlichen Winseln meines Vaters um Verständnis für seine sehr schwierige berufliche und finanzielle Lage. Die Zahlungsverpflichtungen für seine Ehefrau und die drei Kinder erdrücken den armseligen Mann, der immer wieder auch als arbeitslos gemeldet ist und für meine Mutter unter keiner Postadresse erreichbar ist.

Aus dem Wust dieses Briefwechsels seien abschießend diese drei zitiert: ein Briefwechsel vom Mai 1952; einer vom Mai 1953; und dem offensichtlich letzten Briefwechsel vom Herbst 1955.

»Liebe Emmyli!
Es ist an der Zeit, dass ich Dir Deinen lieben und gutgemeinten Brief beantworte. Ich war eigentlich in meinem ganzen Leben stolz darauf, dass ich überall, wo ich einmal mit Menschen zusammengekommen war, wieder mit reinem Gewissen hingehen konnte. Du bist der erste Mensch, wo ich das nicht mehr so überzeugt kann. Die Beantwortung der Frage nach Schuld oder Unschuld gibt auch hier noch keine restlose Erklärung. Mein Handeln an Dir war von Anbeginn an ehrlich – und doch fehlte Allem vielleicht der Urgrund einer wirklich tiefen Liebe. Vielleicht war es mehr bequeme Gelegenheit aus den Umständen der damaligen Zeit, Flucht aus der Unerträglichkeit einer inhaltslosen Ehe, Mitgefühl für Deine Verlassenheit und vor allem die Gewissheit, einen ehrlichen, wahrhaften und sauberen Menschen gefunden zu haben. Dir den Wunsch nach einem eigenen Kind zu erfüllen, war auch eine erhebende Aufgabe und ich weiß, daß das alles in Reinheit von mir erlebt wurde.

Die Entwicklung der Umstände nach 1945 erforderten dann von mir ein großes Maß Selbstbeherrschung in Bezug auf eine Treue zu meinen übernommenen Pflichten. Du weißt selbst, dass ich mich lange um die Einhaltung dieser Verpflichtung bemüht habe, am Ende aber doch nicht stark genug war, um allen Anfechtungen standzuhalten. Was danach kam, war dann nur noch eine Frage der Zeit und Umstände, um alles aufzulösen! So kam, was nach seinem Beginn früher oder später doch gekommen wäre. – Eine Rückkehr ist nach Allem nicht mehr möglich, so sehr ich begreife, dass es für Dich und Dirk ein neues Leben bedeuten würde. Sei darüber nicht traurig und verzagt, aber es geht nicht.

Im Übrigen bin ich auch heute noch nicht geschieden. Meine Frau hat sich bis heute geweigert, ein neuer Prozess würde mich 1.000 Mark kosten. Beruflich bin ich noch nicht ganz überm Berg und noch nicht sicher. Dass ich aber trotzdem auch einen Menschen habe, mit dem ich einem Ziel zustrebe, wird Dich nicht wundern, nachdem ich einen Menschen brauche, um meinem Leben Sinn und Inhalt zu geben. Vielleicht komme ich eines Tages mal von allein zu Dir und Dirk, um etwas gutzumachen, was ich heute noch nicht kann. – Ich wünsche Dir und Dirk von ganzem Herzen auch ohne mich ein erfülltes Leben. Herzliche Grüße, Hubert.«

Einen Monat später, am 11. Mai 1952, antwortet meine Mutter auf diesen Brief:

»Lieber Hubert!
Gerade weil Dirk um mich ist und er einmal später von mir erfahren wird, warum er ohne Vater aufwuchs, möchte ich auf Deinen Brief noch in Deinem alten Lebensjahr eingehen.

Wenn Du Dir mit dem, was Du schreibst, Dein Gewissen beruhigst, so mag es gut für Dich sein, in Wirklichkeit war es aber nie so, wie Du es glaubst, heute hinstellen zu können. Ich werde dafür Dirk einmal genügend Menschen vorstellen können, d.h. er kennt heute schon fast alle, die Dich, Dirk und mich zusammen erlebten, die ihm Aufschluss geben können, auch habe ich alle Deine Briefe noch, aus denen Dirk selbst urteilen kann, dass Du mich lieb hattest und glücklich in der Gewissheit, dass Dirk UNSER Ziel, Glück u.s.w. sei. Es tut mir weh, mich da verteidigen zu müssen. Ich glaube, Du weißt nicht oder willst es nicht wahrhaben, was Du heute behauptest. Ich bedauere, daß Deine Mutter, von der Du mir so viel erzähltest, nicht mehr lebt. Würde sie Dich verstehen?

Dass Deine erste Frau sich nicht scheiden läßt, kann ich heute fast verstehen, sie denkt an ihre, bzw. Eure Kinder, sie wird wissen, wie Du an uns gehandelt hast, ich kenne die Fortsetzungen, wie endeten sie? Ist das Sinn und Inhalt eines Lebens?

Mir tut es nicht leid, daß ich noch einmal Dir das sagte, was ich verständlicherweise nicht zum Schweigen bringen kann. Nach Deinem letzten Brief bitte ich Dich eindringlich – komme nicht mehr zu uns zurück. Nie. Ich könnte es nicht ertragen und für Dirk wäre es erschütternd, lass ihn bei dem Glauben, daß sein Vater tot ist, solange bis er groß ist. Den Zeitpunkt, wann er es erfahren soll, überlasse mir. Sorge für Dirk finanziell so gut Du kannst, Du weißt, daß das Leben teuer ist und lernen soll er etwas Tüchtiges. Erspare mir in dieser Hinsicht Not und Kummer. [...] Es passt gar nicht zu mir, dieses Betteln, aber ich tue es ja für Dirk. Heute hat er mir den Sonntag schön gestaltet. Ein wunderschöner Tulpenstrauß steht in unserer Wohnung, den er heimlich von Bekannten für mich holte. Ich lege Dir als letztes ein Bild von uns bei und wünsche Dir für das bald beginnende und die weiteren Lebensjahre das Allerbeste. [...] Noch einmal, komm nicht wieder, vielleicht kommt Dirk nach Jahren zu Dir.«

Meine Mutter sammelte sämtliche Abschnitte der immer spärlicher werdenden und unregelmäßigen Überweisungen, die im Jahr 1952 bei ihr eingingen. Zu meinem achten Geburtstag kamen 10 Mark für Sandalen, um die meine Mutter inständig gebettelt hatte, ansonsten kam mein Vater ganz eindeutig seinen Zahlungsverpflichtungen von monatlich 50 Mark nicht regelmäßig nach, bat dabei ständig um Verständnis für seine »schwierige« Lage. In einem Verzweiflungsanfall schrieb ihm meine Mutter am 6. Mai 1953 – per Einschreiben – erneut:

»Lieber Hubert!
Oft habe ich Dir – seitdem Du uns den Rücken gekehrt hast – bestimmt nicht geschrieben, und ich weiß eigentlich nicht, was ich davon halten soll, dass ich auf meine Zeilen keine Antwort erhalte. Weder weiß ich, ob Du unser Päckchen zu Weihnachten erhalten hast, noch meine Bitte um Unterstützung bei der Anschaffung von Kleidungstücken für Dirk. [...] Im Grunde genommen, habe ich doch eigentlich Garnichts getan, im Gegenteil. Habe ich vielleicht Dir Szenen gemacht, weil Du uns verließest, wenn ich auch nicht Deine Frau ›vor dem Standesamt‹ war, so hätte ich doch weiß Gott mehr als genug Dokumente, die Dirk einmal aufklären können, wie alles war, oder? [...] Was tat ich eigentlich, was denn? Ich liebte Dich, den Jungen und war glücklich, bis ich eines anderen belehrt wurde. Spürst Du nach all dem Vergangenen – das durch Dirks Gegenwart für mich ja nie abgeschlossen sein kann – nicht in Dir irgendwelche Regungen, hin und wieder auch mal etwas zu tun für uns?«

Die Antwort aus Augsburg vom 9. Mai 1953 dürfte für meine Mutter wie ein Schlag ins Gesicht gewesen sein:

»Liebe Emmyli!
Nachdem Du mit Deinem Einschreibbrief eindringlich nach Gründen für mein Schweigen fragst, bleibt mir ja nun nichts anderes übrig, als Dir Klarheit zu geben. Ich habe mit voller Absicht geschwiegen, um nicht immer wieder die vergangenen Zeiten heraufzubeschwören. Im Übrigen bin ich seit Ende September 1952 von meiner Frau geschieden und seit 23. Oktober 1952 erneut verheiratet und wir erwarten Ende Mai ein Kind. – Ich dachte, daß ich Dir diese Entwicklung nicht hätte mitteilen zu brauchen, um nicht neue Erschütterungen in Deinem Tagesablauf eintreten zu lassen. Dass ich unter den gegebenen Umständen keine weiteren

Mittel frei habe, um Dich und Dirk außer den monatlichen 50 Mark zu unterstützen, wirst Du doch verstehen, nachdem ich außerdem noch monatlich 180 Mark für die Kinder meiner ersten Frau aufwenden muss. Meine jetzige Familie hat begreiflicherweise den ersten Anspruch auf eine ausreichende Versorgung. Nachdem ich aber keine unermesslichen Bezüge habe, muss ich Dich schon bitten, mit dem zufrieden zu sein, was ich geben kann. – Daß das alles für Dich schwer ist, weiß ich selbst, aber ich bin wohl berechtigt zu sagen, daß ich meinen vielfältigen Verpflichtungen zuliebe selbst am meisten auf alles persönliche verzichte.

Um endlich einmal in mein unruhiges Dasein etwas Ausgeglichenheit eintreten zu lassen, ist es besser, wenn nicht immer wieder von außen her neue Momente in mein Leben eintreten. Meine Frau ist äußerst empfindlich in Bezug auf meine Vergangenheit und ich möchte keine unnötigen Erschwerungen in mein jetziges Leben bringen, indem ich mich mehr als nötig um diese vergangenen Dinge kümmere. Es ist daher sicher besser, wenn Du versuchst, zunächst mit den Dingen und Problemen allein fertig zu werden. Bedenke bitte, daß ich sicher mehr Sorgen und Lasten habe als Du.

Ich wünsche Dir und Dirk wirklich alles Gute. Freundliche Grüße, Hubert. [Handschriftlicher Zusatz: Schreib bitte vorerst nicht mehr.]«

Indem ich die vielen Bittbriefe um Geld für den Sohn überspringe, sei dieser Abschnitt mit einem Text aus dem Jahr 1955 abgeschlossen.

Im Juli 1955, drei Monate vor meinem elften Geburtstag, schreibt meine Mutter erneut an meinen Vater. Es geht um finanzielle Hilfe bei einer dringend notwendigen Erholung ihres Sohnes, der nach einer schweren Kiefernvereiterung, einer operativen Entfernung der Rachen- und Gaumenmandeln und der bestandenen Aufnahmeprüfung für die Oberschule – »Aus seiner Klasse von 40 Schülern waren mit ihm nur 15 vorgeschlagen. Dirk hat die zweitägige Prüfung fabelhaft bestanden, von der mündlichen Prüfung wurde er befreit.« – drei Wochen mit seiner Mutter an den Chiemsee »zur Stärkung seines körperlichen Zustandes« auf einem Bauernhof verbringen soll.

Am 17. August 1955 kommt die Antwort aus Augsburg:

»Liebe Emmyli!
Du verkennst scheinbar immer wieder, dass ich nebenbei immer noch für weitere 5 Kinder zu sorgen habe: Wo sollte ich das Geld zur Erfüllung solcher Wünsche hernehmen, so sehr ich die Notwendigkeit im Einzelnen einsehe. Ich könnte für keines meiner anderen Kinder Mittel dafür aufbringen. Deine Forderung ist in diesem Falle also nicht angebracht. Ich bin mit meinen schweren Belastungen genauso schlecht dran wie Du. Frdl. Grüße, Hubert.

Bitte keinen weiteren Schriftwechsel, ich habe dadurch nur immer wieder unangenehme familiäre Auseinandersetzungen. Die weibliche Psyche müsste Dir so bekannt sein, um das zu verstehen.«

Damit endet die Briefsammlung meiner Mutter. Sie scheint, alles aufgehoben zu haben. Sicher auch, damit ich eines Tages erfahren sollte, warum ich ohne Vater aufwuchs. Und was dieser Mann für ein Mensch gewesen war.

Warum hat sie mir diese Unmenge von Dokumenten nicht schon zu ihren Lebzeiten übergeben, etwa im Zusammenhang unserer Gespräche im Jahr 1980? Warum habe ich bis zum Sommer 2022 gewartet, um diese eine Kiste erneut zu öffnen? Wie Pandora, nachdem sie die Kiste des Zeus gegen alle Warnungen und Verbote öffnete, strömen auch mir alle Laster und Untugenden meines Vaters entgegen. In der griechischen Mythologie wird diese unheilvolle Kiste erneut geschlossen, bevor auch noch die Hoffnung entweichen kann.

Worauf soll ich hoffen, um in dem Mann, der meine Mutter und mich so schmählich behandelte, nicht nur einen durch und durch verderbten Menschen zu sehen? Wie soll ich es einordnen, wenn meine Halbschwester schreibt, dass er für sie ein liebevoller und fürsorglicher Vater gewesen war, der ihr eine glückliche Kindheit in das westdeutsche Wirtschaftswunder ermöglicht hat?

Was ich von meinem Vater habe, weiß ich nicht

Was ich von meinem Vater habe – außer jenen Spermien, die er in Garmisch-Partenkirchen im Januar 1944 in die Gebärmutter meiner Mutter pumpte –, weiß ich nicht.

Ein einziges Objekt besitze ich, das mir von ihm überkommen ist: ein Ring aus Gold. Mein Vater trug ihn wohl selbst. Den Erzählungen meiner Mutter zufolge, bestand er ursprünglich aus einem dünnen Ehering seiner Großmutter. Darauf kam später eine runde Goldplatte, in deren Mitte seine Initialen eingraviert waren. Ein Eichenkranz umgab das Rund. Diesen Ring schenkte er meiner Mutter. Sie trug ihn bis zu meiner Konfirmation. Da schenkte sie ihn mir. Aus den Initialen meines Vaters HR war ein DK gemacht worden. Diesen Ring trug ich in allen Jahren der Oberschule und des Studiums. Nachdem ich mich intensiv mit dem Jesuitenorden auseinandergesetzt hatte, ließ ich auf der Platte die Initialen DK entfernen und eine Replik des Siegels des Heiligen Ignatius von Loyola eingravieren. So trage ich ihn bis heute. Im Kern der Ehering einer Urgroßmutter, die aus Frankreich kam. Darauf gelegt der Ring eines Mannes, den ich nicht wirklich kennenlernte. Um den Kern schmiegt sich Gold, darauf liegt eine starke Platte, die an einen Heiligen aus dem Baskenland gemahnt. »Die Unterscheidung der Geister« sollte mein eigenes Motiv bleiben.

Traf mein Vater gute Entscheidungen für seine Wege? Es sieht nicht danach aus. Offensichtlich geriet Hubert Rolf immer wieder in biographische Sackgassen, sowohl in beruflicher Hinsicht als auch in seinen Beziehungen zu Frauen, wenn er erneut den Anfechtungen nicht standhalten konnte. Immer wieder liebten ihn Frauen überaus intensiv. Und wenn er sich dann immer aufs Neue davonstahl, blieben nicht nur diese Frauen zerbrochen und unglücklich zurück. Er hinterließ auch Kinder, um die er sich nicht kümmerte, den Kontakt zu ihnen sogar gänzlich abbrach. Und selbst seinen finanziellen Verpflichtungen nicht verlässlich nachkam.

Was trieb diesen Umherirrenden? Er selbst schrieb von einer »unglücklichen Veranlagung«. Wonach suchte mein Vater? Suchte er nach Erlösung? Wovon? Von dem Unheil, dass er beim Lebensborn verursacht hatte? Von dem Unheil, das er über viele Frauen und (mindestens) fünf Kinder brachte?

Die ewige Suche nach einer Frau scheint diesen Mann getrieben zu haben. Suchte dieser irrende Parzival eine Kundry? Suchte er eine Dienerin, eine Verführerin, eine Verfluchte? Suchte er eine Selma, wie der Fliegende Holländer, um endlich sterben zu können? Sollte eine Frau, eine treue Frau, ihn von Schuld erlösen? War er religiös? Glaubte er an eine Erlösungsreligion? Lag für ihn die Erlösung zwischen den Schenkeln einer Frau? Zwischen denen er verschwinden konnte, sich auflösen wollte?

Oder war er einfach nur ein gewissenloser Schürzenjäger, der sich durch sein Leben schwindelte? Dem es egal war, wie es um die Opfer seiner Gaukeleien stand. Rührte ihn nicht einmal das Schicksal der Kinder, die er mit Frauen, die ihn liebten, gezeugt hatte?

Bleibt die Frage, ob ich selbst, der Sohn Nummer vier, eine unglückliche Veranlagung der ewigen Suche nach Erlösung durch die Liebe einer Frau geerbt habe. Verdanke ich meine Suche nach dem weiblichen Siebensohn diesem Mann?

Um eine Antwort auf diese Frage zu finden, gehe ich zu Helmut Dietl, meinem biographischen Begleiter aus demselben Jahrgang 1944. In dessen *Unvollendeten Erinnerungen*, die seine Witwe Tamara Dietl unter dem Titel *A bissel was geht immer* im Jahr 2016 publizierte, begegnete ich mir selbst.

Schon während der Lektüre, spätestens jedoch beim Betrachten der Fotos, die dem Buch beigegeben sind, war ich geradezu schockiert: Die Bilder »Kinderjahre« von Helmut Dietl sind fast identisch mit jenen, die meine Mutter in ihren Fotoalben versammelte. Wenn ich je an so etwas wie eine eigene, unverwechselbare Identität und Geschichte geglaubt haben sollte, so war dieser Irrglaube mit diesem Buch endgültig beseitigt. Die beiden gleichaltrigen Buben aus Gräfelfing und aus Pasing – vier Kilometer voneinander entfernt – haben derart ähnliche Lebensgeschichten zu berichten, dass es schon fast erschreckend ist.

Und so erzählt auch Dietls Geschichte von diesen tapferen Müttern, die ihr ganzes Leben ihrem Sohn »opferten«, von den Großeltern, die wesentlichen Anteil an der Erziehung der vaterlosen Jungen hatten, von den verlockenden und geheimnisvollen Mädchen und später Frauen, die die Erlösung von den eigenen Unsicherheiten und die Hoffnungen auf erfülltes Glück in ihren Armen liefern sollten. Die dann aber immer wieder enttäuscht wurden und bald zur Nächsten führten. Dietl war viermal verheiratet, die Zahl der Mädchen und Frauen, die er liebte und von denen er geliebt wurde, dürfte beträchtlich sein. Nachdem er von seiner Großmutter väterlicherseits erfährt, dass sein Großvater, Friedrich Dietl – der unter dem Künstlernamen Fritz Greiner in den 1920er Jahren eine einigermaßen erfolgreiche Karriere als Schauspieler hinter sich brachte –, ein *homme à femmes* gewesen war, fragt er sich schon als Schüler, ob auch ihn der »Morbus Greiner« plagt: »Wie andere gleichaltrige Knaben Briefmarken, Mickey-Mouse- und Tarzan-Hefte oder Fußballerbildchen sammelten, so sammelte ich Freundinnen.«

Dabei sollte man bei Helmut Dietl keineswegs nur an einen munteren – und manchmal alles andere als munteren – Reigen von Bett zu Bett denken. Die wichtigste Frau im Leben dieses Liebhabers, der immer auf der Suche nach Liebe war, und der als »ewiger Stenz« oder gar als Schürzenjäger eher denunziert als charakterisiert ist, war unbestritten seine Mutter. Erst nach ihr kamen die beiden sehr gegensätzlichen Großmütter, und wiederum erst dann folgten die zahlreichen Freundinnen, Geliebten und Ehefrauen. Es war die ewige Suche nach der Liebe seines Lebens, schon weil er nicht wirklich allein sein konnte, weil er ein unheilbarer Romantiker gewesen war. Immer war es die Sehnsucht nach eben jener bedingungslosen Liebe, die er durch seine Mutter erlebt zu haben glaubte. Ohne dabei zu erkennen, dass deren Fesselung von nicht nur liebevoller Art und Weise gewesen war.

Patrick Süskind schildert in seinen »Erinnerungen an eine Freundschaft« jene Szene, in der ihn ein vollkommen aufgelöster Helmut Dietl am 6. Dezember 1976 kurz vor Mitternacht anrief, um ihm schluchzend und stöhnend davon zu berichten, dass seine Mutter gestorben sei. Patrick Süskind berichtet aus unmittelbarem Erleben über die Beziehung zwischen Mutter und Sohn:

»Es muss ein unerschütterliches, nie infrage gestelltes Liebesverhältnis zwischen ihr und ihm geherrscht haben, eine emotionale Symbiose. [...] Mit der zarten Fessel des Vertrauens habe sie ihn immer an die Kandare nehmen können. Aber diese Bindung war wohl nicht nur Kandare oder Fessel, sie war für ihn – um im Bild zu bleiben – Ankerkette oder existenzielles Halteseil. Jedenfalls verlor er nach dem Tod der Mutter diesen Halt. Er stürzte regelrecht ab.«

Bis zu diesen Szenen gelangte Dietl in seinen »unvollendeten Erinnerungen« selbst nicht mehr. Am 8. Oktober 2013 bekam er seine Krebsdiagnose, damit beendete er seine tägliche Schreibarbeit, 250 Seiten Manuskript waren vollendet, in der Buchfassung endet dieser Teil mit Seite 279.

Als meine Mutter am 16. September 1988 starb, stürzte ich nicht ab, ich verlor nicht den Halt. Mag mein eigenes Verhältnis zu meiner Mutter zwar ähnlich symbiotisch gewesen sein, es war bei Weitem nicht so harmonisch, wie es bei Dietl den Anschein zu haben scheint. Als meine Mutter starb, machte ich Urlaub bei Freunden auf Mallorca. Ich war nicht traurig. Ich war auch nicht dabei, als ihre Asche auf dem Obermenzinger Friedhof anonym bestattet wurde. Sie hatte es sich so gewünscht. Das Grab meiner Großeltern auf demselben Friedhof kenne ich. Es gibt kein Grab meiner Mutter. Erst mit ihrem Tod war ich befreit worden, von der Kette, die mich an diese Frau gefesselt hatte. Nun konnte ich meine eigenen Wege gehen. Ausgerüstet mit den Gaben, die mir meine Vorfahren mitgegeben haben. Aber auch gerüstet mit den Gaben, die ich mir selbst erarbeitet habe.

War meine Mutter eine Herzeloyde und wollte sie einen Parzival aus mir machen? Auch Herzeloyde verschwieg dem kleinen Sohn seinen leiblichen Vater Gahmuret. Sie lebte in exklusiver Zweisamkeit mit ihrem Sohn in einsamer Waldeinöde. Bis Parzival sie verließ, um Ritter zu werden.

Die Tatsache, dass ich keinen Vater hatte, der meine Jugend und mein Erwachsenenleben begleitete, erfüllt mich nicht mit Trauer und Schmerz. Ganz im Gegenteil. Es geht mir inzwischen wie dem deutschen Schauspieler Emilio Sakraya, der auf die Frage, welche Rolle sein serbischer Vater – der sich einem Liedtext zufolge »verpisst« hat – für ihn spielte, antwortete: »Voll die große Rolle. Voll wichtig. Voll gut, dass er nicht da war. Ich wäre auf jeden Fall ein sehr, sehr anderer Mensch, wenn er dagewesen wäre.«

Was ich von meinem Großvater habe, weiß ich

Was hat man von jenen Menschen, in deren biologischer und sozialer Abstammungskette man steht? Man besitzt Objekte. Man trägt innere Bilder mit sich herum. Man hat Erinnerungen, weitergegebene und eigene. Haben wir Eigenschaften mitgegeben bekommen von jenen, die vor uns waren?

Bei Eigenschaften ist es am schwierigsten. Beginnen wir mit Objekten, Bildern und Erinnerungen. Von meinem Großvater habe ich viel, sehr viel.

Ich gehe durch meine aktuelle Wohnung und beginne im Flur. Neben der Eingangstür hängt ein Barometer. Eingraviert lese ich: »Der Militärverein Kieslingswalde-Gruna. Zur Hochzeitsfeier ehrfurchtsvoll gewidmet. 9.5.08.« Wer ›Kieslingswalde‹ googelt, findet heute den Verweis auf Slawnikowice (Zgorzelec), ein Dorf mit 374 Einwohnern im heutigen Polen. Auf der kleinen Platte über dem Barometer lese ich: »Zur Konfirmation unseres lieben Dirk am 22.3.59 von seinen Großeltern.« Also befindet sich dieses Objekt seit über 60 Jahren in meinem Besitz und hing in mehr Wohnungen, als ich mich erinnern kann. Ja, ich komme aus einer Familie, in der es selbstverständlich war, dass die Männer Soldaten waren. Es waren wenige hauptberufliche Soldaten, aber gedient hatten alle. Und Offiziere waren alle, bis auf den einen, dessen Namen ich trage. Das wurde zum Problem, gemacht.

Auf der gegenüberliegenden Flurwand hängt weit oben ein großer schwarzer Bilderrahmen. In schöner Kalligrafie steht geschrieben: »Ohne Fleiß, kein Preis! Ohne Regen, kein Segen! Ohne Saat, keine Mahd! Ohne Düngen, kein Gelingen! Doch an Gottes Segen ist alles gelegen!« Ja, ich komme aus einer Familie, in der Säen und Düngen für Jahrhunderte zum Alltag gehörte. Ich stamme aus einer Familie von Landwirten, denen jedoch seit über hundert Jahren kein eigener Grund mehr gehörte.

Das mit Gott und dem christlichen Glauben war in dieser Familie so eine Sache. Taufe, Konfirmation, Ostern, Weihnachten im Gottesdienst, das war selbstverständlich, aber ansonsten war da nicht viel. Jedes Weihnachten in der Kirche sah ich meinen Großvater weinen, wenn das Lied *Es ist ein Ros entsprungen* gesungen wurde. Ansonsten weinte er niemals. Als er im Sterben lag, kam der Kirchenrat Dr. Kurt Schwindel – der hieß wirklich so – und wollte meinem Großvater den letzten Segen erteilen. Die beiden Männer kannten sich persönlich gut, hatten sie doch jahrelang regelmäßig miteinander Schach gespielt. »Ach«, sagte mein Großvater mit schwacher Stimme, »lassen Sie das, bitte.

Wir wollen lieber eine gute Flasche Champagner zusammen trinken.« So geschah es.

Nein, ich komme nicht aus einer gläubigen Familie. Meinen eigenen christlichen Glauben habe ich mir selbst suchen, finden und basteln müssen. So entstand eine Melange aus lutherischem Protestantismus bayerischer Färbung und selbstgebasteltem jesuitischen Katholizismus.

In der Küche steht der dunkelbraune »Gewehrschrank«, der schon zu meiner Kindheit in der Wohnung der Großeltern so hieß. Die fünf Messinghaken auf seiner Innenseite dienten ursprünglich dem Aufhängen von Jagdgewehren. Irgendwann wurde dieser Schrank mit querliegenden Regalbrettern entwaffnet und für Gläser und Geschirr genutzt, schon in der Wohnung der Großeltern. Ja, ich komme aus einer Familie, in der Jagen und Gewehre eine Selbstverständlichkeit waren. Aus dem Bubentraum, Revierförster zu werden, wurde nichts, dafür wurde ich Wissenschaftler und Autor.

Ich schreibe das alles am Schreibtisch meines Großvaters. Im Schlafzimmer steht sein Schreibtischstuhl, der heutigen ergonomischen Erfordernissen nicht genügt. Mein Großvater war kein Schreiber, er war Gärtner. Er begann seinen Weg in die Gärtnerei in der Fürstlichen Gartenverwaltung zu Wernigerode im Harz, setzte ihn fort in der landwirtschaftlichen Lehre auf dem Rittergut Bisdorf bei Königslutter im Kreis Gifhorn, der Königlichen Lehranstalt für Obst-, Wein- und Gartenbau in Geisenheim am Rhein, im Provinzial-Obstgarten in Diemitz bei Halle an der Saale, in Gärtnereien in Poitiers und Lieusaint in Frankreich, in den Royal Botanical Gardens in Kew in England und dann bei der Bewirtschaftung seiner eigenen Bäume und Pflanzen auf den Rittergütern Carlsdorf im Kreis Görlitz in Niederschlesien und Goldschau bei Osterfeld im Kreis Weißenfels.

Aber auch nach jener Zeit, in der er auf dem Pferd sein Land und seine Leute inspizierte, blieb er dem Ländlichen verbunden. Ab dem Jahr 1932 arbeitete er als Landwirtschaftlicher Sachverständiger für die Berliner Zweigstelle der Bank für deutsche Industrieobligationen, die ab 1939 als Deutsche Industriebank firmierte. Und nach dem Ende dieser Gutachtertätigkeit für die Bank im März 1948 kennen wir ihn als »eine bei Gartenfreunden beliebte Persönlichkeit«. Meine beiden Cousinen und ich wussten um des Großvaters gärtnerische Leidenschaft, die er mit uns als seinen Gehilfen im angemieteten kleinen Pasinger Garten auslebte. Nein, ich selbst habe keinen »grünen Daumen« geerbt, bei aller Freude an schönen Bäumen und Pflanzen. Nur einmal in meinem bisherigen Leben gehörte mir ein eigener Garten. Heute genügen mir öffentliche Parks und Gärten.

Mein Großvater war kein sonderlicher Leser. In meinen Regalen stehen einige seiner Bücher, die erkennbar nicht gründlich gelesen wurden. Mit gelinder Sentimentalität streiche ich über die Lederrücken der Bände *Sämtliche Werke* von Detlev von Liliencron. Im ersten Band *Kriegsnovellen* steht in der Handschrift meines Großvaters geschrieben »Hans und Elisabeth Mahrenholz. 1911«. Es sind nur drei Bände, die an mich übergegangen sind. Warum es gerade die Bände I, IV und VI sind, weiß ich nicht. Nein, ich komme nicht aus einer Familie, deren Mitglieder sonderlich gebildet und belesen waren. Mein Großvater liebte es, die Fabeln des Jean de la Fontaine zu deklamieren, um seinen Enkel mit der schönklingenden fremden Sprache zu beeindrucken, aber sehr viel weiter als das dereinst auswendig Gelernte ging das alles nicht. Ich bin ein Bildungsaufsteiger. Alles, was ich weiß und liebe, habe ich mir selbst beigebracht, durch die Anregungen aus Oberschule und Universitäten. Und durch Bücher und Filme.

Gehen wir in mein Esszimmer. Die Hälfte einer Wand hängt voller Bilder, die alle mit meinem Großvater zu tun haben. Beginnen wir mit einem eher kleinen Bild, auf dem man eine romantische Landschaft sieht. Ein Teich, umgeben von Bäumen, Schilf auf der rechten Seite, dahinter ein Tor in einer Mauer, der Blick weitet sich zum Horizont, man sieht Wasser. Ein Fluss? Ein weiterer See? Dreht man das Bild um, liest man in der Handschrift meines Großvaters: »Un agréable souvenir de la belle soirée à Stolzenberg. ›J'y pense‹ encore avec beaucoup de plaisir! Hans Mahrenholz.« – Es ist eben jenes Bild, das mein Großvater dem Fräulein Elisabeth Palm zum Geschenk gemacht hatte, nachdem er in seinem Nachtisch zwei gleich große Mandeln gefunden hatte. Mit diesem Bild löste er sein »Vielliebchen« ein, hatte er doch erkannt, dass seine Tischdame die richtige Frau für ihn sei. Es handelt sich um die Reproduktion eines Gemäldes seines Bruders Gustav.

Um dieses eine Bild herum hängen weitere zwölf Bilder unterschiedlicher Größe. Bis auf eines hingen sie alle dereinst in der Pasinger Wohnung meiner Großeltern. Seit seinen Aufenthalten bei seinem Bruder in München, der an der dortigen Kunstakademie studierte, liebte mein Großvater bildende Kunst, insbesondere die Malerei. Er kannte viele Maler persönlich und erzählte gerne Geschichten darüber. Auch ich kann zu jedem der Bilder, die nun an meiner Wand hängen, Geschichten erzählen. Ja, ich habe von meinem Großvater die Liebe zur Kunstmalerei vermittelt bekommen, ich sammele selbst Bilder, vor allem von Künstlern, die ich persönlich kennenlernen durfte. Die Liebe meines Großvaters zur Malerei war ganz entscheidend durch seinen sechs Jahre älteren Bruder Gustav geweckt worden. Dieser Bruder Gustav scheint in vielerlei Hinsicht ein Vaterersatz für den Halbwaisen gewesen zu sein, dessen Vater starb, als er 13

Jahre alt war. Als der Bruder im Jahr 1909 im Alter von 39 Jahren starb, war das für den 33-Jährigen sicherlich erneut ein schlimmer Verlust. Vaterlosigkeit, ebenso wie Mutterlosigkeit, scheint ein durchlaufendes Motiv in dieser Familie zu sein, auch meine Großmutter war mit 8½ Jahren Mutterwaise geworden.

In der Vitrine neben der Bilderwand sehe ich ein großes Bierglas stehen, feierlich sieht mich der weißbärtige Herr darauf an: »Prinz-Regent Luitpold. 12. März 1821–1911.« Ja, dieser Wittelsbacher steht synonym für eine große kulturelle Blüte Münchens und zugleich für die allmähliche und unfreiwillige Zurückdrängung bayerischer Interessen hinter denen des preußisch dominierten Deutschen Kaiserreichs.

Als mein Großvater 1876 geboren wurde, herrschten die regierenden Fürsten noch über den größten Teil jenes Territoriums, dass wir heute Deutschland nennen. Als meine Großmutter 1981 starb, war das alles in der Geschichte des zweigeteilten Deutschlands verborgen. Die gekrönten Häupter und Exzellenzen bildeten das Rahmenwerk des Lebens meiner Großeltern bis zum Beginn der Weimarer Republik, also dem 43. Lebensjahr meines Großvaters.

Wie es ihm selbst mit den Machthabern danach erging, weiß ich nicht. Es gibt keine Erwähnung in seinen schriftlichen Lebenserinnerungen. Dezidiert bürgerlich im Selbstverständnis war er unstrittig. Seine Einstellung den Nazis gegenüber war bestimmt von klassenbewusster Arroganz und Überheblichkeit diesen »Proleten« gegenüber. Der »gspinnerte Österreicher«, ein kleinstbürgerlicher Postkartenmaler aus Wien, dessen Erzeugnisse niemals einen Platz in einer der Münchner Gemäldesammlungen, die mein Opa so liebte, bekommen hätte. Wie sollte ein königlich-bayerischer Rittmeister einem kleinen Gefreiten aus dem Reserve-Infanterie-Regiment 16 gegenüber

Respekt empfinden? Ungeachtet des Eisernen Kreuzes beider Klassen für den ehemaligen Meldegänger Adolf Hitler.

Was mein Großvater von Theodor Heuß und Konrad Adenauer hielt, weiß ich nicht. Es ist kein Zufall, dass seine Lebenserinnerungen mit dem Ende des Ersten Weltkriegs enden. In gewisser Weise war dieser Krieg und die deutsche Niederlage das Ende seiner Welt.

Seine besten Zeiten waren einerseits seine Münchner Erlebnisse, an die ein Bierseidl vom Münchener Bürgerbräu erinnert, in dessen Deckel eingraviert ist: »A. Dahmke seinem lieben Stammgast H. Mahrenholz zur ferneren Erinnerung München Wintersemester 1900.«

Und genau so wunderbar wie die Münchner Zeit als Einjähriger Offiziersanwärter war für ihn andererseits seine Zeit in Frankreich als Besatzer gewesen. Ich betrachte einen Zinnteller, der bei mir im Flur an der Wand hängt und auf dem jedes Jahr der Adventskranz liegt. In dessen umlaufender Schrift ist zu lesen: »Charles Duburcq et Victorine Brice mariés le 9 février 1838. Heureux ce jour deux cœurs unis par l'amour.«

Den hat mein Großvater wohl auch requiriert und mit zum Rittergut Goldschau gebracht, ebenso wie die kleine Terrierhündin Yvonne. Ja, ich komme aus einer Familie, die sich entschieden als bürgerlich versteht und nur wenig Sympathie für Menschen und Familiensysteme aufbringt, die sich etwas auf ihre langen Namen einbilden. Aber sich auch abgrenzt von Menschen, die keine Manieren und Anstand haben. Irgendwie immer so dazwischen, zwischen den Menschen mit Macht und den Menschen mit Geld und jenen Menschen, die weder über das eine noch das andere verfügen.

Von meinem Großvater vermittelt bekam ich das Selbstverständnis als Herr – vielleicht ein wenig von jenem angelsächsischen Ideal »an officer and gentleman«. Es geht um einen Habitus, der aus aufrechter Haltung, dem Sinn für Schönheit und der Freude an Gastfreundschaft und (begrenzter) Geselligkeit komponiert ist. Die bayerische Haupt- und Residenzstadt München war dafür in vielerlei Hinsicht das passende Biotop, sowohl für den Großvater als auch für seinen Enkelsohn. Bevor das große Geld der Angeber, der Protzer dieses Gemeinwesen an sich riss. Ja, ich komme aus einer Familie, die nicht mit Geld umgehen konnte und schon darum die längste Zeit eine Existenz als Pächter oder als Mieter führte und nicht als Eigentümer. Vielleicht blicke ich auch deswegen vorschnell auf Menschen herab, die sehr viel Geld ihr Eigen nennen. Wohingegen ich mich zu Menschen hingezogen fühle, die über Bildung, Geschmack und Stilempfinden verfügen. Eher selten formen ökonomisches Kapital und kulturelles Kapital eine harmonische Einheit.

Wenn ich das alles zusammensetze, wird mir erneut sehr bewusst, woraus sich mein eigenes wissenschaftliches Hauptthema gespeist hat. Die (fast) lebenslange Beschäftigung mit Leben, Werk und Wirkung des deutschen Gelehrten Max Weber war auch eine Auseinandersetzung mit meinem Großvater gewesen. Nur geringfügig weichen dessen Lebensdaten – geboren 1876, gestorben 1962 – von denen des deutschen Großbürgers Max Weber (1864–1920) ab. Die Daten der Reichsgründung 1871 und der Erste Weltkrieg markieren zentrale Merkposten im Leben dieser beiden Männer. Meine Biografie Max Webers stellte auch den Versuch dar, jene bürgerlichen Lebenswelten zu erklären, die sich als eingeklemmt zwischen Aristokratie und Arbeiterklasse empfand. Mein Großvater hat kein wissenschaftliches Werk hinterlassen. Außer den paar Objekten, von denen ich einige hier vorgestellt habe, hat er überhaupt nichts hinterlassen. Aber die Spätfolgen für das Selbstverständnis eines seiner Enkelsöhne rechne ich ihm an.

Damit zum letzten Bild in dieser Galerie: Während ich diese Zeilen schreibe, hängt neben mir die Vergrößerung jenes Fotos, das meinen Großvater und mich im Dianatempel im Münchner Hofgarten zeigt. Der alte Herr trägt einen schwarzen Hut, einen dunklen langen Mantel, man sieht weiße Wollhandschuhe, die auf einem Spazierstock liegen. Es muss Winter gewesen sein, man erkennt Schnee auf den Rasenflächen. Der etwa 11-jährige Junge neben ihm trägt ebenfalls einen Hut, einen Trachtenhut, einen dunklen Dufflecoat mit Knebelverschlüssen. Aber der Bub steht nicht ordentlich neben dem freundlich

Mein einziges Vorbild als Mann. Mit meinem Großvater im Dianatempel im Münchner Hofgarten, 1955

lächelnden Großvater. Er steht auf nur einem Fuß, das rechte Bein ist abgeknickt hinter dem linken Knie. Er schmunzelt in die Kamera. Er macht sich einen Spaß aus der Situation.

Vergnügen am Leben, Freude an schönen Menschen, Bildern und Landschaften, an gutem Essen und Trinken, an aufmerksamer Zeitungslektüre, an ernsten Gesprächen, Lebensfreude eben – die habe ich von meinem Opa. Haltung bewahren als Grundmotiv, das habe ich bei ihm gesehen, und ich versuche, dem nachzukommen. Das ist nicht wenig.

Epilog

Es kann kein Schlusswort geben. Noch bin ich am Leben. Ich habe den Stimmen standgehalten, die mich vor dieser Reise in die Geschichte abhalten wollten:

Die Mutter: »Warum soll man immer in der Vergangenheit so rumwühlen, Dirk, wozu? Sei doch mal froh. Schau, es gibt so viel Trauriges in der Welt. Du bist gesund. Du gehst deinen Weg. Du bist jemand.«

Der Vater: »Was soll das bringen? Wie soll ich das meiner Frau erklären? Die weiß nichts von dir. Und meine Tochter weiß auch nichts.«

Die Halbschwester: »Die Erinnerung an unseren Vater lasse ich mir nicht schlecht reden, und so denke ich, sollten wir die ewig alten Zeiten ruhen lassen. Es ist doch so lange her und vorbei.«

Am 5. März 2023 beende ich das Manuskript dieses Buches. Es ist kurz nach dem ersten Jahrestag des Beginns des mörderischen Überfalls der Ukraine durch Streitkräfte der Russischen Föderation. Und wieder sterben Soldaten, wieder weinen Witwen, wieder gibt es Halbwaisen, die keinen Vater haben. Und wieder werden Mütter, die überlebt haben, alles daransetzen, dass es ihren Kindern gut geht. Es ist ein zeitloses Drama.

Mögen diese Zeilen dabei helfen, ein Bewusstsein davon zu wecken, wie lange Verletzungen anhalten können. Und vielleicht dazu beitragen, sie zu heilen. Bei mir und anderen.